主编简介

李浩泉 （1978— ），男，广东东莞人，硕士研究生，助理研究员，东莞职业技术学院学生处处长，研究方向为大学生人文素质教育与思想政治教育。曾承接多项市级课题，形成的《东莞志愿服务发展状况和机制优化研究报告》和《东莞统筹城乡一体化创建打造高品质现代城市文明研究》得到市领导的批示。近年来参与学院创建省一流高职院校中的人文素质教育项目的方案起草、专家论证、经费配套、工作督导等工作。主持的《"我们的宿舍家园"社会主义核心价值观实践养成教育》项目获2016年广东高校校园文化建设优秀成果高职组一等奖。

高校校园文化建设成果文库

以学生为主体的
立德树人实践

李浩泉◎主编

光明日报出版社

图书在版编目（CIP）数据

以学生为主体的立德树人实践 / 李浩泉主编 . -- 北京：光明日报出版社，2018.7（2023.1重印）
ISBN 978-7-5194-4341-2

Ⅰ.①以… Ⅱ.①李… Ⅲ.①德育—教学研究—高等职业教育 Ⅳ.①G711

中国版本图书馆 CIP 数据核字（2018）第 155297 号

以学生为主体的立德树人实践
YI XUESHENG WEI ZHUTI DE LIDE SHUREN SHIJIAN

主　　编：	李浩泉		
责任编辑：	曹美娜　朱　然	责任校对：	赵鸣鸣
封面设计：	中联学林	责任印制：	曹　净

出版发行：光明日报出版社
地　　址：北京市西城区永安路 106 号，100050
电　　话：010-67078251（咨询），63131930（邮购）
传　　真：010-67078227，67078255
网　　址：http://book.gmw.cn
E - mail：gmrbcbs@gmw.cn
法律顾问：北京市兰台律师事务所龚柳方律师
印　　刷：三河市华东印刷有限公司
装　　订：三河市华东印刷有限公司
本书如有破损、缺页、装订错误，请与本社联系调换

开　　本：	170mm×240mm		
字　　数：	227 千字	印　　张：	15
版　　次：	2018 年 7 月第 1 版	印　　次：	2023 年 1 月第 2 次印刷
书　　号：	ISBN 978-7-5194-4341-2		
定　　价：	68.00 元		

版权所有　　翻印必究

本书编委会

主　编：李浩泉
副主编：刘佩云
编　委：范　军　陈萃韧　杨　兰　邓雨鸣　邓绮文
　　　　　伍小鹃　刘　芳　吴丽莉　乐　韵　余晓燕
　　　　　王浩丰　蔡　莉　罗美琪　汤　晓　陈肖敏
　　　　　袁瑜英　黄丽军　吴尔诺　吕文慧　林再辉
　　　　　刘　伊　赵韵姬　黄丽军　李欣妤　钟银贞
　　　　　文亚西　张宏建　李安琦

目 录
CONTENTS

开篇的话 …………………………………………………………… 1
    一、以高度文化自觉自信推进文化育人　1
    二、以学生为本增强高职院校文化育人实效　4
    三、适应高职学生特点的文化育人路径探索　5

思想导航篇 ………………………………………………………… 9
    第一节　以学生为主体　把握问题导向　10
        一、了解学生对思政课的基本态度　10
        二、促进教学改革，发挥主渠道作用　13
    第二节　提高教育教学的育人效果　17
        一、把握思政课实践教学的本质　17
        二、加强对学生思政课的学习引导　18
        三、在教学中充分发掘校内外教学资源　19
    第三节　发挥主题班会教育实践作用　26
        一、主题班会要针对高职学生的特点　26
        二、主题班会要走进学生心灵　28
        三、主题班会精品案例　31
            案例1：转动生涯方向盘，踏上青春圆梦路——大一学生适应性教育主题班会　32

1

案例2:"请你抬头"——改善大一新生"低头族"现象主题班会 35

案例3:中秋回家——传统美德教育主题班会策划 38

案例4:传承工匠精神 绽放中华风采——学在华为、志在华为职业生涯规划主题班会 41

案例5:喜迎十九大 坚定跟党走——团日主题班会 45

四、主题班会要有制度建设 47

学风培育篇 49

第一节 加强学风建设 引导学生自主学习 49
一、深入调研,了解学生的学习状态 49
二、倡导互助,完善学业指导 59
三、遵循规律,坚持从严管理 71

第二节 办好《学在东职》帮助学生独立思考 80
一、聆听学生心声,捕捉关注话题 81
二、重视学习需要,促进学业发展 84
三、重视情感体验,传递思想力量 90

第三节 繁荣校园文化 提升学生文化品位 97
一、顺应时代发展,增强文化自信 98
二、锻造工匠精神,开拓国际视野 100
三、丰富人文知识,陶冶高尚情操 102
四、丰富文艺节目,推广高雅艺术 109

朋辈教育篇 113

第一节 分享身边故事 唤起情感共鸣 113
一、真人真事真情,榜样力量感人 113
二、增强自我认知,激励发展能力 116
三、搭建故事平台,深化榜样教育 119

第二节 培育学生组织 服务广大同学 125
一、健全配套保障,加强科学指导 125

二、深化服务内涵，帮助身边同学　134
　　三、畅通联系渠道，回应同学关切　136

第三节　设立班主任助理　引领新生健康成长　141
　　一、提升班助的获得感，发挥骨干作用　141
　　二、发挥朋辈优势，形成团队核心　148
　　三、辅助新生成长，适应大学生活　149

助力成长篇 ·· 153

第一节　推进精准资助　保障学生安心求学　153
　　一、审视资助工作　153
　　二、转变资助观念　156
　　三、推进发展型资助　160

第二节　培育积极心理　激励学生成长　165
　　一、心理健康教育的新视角　165
　　二、心理健康教育的现实反思　167
　　三、积极心理学视野下的心理健康教育探索　170
　　四、遵纪守法是大学生的行为底线　180

第三节　加强指导服务　帮助学生顺利就业　183
　　一、加强就业指导的针对性　183
　　二、加强就业指导的协同性　186
　　三、全面推进创新创业教育　188

实践育人篇 ·· 191

第一节　深化社会实践　培养学生的社会责任感　191
　　一、社会实践是学生成长的必由之路　191
　　二、社会实践是学生全面发展的大平台　193
　　三、社会实践需要学校的主动作为　196
　　四、学生社会实践成果展示　198
　　　　成果展示1：2013年艺术设计系暑期社会实践——寮步镇爱心

义教策划书　198

　　　成果展示2：广东高职院校大学生校园网络借贷现状调研报告　204

第二节　深化专业实践　培养学生的职业素养　207

　一、高职学生职业精神培养缺失现象　207

　二、加强职业技能和职业精神的融合　209

　三、职业技能与职业精神相融合的专业实践路径　210

　四、学生专业实践成果展示　213

　　学做华为小工匠——华为实训有感　213

第三节　深化生活实践　培养学生的文明行为习惯　215

　一、宿舍文明是养成教育的重要环节　215

　二、理性的消费观是大学生基本的生活理念　218

　三、健康生活方式是大学生的基本修养　220

　四、学生生活实践成果展示　222

　　成果展示1：管理科学系以朋辈教育引领宿舍文化的探索　222

　　成果展示2：东莞职业技术学院大学生消费观念调查报告　224

后记 ……………………………………………………………………… 230

开篇的话

　　文化是民族的血脉，是人民的精神家园，是国家强盛的重要支撑。同样地，一所高校的发展，所具有的核心竞争力，起决定性支撑作用的是其拥有的大学文化与大学精神。纵观各大名校，正是有了厚实的大学文化与大学精神作支撑，才能够在众多高校中卓然独树，引领潮流。

　　校园文化是大学文化软实力的重要内容。校园里名师和校友的故事、校园的雕塑、景观、花园、座椅、名言、道路楼宇显示的物质文化，广大师生对大学精神、校训的认同感体现出的精神文化，各种考核奖惩规章彰显的制度文化，以及师生的礼仪交往、体态举止等行为文化，均属于校园文化。好的校园文化润物无声、潜移默化，在育人方面具有浸染性、引导性与辐射性，是一所大学长期积累形成的独特文化特征，是金钱买不到的无价之宝。校园文化活动历来也是高校思想政治工作的重要载体，每所高校都有被师生口口相传、津津乐道的品牌活动，这些都是历久弥珍的精神财富。

　　当前，各高校加强和改进高校思想政治工作，落实立德树人根本任务，需要培育推动社会进步、引领文明进程且各具特色的校园文化，不断增强文化力量。

一、以高度文化自觉自信推进文化育人

　　习近平总书记在全国高校思想政治工作会议上深刻指出："要更加注重以文化人以文育人，广泛开展文明校园创建，开展形式多样、健康向上、格

调高雅的校园文化活动"①，他强调："文化滋养心灵，文化涵育德行，文化引领时尚。加强高校思想政治工作，要注重文化浸润、感染、熏陶，既要重视显性教育，也要重视潜移默化的隐性教育，实现入芝兰之室久而自芳的效果。"② 这对高校文化育人工作提出了要求、指明了方向。

高校是人才培养的主阵地，是文化创造和传播的重镇，是坚定师生文化自信的前沿。其文化育人工作开展得如何，直接影响着青年学子的思想观念、价值取向、精神风貌，关乎一代青年的成长成才。当前，校园文化正受到泛娱乐文化、社会亚文化、西方基督教文化的侵扰，低俗、物欲、迷惘之风屡见不鲜，高校师生的精神家园亟须得到净化、美化。我们应有深沉的文化自觉和文化自信，把握学生思想兴奋点和内心兴趣点，创造更多校园文化精品活动，点亮校园的天空。

要大力加强优秀传统文化教育，厚植校园文化底蕴，锻造师生精神底色。优秀传统文化是我们中国人的家底、基因、骨气和底气。不久前，中共中央办公厅、国务院办公厅公布了《关于实施中华优秀传统文化传承发展工程的意见》，首次以中央文件形式专题阐述中华优秀传统文化传承发展工作。《意见》强调，把优秀传统文化贯穿国民教育始终、滋养文艺创作、融入生产生活，特别提出："推动高校开设中华优秀传统文化必修课，在哲学社会科学及相关学科专业和课程中增加中华优秀传统文化的内容。"③ "丰富拓展校园文化，推进戏曲、书法、高雅艺术、传统体育等进校园，实施中华经典诵读工程，开设中华文化公开课，抓好传统文化教育成果展示活动。"④ 优秀中华传统文化是我们赖以生存的精神家园，而相当一部分大学生却在成长的关键时期错过了与传统文化的相识、相知。如今，传承优秀传统文化被提

---

① 《把思想政治工作贯穿教育教学全过程开创我国高等教育事业发展新局面》，载《人民日报》，2016年12月9日。
② 《把思想政治工作贯穿教育教学全过程开创我国高等教育事业发展新局面》，载《人民日报》，2016年12月9日。
③ 《关于实施中华优秀传统文化传承发展工程的意见》，中共中央办公厅、国务院办公厅印发，2017年1月25日。
④ 《关于实施中华优秀传统文化传承发展工程的意见》，中共中央办公厅、国务院办公厅印发，2017年1月25日。

高到了维护国家文化安全、增强国家文化软实力、推进国家治理体系和治理能力现代化的高度，高校要看到优秀传统文化在立德树人中的作用，看到教育在优秀传统文化传承中的独特优势和特殊使命，自觉把中华优秀传统文化全方位融入思想道德教育、文化知识教育、艺术体育教育、社会实践教育各环节，用优秀传统文化滋养大学生成长。

要发挥社会主义核心价值观的导向引领作用，坚持先进文化的前进方向。习近平总书记指出，核心价值观是文化软实力的灵魂、文化软实力建设的重点，这是决定文化性质和方向的最深层次要素。一个国家的文化软实力，从根本上说取决于其核心价值观的生命力、凝聚力、感召力。社会主义核心价值观既是对国家层面、社会层面以及公民层面提出的价值要求，也是高校开展校园文化建设的基本遵循。作为社会主义先进文化的重要组成部分，高校校园文化只有以社会主义核心价值观为引领，才不会偏离方向。要把社会主义核心价值观的要求以师生喜闻乐见的方式融入到校园文化活动当中，让校园文化更具文化魅力，让师生在丰富多彩的活动之中潜移默化地受到影响，受到熏陶，受到教育。

要建设高雅、健康、向上的校园网络文化，把教育要求融入到网络空间，把文化阵地构筑到网络空间。在网络安全和信息化工作座谈会上，习近平总书记强调："培育积极健康、向上向善的网络文化，用社会主义核心价值观和人类优秀文明成果滋养人心、滋养社会，做到正能量充沛、主旋律高昂，为广大网民特别是青少年营造一个风清气正的网络空间。"[①] 目前，互联网已经成为人们精神生活的重要组成部分，成为高校广大师生了解信息、浏览新闻、学习知识、休闲娱乐的主要渠道。如果不注重引导高校网络文化价值取向，社会主义核心价值观就难以成为师生共识；如果不注重通过网络满足师生的精神文化需求，社会主义文化建设的目标就难以完全实现；如果不发挥和引导好师生在高校网络文化方面的创造性，就会使校园文化失去凝聚力、感染力，最终丧失其文化育人的功效。高校网络文化建设不仅是人才培养的需要，也是国家发展战略的需要，同时也是学校自身发展的需要。要

[①] 《习近平：在网络安全和信息化工作座谈会上的讲话》，载《人民日报》，2016年4月26日。

遵循网络传播规律，把网络意识形态的主动权牢牢抓在手里，更广泛、更充分地组织动员师生参与到网络文化建设中来，创新网络文化品牌，创作优秀的网络文化产品，唱响网上好声音，传播网络正能量，发挥好文化化人、文化育人的重要作用。

二、以学生为本增强高职院校文化育人实效

近年来，高职教育发展迅速，已经成为中国高等教育的"半壁江山"。相比本科院校而言，高职院校的办学历史比较短，文化的积淀相对比较弱。如何让文化育人的途径与载体更加契合高职人才培养规律，从而更有效地发挥文化"以文化人"的作用，已成为高职院校创新发展的重要课题之一。

纵观国内一流高职院校以优秀文化育人的实践经验，文化育人工作作为高校思想政治工作的重要内容，要想取得理想的效果，必须遵循思想政治工作规律、教书育人规律，根据职业院校学生身心特点、思想实际和理解接受能力，积极拓展育人的途径，创新方式方法，不断给学生以思想启迪和文化滋养。

要适应高职学生的身心特点。现在高职学生大多是"95后"，再过几年就是"00后"，他们朝气蓬勃、好学上进、视野宽广、开放自信，是可爱、可信、可为的一代，同时，在知识体系搭建、价值观塑造、情感心理等方面又存在不足，需要加以正确引导。高职院校的学生还具有与本科院校学生不一样的特点，与本科生相比，高职学生朴实勤奋、吃苦耐劳，但文化底子薄弱、人文知识贫乏，总体上自信心有所不足但抗挫折能力较强，缺乏学习自觉性但动手能力较强，缺乏持久的自我约束力但参加活动热情高，部分高职学生还存在重应用学习轻理论学习、重实践活动轻研究思考、重眼前功利轻长远目标的倾向。这就要求职业院校文化育人工作必须结合高职学生的思想、学习、生活和成长实际，遵循他们的成长规律，为他们量身定做有关校园文化活动，以学生喜闻乐见的方式做好文化育人工作，让文化以潜移默化的方式影响他们的思想意识和言行举止，从而提升学生的思想觉悟、道德修养、精神境界和综合素质，促进其全面发展。

要满足高职学生的发展需求。高职学生的需求是丰富的，文化育人工作也应该是生动的。要结合人才培养目标要求，关注高职学生的价值追求和利益关切，找准与他们成长发展需求的交汇点，激发文化育人工作的内生动力。现代职业教育不是单纯的专业技术教育，不是简单地培养一技之长，更重要的是要培养学生的人文素养和综合素质。要挖掘专业课程的美育功能，提升专业课教学的文化特色和魅力，渗透美育内容，更好地发挥美育对于立德树人的特殊功能。要吸收优秀产业文化和企业文化进校园、进课堂，使之融入人才培养全过程，优化校园自然环境，学校建筑等要具有鲜明的专业特色，彰显职教氛围，体现教育性、审美性、人性化特点。要把握职业教育教学中"学做结合"的重要特点，充分认识实践育人的作用，结合区域文化特征和专业特点，积极开设人文艺术讲座、竞赛、学生社团活动等，在专业课程实践教学、实习实训和日常生活中注意弘扬工匠精神，培养学生良好的审美情趣和人文素养，充分发挥文化的浸润、感染、熏陶作用。

要尊重高职学生的主体地位。校园文化在建设过程中一定要尊重学生的主体地位，重视发挥学生主观创造潜力与团队协作精神，也只有通过重视学生主体作用的发挥，才能更加贴近学生兴趣与需求，更为有效地提升学生自身的文化素养。要贴近学生的日常学习和生活开展丰富多彩的校园文化活动，尽最大可能地调动青年学生参与的积极性和主动性，让学生在亲身参与中潜移默化地接受教育。鼓励学生创办各种人文社团，根据社团特色举办各式各样的社团活动。基于自己的兴趣爱好，学生们更愿意投身其中。一场优质的社团活动，不仅社团内部成员乐在其中，同时还会吸引其他同学的热情参与，在实践中体验人生、感悟文化，培养人文情怀。在整合校园文化资源过程中，需要给学生组织和人文社团建立相关管理制度、活动立项及经费保障机制，给予学生更多的自我管理、自我服务与自主发展空间，重点扶持一些具有专业特征的艺术组织及所开展的活动，激发大学生文化创新创造的活力。

三、适应高职学生特点的文化育人路径探索

近年来，东莞职业技术学院坚持立德树人根本任务，积极探索适应高职学生特点的文化育人路径，初步摸索出了一些好的方法。

在思想引导上，我们以学生的思想困惑为起点。用好课堂教学这个主渠道，以学生为中心，把握教学问题导向，注重课堂管理方式的变革、课堂教学方式的创新和教学理念的更新，提升思想政治教育的亲和力和针对性，满足学生成长发展的需求和期待；创新实践教学的方式方法，注重价值引领，关注当下社会和学生关注的问题，直击学生的关注点和兴趣点，充分利用地方资源优势进行体验教育，邀请校内外专家学者作专题报告，提高了教育教学的育人效果。发挥主题班会教育实践作用，针对高职学生的特点，选择好的主题增强学生内心认同，运用好的形式调动学生参与热情，注重好的策划确保教育效果持续，增强班级凝聚力，促进良好班风形成。

在学风建设上，我们坚持教育关怀与严格管理相结合。立足于学生的学习基础现状，加强对学生的学业指导，培育优良学风班，严格学生的学业管理，常态推进学风活动，让学习成为学生自觉的行动，自主的追求。创办《学在东职》校园月报，从学生的视角，以轻松愉悦的方式讲好校园故事，受到学生的喜爱，让学生爱上阅读、学会思考。坚持文化传承创新的主旋律，以培育践行社会主义核心价值观为主旨，开展丰富多彩的文化活动，培育了学生的文化自信，提升了学生的文化品位。

我们还发挥朋辈教育的作用，通过树立身边榜样、培育学生社团、倡导师长引航，加快青年社会化。深入挖掘学生身边的先进典型，鼓励他们深入同学当中讲故事、谈心得、畅想未来，让学生在交流互动中增强自信、增进感情。支持和引导学生会和学生社团自主开展活动，强化其自我教育、自我管理、自我服务、自我监督的职能，服务广大同学。在大二学生中选拔优秀学生作为新生班级班主任助理，架起师生沟通桥梁，提升学生自我管理能力，有效引导新生适应大学生活。

我们始终以学生需求为第一要务，将解决思想问题与解决实际问题相结合。推进精准资助，建立了"扶贫、励志、育人"于一体的立体化资助体系，帮助学生安心求学。积极探究基于积极心理学观点的学生心理健康教育模式，培养和开发大学生心理资本，加强人文关怀和心理疏导，为学生的健康成长保驾护航。主动适应新常态，推动就业指导工作从关注就业率向提高就业质量转变，全面推进创新创业教育，切实提高了学生的就业创业能力，帮助广大毕业生顺利就业。

我们在校园文化建设中贴近高职院校办学实际，遵循实践育人导向。开展暑期"三下乡"、志愿服务、社会调研等社会实践活动，鼓励学生走出校园和课堂，积极投身基层实践，将理论与实践相结合，化所学为所用，在活动中树立对人民的感情、对社会的责任、对国家的忠诚。认真组织与学生专业发展相关的学科竞赛和实践教学活动，不断规范与学生职业发展相关的实训、实习工作，潜移默化地培育学生的职业精神。注重抓好学生文明行为养成，着力培育文明宿舍，加大对学生的消费观、健康生活方式和法治观念的教育力度，培养学生的文明行为习惯。

随着校园文化研究和建设实践的开展，我们逐渐深刻地认识到：要科学设计文化育人体系的建设内容，关键要以问题为导向，重点针对目前存在的短板，比如人文课程数量偏少、人文课程师资不足、文化品位不够高，以及专业层面的文化特质不够强等相对薄弱的方面，予以重点建设和突破。同时，要增强战略性、系统性思维，不断增强对文化育人各项工作内容的系统性、协同性和整体性把握，在政策取向上相互配合、在实施过程中相互促进。只有打好"组合拳"，才能更好地使文化育人工作真正落到实处、取得实效。按照这一要求，我们在两个方面进行了探索。

一方面，构建"大思政"格局，深化文化育人工作。加快构建党委统一领导、党委宣传部门牵头协调、相关部门多方参与、各级党组织上下联动、党政齐抓共管的大思政格局，动员各条战线、各个部门将文化育人工作作为加强思想引领的一个重要抓手，乘势推动校园文化繁荣发展。探索建立科学的评价机制，强化质量监控。既建立学院文化育人工作评价指标体系，从教育思想、教学质量、管理水平、社会影响等方面进行综合评价，又建立学生人文素质评价指标体系，对学生人文知识、人文行为及人文职业精神等方面进行评价，以评估实施文化育人的效果与目标的吻合程度。

另一方面，坚持全员育人，提高教师素养，强化言传身教。通过开展专题培训、进行典型宣讲、举办技能比赛、加强校际交流、健全管理制度等多种途径，提升全体教师的文化素质，引导广大教师时刻铭记教书育人使命，将以文化人、以文育人渗透到课堂教学、校园文化活动和日常管理服务当中，以人格魅力引导学生心灵成长，以学术造诣开启学生智慧之门。在此基础上，建立教师社会实践、企业实践和教学研究机制，引导教师深入学习职业教育理念、模式、技术，理解职业教育的内涵属性和"跨界"特征，理解带有东莞文化烙印的学校文化的内涵特征及其发展过程，感受东莞文化、职业文化和专业文化，提升全体教师的人文素养和职业素养，将文化育人工作渗入专业教学，促进全员参与。

正是坚持在实践中不断探索和创新，切实增强了我院思想政治工作的感染力和有效性，让思想政治工作更富营养、更接地气、更有温情、更具活力，同时，也彰显了以文化人、以文育人的魅力，润物无声地给学生以人生启迪、智慧光芒和精神力量。

当前，我国职业教育正面临前所未有的发展机遇。建设一流高职院校，必须围绕着立德树人的根本任务，建设丰富多彩的校园文化。多年来，我院坚持以学生为本，注重文化育人，为提高学生的综合素质和全面发展进行了长期的、多方位的探索，取得了较好的实效。但是，立德树人是一项漫长的、艰巨的教育工程。我们将遵循学生发展和教育本身的规律，继续努力探索，做出我们应有的贡献。

思想导航篇

　　立德树人是大学的立身之本，是对人才培养的根本要求。"立德"就是确立培养崇高的思想品德，"树人"即培养高素质的人才。纵观世界高等教育史，大学的功能随着时代的发展变化而逐步拓展，但培养具有崇高道德水准和高素质的人才这一基本功能、中心任务始终没有变。《大学》的开篇之语，"大学之道，在明明德，在亲民，在止于至善"，就体现了中国古代对"立德树人"精神和理念的探索追求。离开立德树人，不能履行人才培养的任务，大学就失去存在的最根本基础。2016年12月7日至8日，全国高校思想政治工作会议在北京召开，习近平总书记出席会议并发表重要讲话。他突出强调：要坚持把立德树人作为中心环节，把思想政治工作贯穿教育教学全过程，实现全程育人、全方位育人，努力开创我国高等教育事业发展新局面。"凿井者，起于三寸之坎，以就万仞之深。"我们要将立德放在人才培养的首位，教育引导青年大学生树立远大理想，树立正确的世界观、人生观、价值观，敢于有梦、勇于追梦、勤于圆梦，把理想信念建立在对科学理论的理性认同上，建立在对历史规律的正确认识上，建立在对基本国情的准确把握上，以中国梦激励青春梦，勇敢地肩负起时代赋予的光荣使命。

第一节　以学生为主体　把握问题导向

习近平总书记在全国高校思想政治工作会议上发表的重要讲话，深刻回答了高校培养什么样的人、如何培养人以及为谁培养人这个根本问题，具有很强的战略性、思想性和针对性，是指导做好新形势下高校思想政治工作的纲领性文献。当前，我们要进一步增强立德树人的紧迫感、责任感和使命感，坚持立德树人的核心地位不动摇，全面提升人才培养质量，为中国特色社会主义事业培养更多德才兼备、全面发展的建设者和接班人。

习近平总书记在讲话中强调，要用好课堂教学这个主渠道，思想政治理论课要坚持在改进中加强，提升思想政治教育亲和力和针对性，满足学生成长发展需求和期待，其他各门课都要守好一段渠、种好责任田，使各类课程与思想政治理论课同向同行，形成协同效应。

一、了解学生对思政课的基本态度

以学生为主体的思政课教学要以关注学生成长、成才的需求和期待为出发点，了解和把握学生所思所想，"对症下药"。因此，首先要进行充分的调查研究，把握现有问题，了解学生对思政课的基本态度，认真分析其背后的原因，进而通过改进措施加强思政课教学，提升思想政治教育的亲和力和针对性。

每学期，我们针对具体课程和教学安排进行问卷设计，开展调研。例如，在针对大一新生的调查中，共设置选择性问题11项，开放性调查问题1项，共13个问题。问卷主要围绕学生对思政课的基本态度；对教学改革新措施《学生实践活动手册》的使用情况及学生接受程度；学生对课堂按照座位表就座的感受、接受度以及对课堂缺课率的制约监督作用；思政课学生逃课原因；学生对思政课考勤制度的接受度和看法；"实践活动分数"的评分规则与优秀成绩比例及其对学生学习积极性的调动作用等方面进行了调查。

（一）学生对思政课的认同度

在调查中，我们发现大部分学生对思政课的热情并不高、认同感不强，很多学生表示不喜欢思政课，说教、枯燥、无用等成为学生评价思政课喜欢运用的词汇。同时，我们还发现学生对思政课存在认知上的误区和需要我们重点解决的问题。第一，学生普遍认为《思想道德基础与法律修养》（以下简称《基础》）课较有趣、好玩，《毛泽东思想和中国特色社会主义理论体系概论》（以下简称《概论》）课较枯燥、理论性较强。第二，学生在《学生实践活动手册》完成中，《基础》课三个专题，《概论》课四个专题，对比之下，学生认为《概论》课的作业任务太重了，表示反感。第三，从整体的调查情况来看，学生对课堂改革的要求和呼声较高，喜欢教师搞课堂教学活动，反感教师独自讲述；在建议中大部分学生要求更加注重趣味性、轻松性，不喜欢有负担的学习，喜欢看视频，不喜欢照本宣科。第四，在调查中发现，我院学生不太能适应大学的学习习惯，希望老师考试划重点，要求开卷考试的呼声也较高。在开放性题目中，大部分学生表示课程还是有收获的。

这一调查给思政课教师提了一个醒，让我们正视现实情况，从形式到内容，从理念到管理，教学改革迫在眉睫。

（二）学生不喜欢上思政课的原因

通过调查，我们了解到多数学生不喜欢思政课，究其原因，主要有以下几点：其一，有近半数学生认为不喜欢思政课很大一个原因是"觉得没有用"，对学习生活的指导性不强。这部分学生主要认为思政课本身说教多、内容枯燥、吸引力不强，也没有把握住学生的成长规律，针对性开展教育引导。其二，还有很大一部分同学认为自身对政治理论的兴趣不大，课后也不愿意主动去学习，这就影响了学生对于理论知识加深理解，也就无法利用所学知识、所形成的价值观念联系实际指导自身的发展。其三，有部分同学认为，"看老师，老师讲课有吸引力就多听听，没意思就不想学"，这部分同学的学习兴趣主要取决于老师的授课水平和驾驭课堂教学的能力。这些问题直指我们思政课改革和实现课程自我改进的关键所在。对于刚踏入大学的学生而言，他们对于"大学是什么、学什么、怎么学"这些基本问题感到困惑，同时，学生对与其学习、生活密切相关的教学主题更感兴趣，也更愿意主动参与讨论，那么就要抓住这些主题契机予以教育引导，发挥思政课立德树人的主渠道作用。如在讲授《基础》课法律知识时，针对时下校园网贷现象展开讨论、反思、引导、教育，普及法律知识，引导学生树立正确的消费观、价值观。

(三) 学生对思政课教学管理的意见

调查也暴露出许多教学管理方面的问题，根据调查结果也能看出学生的意见。概括起来主要是：

第一，关于《学生实践活动手册》，在接受度上，大部分学生表示愿意接受，但仍有部分同学认为，没有必要增加负担。在"你会认真的完成《学生实践活动手册》的任务吗"的调查中发现，大部分学生表示基本会，个别表示应付；同时也有一部分学生选择感兴趣的认真完成，不感兴趣的就应付。这就要求我们的实践教育主题设置上要从学生的实际出发，贴近学生、贴近实际、贴近生活，激发学生的学习兴趣。

第二，关于考勤制度，在对于"思政课考勤制度 [迟到一次扣0.5分、旷课一次扣2分、请假（凭假条）一次扣0.2分] 有什么感受和看法"的调查中发现，大部分同学认为有些严格，但可以接受。同时集中的反映在于有请假条还要扣分，表示不太能接受。但考虑到教学管理秩序和对学生的引导教育，我们不鼓励缺课行为，对于到课、迟到、请假、旷课予以区别对待。在"课堂按照座位表就座"的情况调查中发现，大部分学生认为可以接受，能在一定程度上制约自己的逃课行为，避免了熟悉的两个同学坐在一起上课说话；但也有个别同学认为一个学期都是和固定的人坐在一起不利于同学之间的交流。这一点在教学管理中需要兼顾原则性和灵活度。

第三，关于成绩考核，在对"实践活动分数"占总成绩40%；"课堂表现"占总成绩15%的比例的看法的调查中发现，一部分同学认为较合理、能调动学生的积极性；另一部分同学在选择了"一般，没什么看法"；也有同学认为可以提高课堂表现的比例。根据这一点我们认为可以增加课堂表现的计分比值，以激发学生参与课堂教学的热情。在"每学期每个自然班分别评选10%的实践优秀学生和10%的总成绩优秀学生的活动怎么看"的调查中发现，部分学生认为在一定程度上提高了自己的学习积极性；另一部分则表示无感；也有同学建议可以增设学习进步奖，让大家都有机会受到表彰，这对我们的教学工作很有启发。

二、促进教学改革，发挥主渠道作用

习近平总书记在2016年全国高校思想政治工作会议上强调指出：做好高校思想政治工作，要因事而化、因时而进、因势而新。要遵循思想政治工作规律，遵循教书育人规律，遵循学生成长规律，不断提高工作能力和水平。要用好课堂教学这个主渠道，思想政治理论课要坚持在改进中加强，提升思想政治教育亲和力和针对性，满足学生成长发展需求和期待，其他各门课都要守好一段渠、种好责任田，使各类课程与思想政治理论课同向同行，形成协同效应。

在对学生进行问题导向调研中，我们发现了一系列问题，为此，我们从课堂教学管理、课堂教学方式、教学理念等方面着手变革。

（一）注重教学理念的更新

注重"以理服人，以情感人"的情感共鸣教学理念。思想政治教育是做人的工作。人是感情动物。我们需要从学生的情感和心灵深处做文章。思想教育不仅要有实事求是的说服力、逻辑性和知识性，还要有宣传鼓动的感染力、形象性和艺术性；不仅要做到晓之以理，更应该做到动之以情，在感情上使人产生共鸣，这种共鸣所产生的共振力量是令人深叹的。这种内心的情感共鸣才能让学生有内心的触动和更真实的感受，愿意去接受教育内容。

用"爱心和耐心"凝成启发式教学法。启发式教学的主要特点是强调在教学过程中发挥教师和学生两个方面的积极性，特别是学生的积极性。因为学生不是被动地等待灌注的容器，而是有无限认识潜能的认识主体。教师在教学过程中不仅要把知识传授给学生，更重要的是让学生在掌握知识的过程中增强思维能力与分析能力，并使学生有所创造，有所发展。通过各种方式知晓"95后"的年轻人到底在想些什么，感兴趣的话题有哪些，学生生活中有哪些困惑，等等。同时，在实际教学过程中，充分考虑到高职高专学生的特点和实际需要，将鲜活的案例为课堂支撑，加上老师幽默的语言，"给力""忐忑""纠结""伤不起""你懂的""败家"使课堂教学富有趣味性、生动性。在讲课中不仅经常使用"为什么""表现在哪里""如何正确认识"这

13

类富有启发性的语言，并且通过诱导式的提问、言简意赅的图表、富有哲理的俗语等形式来引导学生不断进行思考，在思考中开拓思路，发展智力，增长知识。改变了课堂上"你管讲，我管听或不听"的被动局面，而是师生情感交流，融为一体的你教我学的生动活泼的主动局面。在讲授的内容与表达方式上做到语言生动活泼，情感饱满与真挚，全身心投入，而且理论联系实际，提高了学生参与课程的主动性、积极性，课堂气氛异常活跃，真正启发了学生主动学习的兴趣。

（二）创新课堂教学方式

从目前高校的思想政治理论课教学现状看，在教学方法上普遍存在着死板、单调、针对性差，脱离学生思想实际等问题。具体表现为理论说教多，情感陶冶少，灌输多，启发少，规范多，渗透少；"单向灌输多，双向理解少"，这种教育方式的结果就是僵化缺少活力，实效性不够，缺少魅力。比如教师单方面传授理论、学生被动听讲的现象普遍，这种"满堂灌""填鸭式"的应试教育手段只能是要求学生被动地接受，使得教学和教育效果大打折扣，有的学生甚至认为这类课可学可不学，还有的主张取消这些课，从而达不到预期的教学效果。分析原因主要是课堂教学方法单一，缺少创新。

而思政部针对上述现象，结合当代大学生的心理与思想状况，社会大环境对学生的影响，结合现实中存在的问题，从大学生的思想实际出发，把握大学生的特点，重视分析不同类型学生的思想与价值观念、文化修养、心理素质以及情趣爱好等，把课堂教学与大学生思想状况、兴趣爱好密切结合起来，有效地唤起学生学习的兴趣，增强教学的趣味性和生动性，提高教学效果，大力开展教学方法的改革创新。具体做法如下：

"问题导向式"教学方法。这一方法的有效实施关键在于教师的"导"，只有"导"的科学，才能有效激发学生的积极性、主动性、创造性。针对思想政治理论课的特点，根据课程教学目的、教学内容，在课堂教学中精心组织学生辩论会、学生讨论会等教育教学新方法，鼓励教师和学生彼此之间的互动，学生通过互动可以得到老师和其他同学的意见和建议，增强对问题理解的深度和广度，同时也可培养学生的表达、沟通、反省和批判的能力，以及尊重他人意见的态度。这种互动可以刺激学生学习的动机，激发学生学习的兴趣，提高学生分析、解决问题的能力。这种互动教学有别于教师讲、学生记的被动学习方式，收到事半功倍的教学效果。

采用典型事例与案例的"案例教学法"。这一教学法的实施在于教师可选择一些与授课内容有关的经典案例来分析，由于这些案例本身就很有吸引力，很容易激发学生的学习兴趣。案例教学法的关键是挑选案例必须有针对性、典型性，且与社会热点、难点相结合，只要这样，才能取得实效。案例教学法的运用是从培养学生能力的角度出发，而且可以将案例通过多媒体进行展示，多媒体教学最大的特点是信息表达方式的丰富性、生动性及其功能的多样性。它集文字、图片、声音、动画于一体，使学生对思想政治课的学习有了立体感和直观感，能最大限度地吸引学生，引起学生的兴趣，从而有助于获得较好的教学效果。利用多媒体设备、多媒体教室将"开国大典""感动中国十大人物""千手观音""神六发射"以及从"今日说法""法治在线""并州之剑""法治进行时"等栏目中录制的具有教育意义的典型案例在授课时播放，充分激发了学生的学习兴趣，让学生以饱满的热情全身心地投入学习，达到最优化的教学效果。

主题辩论式教学。教师拟定演讲、辩论题目，组织学生有准备地进行演讲辩论，激发学生的学习热情，并加深对教学内容的理解。这是一种学生喜闻乐见的教学形式，收获往往最多，教师也常常可以得到启发。比如正方认为构建和谐社会提高公民素质更重要，反方认为构建和谐社会完善社会制度更重要，再比如正方认为经济发展中公平比效率更重要，反方认为经济发展中效率比公平更重要。在这些相关的辩论中提前布置相关辩论题目，这样的方式既激发了学生学习思考的热情，也活跃了课堂氛围，带动更多同学参与进来，形成一种良性的互动。

时事评论式教学。教师在讲课时注意联系社会、学校实际，实事求是地剖析社会上、校园内存在的种种问题或现象，学生往往容易接受。例如，贫富两极分化、贪污腐败、道德滑坡等现象，都是学生比较关注的问题。对这类典型案例，实事求是地剖析清楚，并引导学生用辩证的观点看待和分析问题。这样，学生就比较容易接受。因此，结合现实生活中发生的故事、学生身边的案例来分析，解释理论，可以增强说服力，使学生加深对某一问题的理解；同时，有些老师在课堂开辟了课前十分钟学生新闻演讲栏目，也有老师开设了学生多角度解读新闻的活动，以学生宿舍为小组，开展研究性学习讨论，有效地提升了学生分析问题和解决问题的能力。

(三) 改进课堂管理方式

针对学生，制定座次表，固定座位，严格考勤，有利于严抓旷课、迟到的学生，解决了大班上课的考勤问题，也极大地降低了学生无故旷课、迟到等不良现象，有效地保证了学生的出勤率，使学生的课堂出勤逐渐从自发走向自觉。目前学生的到课率很高，达到了预期效果。

稳定有序的课堂。每个自然班级的学生按照学号对号入座。在理论知识传授过程中，学生需要坐在自己固定的位置上，便于教师考勤和学生间的相互监督。"稳定有序的课堂"改革在实践过程中获得了大部分学生的支持，学生认为这样可以较好地监督自己在课堂的表现，并起到一定的约束作用。

变换的课堂。在课堂教学过程中，如果进行的是讨论环节，或者是课堂实践活动，学生则可以以小组为单位，在课堂内的任意一个地方，以小组为单位在一起自由讨论活动，无须固定在自己的座位上，这样可以使整个课堂做到"形散而神不散"；这既能充分调动学生的学习积极性和课堂参与度，同时也有效地改善了传统课堂固定、死板，不便于课堂学生交流的局限。"变换的课堂"在教学实践中受到学生的认可，学生觉得课堂不再是自己死板地坐在位置上听课，而是可以自由活动，充分感受到了自己的课堂自主权，同时也改变了传统课堂的死板，学生觉得这样的课堂安排更加能够提升自己的学习兴趣和课堂参与度。

自由的课堂。每个教室的最后一排位置为"自由呼吸的地方"。如果某堂课学生觉得自己状态不佳，或者有其他原因暂时不愿意坐在自己对应的位置上，学生可以和任课教师沟通，征得教师同意后，可以在本次课不坐在固定的位置上，可以坐在教室的最后一排，但仍正常参与课堂学习。这样可以给学生一定的空间选择自由度，让学生的自主学习能力和自制力得到锻炼。"自由的课堂"在实践中，深受学生们的欢迎，学生表示这种人性化的管理让自己觉得被尊重，体现师生平等的教学关系和"以学生为中心"的教学理念，大大提高了学生在课堂上的专注度和行动力。

第二节　提高教育教学的育人效果

调动学生的参与性是思政课实践教学很重要的一个方面。目前，思政课实践教学从整体上建立相应的运行体系和长效机制，还有许多问题需要解决。

一、把握思政课实践教学的本质

思政课实践教学的目的是让学生接触社会、了解社会，加深学生对理论问题的理解。为了达到这一目的，必须深化理解思政课实践教学的目标，从理论与实际相结合的维度上来开展实践教学，帮助学生对基本理论和基本观点的理解。重点是把握思政课实践教学的本质。

（一）实践教学与课堂教学的统一

思政课教学内容包括课堂理论教学和实践教学。课堂理论教学是系统讲述中国特色社会主义理论和人生修养的基本理论，为学生的世界观、人生观、价值观奠定良好的基础；实践教学是贯彻理论与实际相结合的原则，组织学生深入社会，了解国情、民情，感受社会主义建设实践的伟大成就和最新发展，从而树立社会责任感。实践教学不能脱离课堂教学的内容，而应该体现课堂教学的思想内涵，增进学生的情感体验，使学生不仅增加对现实问题的认知，而且加深对理论问题的理解，真正使思政课成为培养社会主义建设者和接班人的核心课程。

（二）实践教学与文化育人的统一

文化育人在高校主要是通过丰富多彩的校园文化活动来体现，例如弘扬社会主义核心价值观的专题讲座、文艺活动、体育竞赛、志愿服务、科技创新等等，这些校园文化活动与思政课实践教学的目标是统一的，虽然不能简单把两者等同起来，但是可以相互融合、相互渗透、相互促进，特别是课堂教学中的基本观点和基本理论，与校园文化中的专题教育活动和实践活动可以有机地结合起来，实现思政课主渠道与思想政治教育主阵地的统一。教书

17

与育人的目标是一致的,基于思想政治理论课特殊的内容和教育方式,思政课教师应主动选择与思政课教学目的一致的校园文化活动,亲自参与指导,有目的地组织学生参与,实现思政课与校园文化共同的育人目标。

(三)实践教学与社会实践活动的统一

目前,大学生"三下乡"、志愿服务、创新创业等社会实践活动都是为了培养合格的社会主义事业接班人,这些活动的主要目的是让学生了解国情、民情,增强学生服务社会、服务群众的能力,但不能用这些活动简单地替代思政课实践教学活动。思想政治理论课的实践活动,必须满足两个前提条件:一是在活动开始之前,思想政治理论课教师对学生规定了要求,有实践的内容、要求和目的;二是活动的内容与思想政治理论课程内容必须有关联性。否则,就只是学生社会实践活动而已。思政课的实践教学不仅仅要提升学生对现实的认知能力,更要提升对理论的理解能力,在老师的指导下针对理论教学的问题,通过调查研究加深对理论观点的理解,使理论教学充满生机。克服了以往社会实践热热闹闹,但与理论教学脱节的弊端。

基于上述原因,要解决思想政治理论课实践教学活动存在的问题,既不能不切实际,不考虑现实问题,也不能内容空洞,流于形式,我们以《学生实践活动手册》为载体,由老师设置相关专题,让学生通过进行社会调查、参观本土的爱国主义教育基地、了解东莞新农村建设情况及改革开放成就等,使思想政治理论课实践教学活动取得良好的教学效果。

二、加强对学生思政课的学习引导

帮助学生树立正确的价值观是思政课的重要使命。在思政课的教学实践中要引导学生正确认识时代责任和历史使命,用中国梦激扬青春梦,激励学生自觉把个人的理想追求融入国家和民族的事业中,做走在时代前列的开拓者;脚踏实地,把远大抱负落实到实际行动中,让勤奋学习成为青春飞扬的动力,让增长本领成为青春搏击的能量。

(一)突出核心价值观的引领

全面提升学生对社会主义核心价值观的认同水平和实践能力,是思政课教学的重要目标。我们根据学生不同年级的特点,以"手册"为载体,设计不同的学习和讨论专题,"基础"课每学期2个专题,"概论"课每学期3个专题,让学生参加相应的小组讨论和实践活动,促使学生把课堂上掌握的理论观点和知识,运用到实践中去发现问题、分析问题、解决问题。特别是围绕着社会主义核心价值观学习出现的困惑,经过思考后,带着问题重新回到课堂进行探讨。在这个基础上,教师进一步在课堂教学中理论联系实际,讲解社会主义核心价值观的基本内容,逐步加深学生对核心价值观的认同和理解。

（二）密切联系热点问题

关注当下社会的热点问题,直击学生的关注点和兴趣点。我们广泛接触学生,掌握一手情况,结合思政课的理论教学,尽可能地回答学生的实际问题。随着对反馈问题的解答,思政课逐步增加对学生的吸引力。例如针对学生对某些贪腐现象的关注,我们在教学中针对性地讲解中央反腐败的战略决策,介绍本地反腐败取得的重大成绩,并且从法治建设的角度,阐述反腐败的制度建设,大大提升了学生对反腐败的信心。

（三）提高学生的参与自觉性

思政课教学涉及教与学两方面的共同努力,特别是需要学生的自觉参与和学习的主动性。一方面,需要教师改进教学方法,丰富教学内容,联系学生的实际;另一方面,需要通过必要的考核和督促提升学生的学习积极性。实践教学作为课堂教学的延伸,高职院校实践活动内容及题目大多出自概论、基础课中的重点及难点内容,尽可能覆盖到全体学生,使全体学生受益,也提升了全体任课教师的责任感。因此,教学活动要做到可操作、可考核。如创新考核评价方式,把实践活动成绩纳入期末总成绩,并占40%的比重,可以有效地对学生进行实践教学的考核,确保实践教学真实有效。

三、在教学中充分发掘校内外教学资源

（一）邀请校外专家和社会贤达讲学

在思政课的教学过程中,我们邀请校外各高校的专家教授、东莞市社科院、东莞市人民法院、东江纵队纪念馆、知名企业的相关人士来校给学生作专题报告。比如,我们邀请东江纵队的老战士及其后人来校开展革命传统教

育,请东莞十大杰出青年代表来校作创新创业报告,请在改革开放中成长起来的工匠艺人分享打拼经历,请国学大师讲中华优秀传统文化。

(二) 充分利用地方教育资源优势

根据我院学生生源地主要在东莞的实际情况,充分利用东莞地方教育资源优势开展思政课教学。鸦片战争是中国近代史的开端,鸦片战争博物馆记载了帝国主义对中国的侵略和中华人民反帝反侵略的历史,我们思政课老师充分利用这一教育基地,开展近代史和爱国主义的教育。东江纵队纪念馆是反映中国共产党领导下的人民革命战争的重要教育基地,我们结合概论课的教学,访问该纪念馆并请东纵老同志亲临授课,取得了很好的教学效果。东莞展览馆是东莞改革开放三十多年成就的生动缩影,我们组织学生前往参观学习,使学生对中国特色社会主义的理论和实践有了更深的理解。

(三) 展现实践教学的学生成果

在实践教学的过程中,我们组织学生带着问题开展了大量的社会调查和实践活动,许多学生深入工厂、企业、农村,对改革开放取得的丰硕成果和深化改革面临的问题进行了调查研究。这些成果表明学生能够理论联系实际,拥护改革开放,正确看待当前社会存在的问题,我们把这些成果汇编成册,在学生中开展交流活动,对其中的优秀成果给予表彰和奖励。学生反映这种成果展示看得见、摸得着、信得过。从这些成果中可以看到学生分析问题、解决问题的能力有了较大的提升,基本掌握了思想政治理论课教学内容的基本观点和方法。

附录

新时期大学生与父母关系调查
——2015 级包装 1 班 胡锦玲

亲子关系是指父母和孩子之间的关系,亲子关系的好坏决定了孩子的性格和未来。大学生群体是相对于其他社会群体,如农民群体、工人群体而言,特指大学生这一群体在整个社会系统的分类。当代大学生群体主要是以 20 世纪 1995 年以后出生的孩子为主,也就是社会上普遍说的"95 后"。

在我看来，"95后"大学生群体有以下特征：第一，对父母的依赖性强、抗压能力弱；第二，勇于担当，但功利意识过强。因此，在了解以上特征后，我更加全面而深刻地了解大学生与父母的关系。

　　大学生与父母之间存在代沟。在访问的50名大学生里，有28名大学生都觉得与父母之间存在代沟，其中有5名觉得有很大代沟。这样看来，当代大学生普遍与父母有代沟。归其原因在于父母与我们生活的时代不同，以及接受的教育背景不同。

　　大学生关心了解父母但不懂得表达。在访问的50名大学生里，有45名大学生记得父母的生日，其中女的占多数，但多数不会送礼物。有10名大学生会送礼物。更有5名大学生不知道父母的生日。但不记得并不代表不会送礼物给父母，有20名学生在父亲节、母亲节也会送礼物给他们。总体显示，当代大学生是懂得关心了解父母的，但并不善于表达，没有过多的礼物或者语言去表达自己对父母的爱和感激之情。大多数大学生从来没跟父母说过一句"我爱你"，他们觉得彼此过于熟悉，说出来显得尴尬。

　　被访问的同学中，大多数都与父母之间存在沟通困难，甚至有一部分同学与父母感情并不深厚，时有争吵和矛盾。似乎有这样一种现象，父亲比较疼爱女儿而母亲则疼爱儿子。我舍友则是一个活生生的例子，有事找父亲比母亲多。她与父母亲是最少表达爱的，她总嫌父母亲烦。我总说她，父母是关心她才这样，她更不耐烦，说："事情问一次不就行了吗，还每个星期回去都问。"也许在父母亲心里我们是永远长不大的孩子。俗语有曰："养儿百岁，常忧九十九。"大学生与父母之间存在代沟，原因有思想观念与价值观的不同。很多同学都不愿意与父母分享心事，觉得说了父母也不会懂。当代大学生主要都是由"95后"群体所组成的，"95后"所生活的环境是在一个经济迅速发展、和平友好的小康社会，而父母亲生活在一个连生活中最简单的衣食住行都忧虑的时代。先不论这个，说说像十七八岁的时候，他们干的都是农活，玩的都是鞭炮。而我们呢？手里拿的是手机、平板。可以说"95后"是在一个健康安全且物质条件非常好的年代生活着，因此养成了特有的思想，那就是个性。

　　个性就是与众不同。喜欢"非主流"，非要有个性的东西，非要有个性的脾气，非要跟别人不一样！

在此，我有了自己的想法，改善大学生与父母关系可行性的方案。从父母的角度，首先提升自我素质紧跟时代步伐。随着时代的发展，我们进入了一个信息的时代，QQ、微信、微博变成了大学生不可缺少的部分。作为父母，如果能善用这些软件，或许能跟孩子的关系更进一步，在访问的30人中，有25名的大学生父母都会用。其次，父母要巧用平等态度，注重沟通的技巧。父母总喜欢用绝对权威，与子女追求自由相违背，因此产生了争吵、矛盾。要学会用平等的态度与子女对话，尊重他们的意愿，了解他们选择背后的原因。说话要用实际合理的言辞，不要夸张事实，也不要损伤子女的自尊心，多鼓励，多用幽默的表达方式。从子女的角度，第一要素是尊重父母，理解父母。可怜天下父母心，在他们眼里，我们永远长不大。他们自己勤奋工作，补偿失去了的年华，希望自己的儿女在人生道路上没有那么多的坎坷、曲折。在争吵的时候，采用回避、疏远和顶撞的态度都是不对的，最起码要尊重的态度在先。因为"现在"总是从"过去"发展而来。不要认为他们的时代过去了，不合适，因为他们吃盐比我们吃饭多。要加强主动性，改善与父母的关系。其实他们想要的都很简单，我们健康、快乐、听话、孝顺、平安，多陪他们便好！

（指导老师：刘丽容）

《建国大业》观后感
——2015级酒店管理3班　李芙蓉

我以重温历史的心情，看完了《建国大业》这部影片，内心颇有些激动。我也被那个激情燃烧的时代，那个英雄辈出的时代，那个弱肉强食的时代，那个锦上添花的时代，那个承前启后的时代……深深地震撼了。

影片中有几个让我难忘的镜头。镜头一：在淮海战役结束后，毛泽东、周恩来、任弼时、朱德等革命元首，听到战役结束我军大获全胜的消息时，毛主席兴奋地说："长江以北，再无大战。"于是，他们四个人一起庆祝，一起喝酒，一起吃辣椒，喝醉了一起唱歌的那番情景，让人十分感动。

镜头二：在抗战后期，我们伟大的领袖毛主席在买不到烟时，领悟到我们中国共产党不仅仅是依靠团结农民和工人阶级的实力,我们还要团结商人和企业家,团结各个党派的实力。

镜头三:记得毛主席回答李济深的那句话:"个人的事再大也是小事,国家的事再小也是大事。"是啊,国家的事无论多小,但是可以幸福许多人,给很多人带来欢乐!自己的事就是个人的私事,即使再大也是影响一个人的利益。

镜头四:关于延安是否要死守的问题,国民党高级将领胡宗南率部围剿延安的时候,毛泽东讲道:"存人失地,人地皆存,存地失人,人地皆失,我们会以一个延安换取整个中国。"这正是当年共产党高级领导人"以人为本"的真实写照。死守延安,无疑会伤之惨重,代价太大,不能做到对人的关爱胜过对地的关爱。伟人毛主席优先选择了对人的关爱。是啊,在某些时段,要适当放弃一些利益,忘记一些仇恨,也许明天会更好,未来会更好,毛主席英勇机智,真令人钦佩。

镜头五:蒋介石的儿子蒋经国肩负父亲给予的重任,为了稳定上海物价大义灭亲,对孔家的囤积物资的行为进行打压,这些事件可以看出蒋经国是希望国家和平的。但是因为宋庆龄赴美求援被拒,父子二人心知大势已去,南京的成群的白鸽围绕着父子俩的沉默盘旋,似乎寓意着战争的结束,和平的到来。

镜头六:蒋介石最后给自己留了一句庄重的话:"是国民党毁了自己啊!"同时这个镜头也告诉我们一个道理:得民心者得天下,失民心者失天下。很明显的是,并不是蒋介石能力不足,是他违背了民心。

镜头七:毛主席站在天安门城楼上,庄严地说:"中华人民共和国中央人民政府今天成立了!"中国人民从此翻身做主人,一个崭新的国家屹立在世界的东方。这是伟大的中国共产党在抗战胜利至新中国成立后,通过自己的努力一步一步地赢得民心,赢得国家的伟大胜利。

看完这部影片后,我深深感受到今天的和平来之不易,我们一定要珍惜现在的美好生活,同时更应该继承先烈们的革命意志和精神,在这和平的年代更应该努力学习知识,为了我们国家更美好的明天而努力奋斗。

(指导老师:王悦荣)

关于大学生手机使用的调查报告
——2015 级城轨 1 班　熊紫晴

随着社会信息化进程的加快，人们生活水平不断提高，手机普及率呈爆炸性函数状提升。在日新月异的数字化时代里，高新科技产品成为消费热点，手机作为其代表之一。在大学里，手机几乎是人手一部的通信工具，大学生是庞大的手机消费群体。为此，我专门进行了调查。

调查研究旨在通过对大学生手机使用的调查，对大学关于手机价格、手机品牌、用途等情况进行探讨。采取了问卷法对东莞职业技术学院学生及校外部分学生进行调查。调查具体分析如下：

一、被调查者所在年级与性别

根据图表显示，受访者共 79 人，其中大一的有 56 人，大二 14 人，大三 7 人，男生占 65%，女生占 35%。

二、大学生的生活费、手机价位以及每月花费

通过调查，不难发现，大学生的每月生活费在 500~700 的人数较多，其次是 700~900 与 900 元以上，大学生的生活较节俭；对于手机价位，2000 元以上的为 30.4%，800-1600 元的为 27.8%，800 元以下与 1600~2000 元的各占 21%。由此可见，购买手机价位与学生的生活水平成一定的正相关，生活水平的提高，大学生在购机时选择的价格也不会过于拘束，选择较高价位的人数较多。

调查显示：大学生的每月话费大多是在 50 元以下，其余集中在 50-100 元，少数为 100 元以上。由此可以看出，生活费的多少在一定程度上决定了大学生的话费。

三、大学生喜欢的手机牌子

通过调查显示，喜欢苹果手机的为 39.2%，占绝大多数，而对于华为、小米的爱好者也较多。可以得出的结论是，大学生普遍喜欢科技含量高，知名度高与受众范围广的手机品牌，因其智能化与质量的保证，也是一定身份的表示，受到大学生的青睐。

四、大学生购机原因、用途

根据调查显示，81%的受访者的购机原因是为了方便联络，少数是身份表示，76%的为了时髦与流行。而对于手机用途，64.5%的大学生用于娱乐，27%用于打电话。可见，大学生购买手机更加注重使用价值而非赶时髦，但对手机的使用绝非仅仅停留在以往的打电话、发短信的简单层面上，开始转向多方面的要求，要求功能更加齐全，款式更加多样，达到娱乐的目的。

五、大学生的换机时间

据调查显示，大学生的换机时间大多集中在两年，少数在三个月与六个月，由此看来大学生换机速度较以往的要短，这与科技的更新快脱不了干系，但相对于对高科技产品的追随者来说，更换手机频率较快。

六、大学生购机所关注的问题与服务商

调查表明：大多是人购机时关注手机的价格、功能与品牌，选择服务商多为中国移动，这一购买动机的出现与学生消费特殊的消费心理分不开，由于大多数多为19至25岁，是人生思想最活泼、个性最鲜明的青春黄金期，现代社会条件的发展使得他们对新事物的爱好也越强烈，由此更加追求款式、功能的多样。而选择移动公司多数是因其价格优势与历史时期优势。大学生多数关注价格，因为他们还处于依赖消费群体，难以负担过多的花销。

结论：通过这一次调查，我发现当代大学生对科技产品的认识与购买不再是盲从，而是自主选择，对"新潮"的追随更为理智、透彻，体现物质与意识的辩证统一。科学技术是第一生产力，手机这一科技产品为人们开发利用，随着社会进步而前进。而手机品牌的建设不是一朝一夕的事，而是质量与信誉的结合，大学生属于纯消费群体的性质决定了大学生手机的购买与消费，大学生对手机的需求意见对手机的发展具有重要意义。再者，学生对手机也要正确使用，多方面考虑自己想要的手机功能是怎样，什么款式的手机能够满足对自己生活学习的需求。

（指导老师：张孟）

第三节 发挥主题班会教育实践作用

我国高校班级制度是经过实践检验、符合教育一般规律的、有社会主义特色的高校管理制度,是将思想政治教育工作深入到每一个学生的一线阵地,是实现学生自我教育的载体。东莞职业技术学院在新形势下,根据学生的思想特点,创新主题班会的内容和形式,探索加强和改进大学生思想政治教育工作新路径。

一、主题班会要针对高职学生的特点

主题班会是以辅导员(班主任)为主导,以学生为主体,以班级为单位,围绕特定主题所开展的有目的、有计划、有组织的思想政治教育活动课程,是对大学生进行教育和自我教育的重要渠道。在教育部 2014 年印发的《高等学校辅导员职业能力标准(暂行)》(教思政 2 号)分级列表中,对辅导员的职业功能、工作内容和能力要求进行了具体表述。主题班会已然成为辅导员的重要职业技能之一,是判断辅导员能力素质和教育水平的重要指标。因此,辅导员(班主任)要做学生喜爱的主题班会,必须从学生的需求出发,做到贴近学生、贴近生活、贴近实际,充分发挥思想政治教育骨干的主导作用和广大学生的主体作用。作为一所高职院校,要开好主题班会,必须要针对高职学生的特点,研究分析,制定合理规划,有的放矢。

(一)重视本科学生与高职学生的区别

本科院校与高职院校整体情况存在显著差异,需要把握特点才能事半功倍。

从人才培养角度看,本科院校作为学术型人才培养的第一阶段,注重夯实理论基础,为精细化、专业化的研究生阶段做好铺垫。而高职院校重在培养实用型人才,其人才培养导向通常与当地社会、经济的发展趋势相结合,以市场需求为导向,培养一线专业技术人才。

从学生群体差异性角度看,本科院校学生群体学习自主性相对较高,对

理论学习、科学研究的接受度较高。高职院校学生群体动手能力较强，实践热情高，对理论学习的接受度较低，应更加着重使用以学生为主体、学生参与程度较高的方式。

从在校学习的时间看，本科院校学生在校学习有4年时间，而高职院校仅有3年。在不同时间节点的教育工作重点、难点不同，学生需求的体现也有所不同。特别是，我院作为一所高职院校，培养方案规定要有不少于半年的企业顶岗实习期，这对于班集体教育的针对性、连续性、有效性提出了更高的要求。

因此，在选取班会主题及形式时，应该立足高职学生特点，根据学生需要去选择主题，牢牢把握住"三贴近"的原则，着重关注和解决高职学生的发展需求及思想、成长问题。譬如，在班会选题上，在本科类院校能够得到广泛关注的升学经验交流会，在高职院校其受欢迎度就不如模拟面试交流会。又譬如，针对主旋律教育班会，本科类院校学生可以采取观看主题教育片、征文比赛、演讲比赛等方式来开展，而对于高职类院校学生，则更适合主旋律知识竞赛、情景剧排演这一类需要较多实践、动手的主题班会。

（二）发挥高职学生实践能力强的优势

主题班会应以辅导员（班主任）为主导，学生为主体开展。只有让学生成为班会的主人，变被动为主动，班会才不会是一场"填鸭式"的观念、理论灌输，而会是一场生动活泼的学生积极自发的探索和尝试。任何学生都是具有无穷创造力的，尤其是高职学生在实践能力方面更具有优势，也更具有热情，要善于挖掘，选择合适的题材、合适的载体加以合适的引导。

因此，班会组织者要充分尊重学生的主观能动性，运用好高职学生实践动手能力强的优势，鼓励并引导学生积极主动结合实际选取题材及班会形式筹办班会，从中实现学生的自我教育、自我管理、自我服务，让学生接受教育的同时不磨灭学生的积极性与创造性。

（三）追踪教育效果功夫在课堂外

当一场班会结束后，以该主题为中心的教育往往并没有结束，而仅仅是一个开始，往往需要重复多次的教育实践才能真正得到效果。在这一事实基础上，结合高职学生理论水平相对薄弱的实际，辅导员（班主任）老师对某一主题的教育更应该加强正强化,做好追踪教育,使得主题教育更有延续性。

首先,辅导员(班主任)老师要根据教育主题继续挖掘、总结当前存在的问题,并细化解决方案,以此来为接下来的延续性教育打好基础。

其次,辅导员(班主任)老师要"抓住时机",在召开某主题的班会以后,一旦在教育、管理、服务的过程中再次出现涉及这一主题的状况,要及时抓住各种机会,对学生进行后续教育,提高学生对于这一主题的认识。

再次,"追踪教育"绝不仅仅只局限在课堂上、校园里,它的开展场所可以是无所不在的。走访学生宿舍、与学生家长进行电话沟通、"三下乡"社会实践、网络新媒体阵地等等场合,都可以是辅导员(班主任)巧妙开展工作的时机。只要牢牢树立起"追踪教育"的意识,总能找到机会对某一次班会所进行过的主题教育加以巩固和延伸,激发出学生更加深入的思考。

二、主题班会要走进学生心灵

主题班会的策划与实施要做到入脑入心,切实为学生所喜欢,才能一方面提高学生的思想政治觉悟,增强班级凝聚力,促进良好班风形成;另一方面为学生提供自我教育、施展才华、展示风采的机会,更好地促进学生的全面成才。因此,我们着重从以下几点进行探索。

(一)班会主题要贴近学生

班会的主题既是对班会讨论范围的限定,又是对参与讨论者的启发。好的主题能震撼学生的心灵,激发学生的热情,使学生不吐不快,言犹未尽。

选题要以不同年级的学生发展特点为主线,联系学生实际,比如,大一要以适应大学生活为主线,大二要以职业生涯规划教育为主线,大三要以就业创业为主线。针对学生在不同阶段出现的学习、生活、就业等问题,通过班会引导同学们自我教育,在成人、成长和成才的道路上不断迈进。同时还应该结合重大的时事政治事件和节日、纪念日通过班会开展日常的思想政治教育。

为了提高班会教育的针对性,辅导员(班主任)在平时要善于调查研究,对于本班学生的精神状态、学风、班风和学生日常生活中暴露的思想问题要做到心中有数，然后分析并整理学生中出现的共性和个性问题，围绕这些问题来确定主题。

比如说，针对高职学生普遍对自己考上的大学不满意，对前途感到迷茫，我们举办了"我的大学不是梦"主题班会，请已经取得成就的校友回来参加，通过讨论引导同学们正确认知自我，确立新的奋斗目标，发愤图强，走好自己的大学之路。

（二）主题班会要形式新颖

主题班会要达到育人效果，不仅要内容好，而且形式也要吸引人。

传统的班会形式有经验交流式、演讲式、辩论式、座谈式、表演式、报告式等。上述方式能够承载不同班会主题，并为学生广泛接纳，但单一方式的使用缺乏创新，吸引力不足。这需要辅导员（班主任）和班委能够匠心独运，创新形式。比如变传统的经验交流式为访谈式；变传统的室内教学为户外体验教学；变演讲式为小品表演；变报告式为情景剧；变枯燥的说教为影片剪辑；等等。

例如，团队辅导式主题班会，学生在老师的带领下完成团队心理辅导游戏，在游戏中通过亲身经历和体验，感悟班会主旨并在游戏的过程中学会沟通交流、团队合作、包容信任，提高情商，多用于集体凝聚力不强、目标迷茫困顿期。在新生班级中，我们开展了入校的第一堂主题班会课"从今天开始携手共进"，通过团队辅导的游戏让新生互相认识、加深了解；通过共同协作的游戏，建立相互间的信任，培养班级的凝聚力。

又如，模拟实践式主题班会，学生在生涯演习、职场演练的过程中，体会自我定位、制定发展目标、激发内在动因，学会分工协作，激发和培养责任感和荣誉感，多用于职业生涯发展规划和就业指导主题。在大二学生的职业生涯规划教育"职场人物对对碰"主题班会上，我们分组进行"我是面试官""我是公司骨干""我是职场小白"的角色扮演，开放式即兴模拟职场情境，受到学生的热烈欢迎。

再如，连续式主题班会，当一次班会不能彻底解决问题时，可给学生设计任务，制造悬疑效果，留待下次班会揭晓，多用于新生适应期。在新生入校，彼此尚不熟悉的时候，我们在第一次班会上设置了一个环节，让学生通过抽签的方式抽到其他同学的名字，不许告诉对方，只能通过默默地观察了解对方的优点，一周后的班会上把自己的观察结果写到便签上送与对方。两次班会虽然时隔一周，内容也可能不尽相同，但以"抽签——观察——赠予"的环节贯穿就变成了连贯的主题，或深入递进，或相得益彰，很好地促进了新生对于新班级的适应。

（三）主题班会要精心策划

每一次成功的班会，除了选好主题和形式，还离不开精心地组织策划，它是开好班会的关键。

会前准备。辅导员（班主任）要充分发挥班委学生干部的作用，班会前，组织学生干部集思广益，精心构思，细心筹划，包括主题的内容、形式和班会中的程序以及环境氛围的渲染。比如，班会是以班级教室为主要场所，最简单的布置也应考虑教室的卫生、课桌的排列、黑板上班会主题的设计等。这些都反映出辅导员（班主任）及班委对班会的重视程度及态度，这对学生的影响是深刻的。若辅导员（班主任）、班委对班会的态度敷衍了事，就会失去学生的信任，失去主题班会的意义和价值，不利于今后工作的开展。

会间调控。班会中，辅导员（班主任）要融入班级活动中，以起到鼓励鞭策、活跃气氛的目的，及时发现并解决问题。虽然学校、专业、学生结构特点各异，社会形势不断变化，班会内容也缤纷多样，但班会的主旨方向始终需要老师去把握。尤其在讨论式班会中，学生难免出现错误观点和偏激看法，导致主持人难以驾驭的场面，这就需要辅导员（班主任）事先对班会主题深入研究，预测学生可能出现的各种不同观点和看法，在讨论和总结分享的过程中加以提升点拨，保证班会正确的引导方向。

会后总结。辅导员通过对班会的总结提升使班会的主题思想能够被同学们认同和接受。要使主题班会真正发挥持续的教育作用，巩固班会成果。辅导员（班主任）必须进行跟踪反馈与思考。首先要及时掌握来自学生中的信息反馈，抓住学生思想情感方面的变化，继续加以引导，促其升华，力争班会之后学生们在行动上有所表现，思想认识和能力有所提高；其次要重视提升主持人、班干部的能力，帮助他们找出自己的不足之处以及今后努力的方向，使他们从中获益，提高他们辅助主题班会活动的能力。

不断改革班会的内容和形式，把握好主题班会这一实现班级教育目标的重要手段，可以培养学生集体荣誉感、责任感以及创新精神，锻炼学生的自我教育能力，形成班集体凝聚力。

三、主题班会精品案例

主题班会不仅要发挥个别辅导员和班主任的聪明才智，还应该发挥团队精神在全校范围内筛选示范案例，推广班会精品，使主题班会的教育更有实效。

通过立足大学生发展需要进行设计，摒弃僵化模式、灌输模式、表演模式，采取适合学生年龄、经验、知识水平的多元形式，切实做到让学生参与前有兴趣，参与时有共鸣，参与后有感悟，发挥教育化人的功用。

近年来，我院辅导员高度重视主题班会的作用，就如何开好主题班会进行研讨，班会水平得到明显提高，教育成效明显。实操班会案例在近四年的全国高校辅导员职业能力大赛中获得省赛十佳主题班会、大区赛小组第一等荣誉，这是对于我院辅导员主题班会教育效果的最好肯定，也促使我院自2014年参加该项赛事以来连续4年获得多项佳绩，大大激励我们提高主题班会教育实践能力。

这些优秀的主题班会脱颖而出，源于立足高职学生实际，做到"三贴近"，收获学生的喜爱，走进学生的心灵，呈现教育化人的生动场面。其中，既有关注大一学生适应性教育的探索，又有促进学生职业生涯规划、职业精神培养的实践；既有思想引领践行核心价值观的情感关照，又有普遍性学生现象的教育引导，可谓因材施教，入脑入心，成效显著。

在下文中，将这几个典型的主题班会案例与读者共享，进一步印证主题班会入脑入心的教育实践。

案例1：转动生涯方向盘，踏上青春圆梦路
——大一学生适应性教育主题班会

> 案例1从大一新生适应性教育的工作关键点出发，从设计到实施的全过程都切实把握了"贴近学生、贴近生活、贴近实际"的原则，服务新生学习心态的转变，激发学生自我教育、自我管理、自我服务的意识，运用"体验式自我教育"与"分享式朋辈教育"相结合的团辅引导模式，渗透生涯教育理念，最终取得了较为良好的教育效果。

一、班会主题

转动生涯方向盘，踏上青春圆梦路

二、班会对象

汽车维修与检测专业大一新生

三、班会主持

辅导员

四、班会背景

游戏、翘课、无聊、迷茫，这些词汇成为许许多多经历过高考高压，迎来自由、开放的大学生活的大一新生的真实写照。面对这些现象，辅导员的日常工作中往往只关注了他们大学应当怎样度过，忽视了他们心理上需要一个承上启下的转化过程，这是新生适应性教育易被忽视而又十分关键的一点。

五、班会目的

帮助学生总结分享高中生活，加强同学间的了解和理解，形成同伴信任关系，为大学人际交往打下基础；引导学生对大学生活展开期待，适当引入生涯教育理念，为未来的学业进步、人际关系、自我成长、兴趣发展、性格完善做出铺垫。

六、班会流程

第一阶段，检测"梦想号"列车。以小组分享讨论的形式进行，分别用3~5个词描述"我"的高中生活和对大学的期待。具体可围绕"我最快乐

的一件事""我最自豪的一件事""我最难忘的一件事""我最遗憾的一件事""对大学生活的期待"等方面,分享畅谈。之后,进一步讨论课前作业"如何转动生涯方向盘",如何顺利从高中过渡到大学。

第二阶段,转动生涯方向盘。由各小组选出的学生代表分享交流"高中生活"和"大学期待",概括总结本小组的讨论情况,以此形式"与高中 Say Byebye"与"与大学 Say Hello",完成心理上的告别仪式。

第三阶段,绘制梦想路线图。每位同学分别填写表单《梦想之路》(见附),从小时候的梦想一直到大学的梦想,一路回顾、一路展望,从记忆回想到计划设计,逐步找到实现大学梦想的路径方法、所需支持,使生涯规划逐渐清晰并有可能落地实施,变成现实。

第四阶段,踏上青春圆梦路。全班封存"青春梦想"并总结,通过团队小游戏实现封存仪式,让学生意识到我们整装待发,也许不会一帆风顺,但经过努力,学会调整,会离梦想越来越近,同时,引导学生在未来生涯规划上将个人梦想、职业发展与国家、社会的需要结合起来。

七、班会小结

辅导员总结:无论高中经历过什么,无论我们是怎样来到大学的,那些都已成为过去;我们所有人经历过一次"大洗牌"后,再次站在了起跑线上;我们需要一个属于自己的梦想作为目标,指引我们接下来的行动;今天,我们重新认识了自己,整装待发,也许圆梦之路未必一帆风顺,但未来,经过努力,学会调整,会离梦想越来越近;关于生涯规划,要将个人梦想,专业发展和国家需要结合起来。

学生总结:现场畅谈。

八、班会拓展

推荐关注几个纪录片:《超级中国》《大国重器》《寿司之神》,了解我们的国家,了解我们的社会与行业、了解什么是工匠精神,思考怎样做一名优秀的专业技术人才,并长久地指引自己的职业发展之路。

九、班会亮点

本次主题班会从设计到实施,贯彻"贴近学生、贴近生活、贴近实际"的理念,围绕一个教育目的,促进学生心态转变,激发学生自我教育、自我管理、自我服务的意识，最终取得了较为良好的教育效果。总结一下主要有以下几方面亮点：

其一，主题设计巧妙关照高职学生的专业特点，便于学生从心理上接受教育，并增加专业认同感、归属感。

其二，针对大一新生从高中过渡到大学生活的迫切需要进行设计，探索新生适应性教育易被忽视而又十分关键的工作难点，将班会教育与其他思政工作形成配合体系。

其三，确立"体验式自我教育"与"分享式朋辈教育"相结合的团辅引导模式，渗透生涯教育理念。

最后，强化学生在参与过程中的主体意识，避免说教式灌输。

附：

梦想之路

穿过高考，我们来到了大学。高中学的目标似乎就是"考上大学"，这个目标曾经激励着我们为之刻苦努力。而今，这个目标已经成为过去，面对未来，我们需要有新的目标来指引我们的行动。以下这个表单可以帮助我们重新探索自己的人生目标：

很小很小的时候，我的梦想是：_____

天真烂漫的小学，我的梦想是：_____

初中的花季雨季里，我的梦想是：_____

高中的激情岁月里，我的梦想是：_____

现在，来到大学里，我的梦想是：_____

以上这些梦想的共通之处是：_____

通过这样的探索，我发现：_____

基于现实，我想到实现自己梦想的具体计划有：_____

在梦想实现的过程中，我渴望获得的支持是：_____

案例2:"请你抬头"——改善
大一新生"低头族"现象主题班会

> 案例2 对移动互联网时代下的大学生离不开手机、放不下手机的"低头族"现象进行环节设计、目标设置,紧密结合了学生的实际情况,特别是立足高职学生、大一新生的这两个特点做文章,通过解决学生的实际问题来引导解决学生的思想问题,通过辩论赛、自由商量对策等方式来引导学生认识问题并尝试解决问题,发挥出了学生自我教育的作用。同时,培养学生自律意识和自控习惯,升华教育目的,现场教育效果良好,会后成效突出。

一、班会主题

"请你抬头"——改善大一新生"低头族"现象主题班会

二、班会对象

工商企业管理专业大一新生

三、班会主持

辅导员

四、班会背景

在大学校园里,随处可见"低头族"——课堂中、宿舍里、校道上,同学们总是随身携带一部手机,不分场合地几乎时时刻刻都握在手里。如此一来,教学效果大打折扣,任课老师反映同学们上课无心听讲、只顾低头对着手机入神;同学之间缺乏最基本的交流和陪伴,辅导员老师走访宿舍时发现,同学们在宿舍不聊天、不看书,纷纷自顾自在座位上、床位上对着手机一看就是一整晚;同学们养成了不健康的生活习惯,在操场、饭堂、超市,总有同学有事无事便拿起手机看两眼,借以打发时间……因此,有必要针对刚入校的大一新生开展一场以改变"低头族"现象为主题的班会。

五、班会目的

本次班会意图实现低级目标和高级目标,低级目标是促使刚刚进入大学校园的新生尽快认识到过度使用手机的弊端,避免成为"低头族",明白应该如何正确使用手机这把"双刃剑";高级目标是通过培养学生有节制地使用手机这一行为习惯,培养他们自律的行为习惯。

六、班会流程

班会导入:首先播放辅导员老师事先拍摄好的一组视频,内容为班干部们在学校各处采集到的同学们无节制使用手机的场景,如教室里、校道上、图书馆、饭桌上、床铺上等。同学们从他人的视角看到自己"痴迷"手机的形象,一副"中了毒"不能自拔的样子,更有同学笑称自己看起来像清朝的"鸦片鬼",同学们先是忍俊不禁,随后便有所触动,开始沉默,期待班会的开始。

班会环节一:调查现状,引出问题和解决目标。辅导员老师上讲台组织班会,对大家进行现场调查,问出如下问题:"请问在座的同学,在45分钟的一堂课上,大家使用手机超过三次的请举手?超过五次的呢?超过十次的有吗?"根据同学们的实际反应,用事实说话。进而顺理成章地阐明本次班会的主题和目的:为改变同学们"低头族"现象而特别开展的主题班会,通过本次班会,同学们要达到初级和高级两个目标。初级目标是学会正确使用手机,将这学习、生活的便利工具为我所用,而不是被它牵着鼻子走;高级目标是通过有节制地使用手机,培养同学们自律的良好习惯,助力成长发展。

班会环节二:自由讨论,展开辩论,深入探讨使用手机的利弊,让同学们的认识更加全面。现场进行"大学生使用手机的弊大于利还是利大于弊"的辩论赛,辩论赛拟用时30分钟,设立论陈词、自由辩论、总结陈词三个环节,此环节需要事先安排,需要准备好用具、安排好主席等,班干部在班会开展之前可以与同学们进行商量。

先让同学们自由思考、商议五分钟,自由选择正方、反方战队,自主推选辩手。其后进行30分钟的辩论赛。辩论完毕后,同学们"头脑风暴"提出了许多使用手机的好处和弊端,对这一问题的认识深入、丰富了很多。不仅总结了手机可以帮助我们即时通讯、查找信息、立即支付等,还意识到手机是导致大学生习惯于碎片化阅读进而出现阅读和写作障碍的"黑手"之一、是作弊的常用工具、对现实世界人际交往的一道阻力、是导致同学们生活节奏混乱的最大原因等。

班会环节三：反思感悟，面对手机这个诱惑，你表现如何？是否是时候要做出一些改变了？此环节由同学们自由发言，需要事先邀请一两名同学主动带头、活跃气氛。同学们发表了许多很到位的感悟，如：有一次同学们集体在专业课上玩手机，老师几番提醒，同学依然无动于衷，最后平时与同学们打成一片的老师愤而离开课堂；假期难得回家一趟，就只顾着埋头长时间玩手机，让爷爷奶奶、爸爸妈妈不高兴，最后争吵起来；搭公交车时顾着打游戏，钱包被偷走了；出现了肩颈、手腕酸痛等躯体症状；习惯睡前玩手机，越玩越睡不着，最终晚睡晚起，导致旷课、皮肤变差、三餐不规律等一系列恶果。

班会环节四：改变行动，既然知道中了手机的"毒"，怎样才能改变？自律的意识如何培养？这一环节需要事先准备好纸笔等道具。让同学们自由组合成 5-8 人的小组，在 15 分钟内商讨出可以改变现状的对策，并派一名代表上台展示，全班同学投票选出三个可行方案开展实施。同学们得出了许多妙计，如：签署班级手机公约，大家互相监督，违规的同学罚款，凑在一起给全班同学聚餐；设计一幅"放下手机、滚去学习"的手机屏保；在宿舍开展每周一次"无手机日"体验；做一个"手机集中营"，上课前将手机上交保管；每晚由体育委员组织大家操场夜跑以免被手机"控制"，等等。最终班级公约、手机屏保、集体夜跑得票最高，由班干部落实实施。

班会总结：辅导员上台做班会总结，从初级目标引向高级目标。不仅要切实解决眼前的"低头族"问题，更要让同学们通过控制自己使用手机这件小事，来学会自我克制、自我管理，从而培养自律的良好习惯，为大学三年的生活开个好头、为将来的成长发展打好基础。

七、班会亮点

本次班会的选题、环节设计、目标设置都紧密结合学生的实际需要，围绕高职学生、大一新生的这两个特点做文章，通过解决学生的实际问题来引导解决学生的思想问题，现场教育效果良好，会后成效突出。总结本次班会亮点如下：

其一，"低头族"这一选题高度贴近学生、贴近生活、贴近实际。当前大学生在手机面前几乎"全军覆没",本次选题一举击中学生的需要,能够有效解决学生学习、生活中的实际问题,受到学生欢迎。

其二,本次班会环节设计充分考虑高职学生的特点来开展。结合高职学生活跃、动手能力强、乐于参加活动、敢于发表见解的优点,选取辩论赛、自由商量对策等方式来认识问题并尝试解决问题,尽可能发挥出学生自我教育的作用。

其三,本次班会目标设置有层次。既着手解决当前困扰学生的"低头族"实际问题,又将解决"低头族"问题作为培养学生自律、自控习惯的切入点,立意更加深远。

案例3:中秋回家
——传统美德教育主题班会策划

> 案例3将践行核心价值观的教育与传统美德的再认知相结合,从学生的情感、感受出发,调动了参与学生的自我体验、自我反思,环环相扣,引人入胜,让思想政治教育入脑入心,受到学生的欢迎与好评。教育效果也在学生的真情流露中,得到体现。

一、班会主题

中秋回家——传统美德教育主题班会

二、班会对象

机电工程系大一新生

三、班会主持

辅导员

四、班会背景

"中秋,你回家了吗?""为什么不回家呢?"面对这一问题,同学们的回答各不相同,有人是因为路途遥远而没回家,有人是同学聚会,还有些是兼职等而忽略了中秋回家陪伴父母。中秋合家团圆是我们中华民族的传统美德,有些同学却因为各种原因轻易选择不回家团聚,这一现象值得我们深思并警惕。

习近平主席强调：培育和弘扬社会主义核心价值观必须立足于中华优秀传统文化，而孝是中华优秀传统文化的根本与血脉，积淀了中华民族深厚的道德文明精华。基于此，本次班会以"中秋回家"为载体，挖掘中国传统文化核心"孝"文化，引发同学们的共鸣，引导学生们以实际行动孝敬父母。本次班会还能促使学生认识到孝道是涵养社会主义核心价值观的重要源泉，由小孝爱家，到大孝博爱。从自己做起，培养对亲人，对他人，弘扬孝道美德，进而培养对祖国的感情。

五、班会目的

基本目标：培养同学们对中秋佳节传统文化认同，主动传承，弘扬中秋团圆文化。

具体目标：以"中秋回家"为载体，挖掘中国传统文化核心——"孝道"文化，引发同学们的共鸣，引导学生们以实际行动孝敬父母。

延续目标：促使学生认识到孝道是涵养社会主义核心价值观的重要源泉，由小孝爱家，到大孝博爱。从自己做起，培养对亲人，对他人，弘扬孝道美德，进而培养对祖国的感情。

六、班会流程

以"中秋，你回家了吗"发问，"你画我猜"游戏引出班会主题。

第一环节：中秋习俗分享（讨论法、演示法，游戏互动）。

游戏词语：螃蟹爬月、舞火龙、拜月娘。分别由两位同学表演，根据他们的表演让同学们猜词语，领略文字上的一些陌生的中秋习俗。同学分享家乡的习俗：潮汕——拜月娘，男不祭月，女不祭灶。让同学们领略一番十里不同风，百里不同俗的美。

第二环节：中秋——团圆尽孝（视频演示法）。由中秋节的各种习俗，包括赏月亮、吃月饼、猜灯谜等，寓意中秋的特征：圆。总结出：中秋，是一个圆，月亮的圆，月饼的圆，以及每个人心中所追求的美好的团圆。据调查，同学们可能会在中秋节放假前夕纠结是否回家，所以邀请学生一起观看一段亲情短片，相信同学们看完会有所收获，接着分析"孝"的寓意，儿子陪伴老人家就是一种孝道，孝为德之本，我们要传承孝道，中秋回家也是尽孝的时候。

第三环节：中秋回家的心情、故事分享（对比法，现场调查法，亲情测试题）。邀请一位同学上台与大家分享他的故事，期间适时给予共情，但不进行评价；提问同学：是否想过还能陪父母多久呢？相信同学们都会回答几十年，邀请同学们与我一起做一道亲情测试题，此时同学们开始计算，最终结果是在30年之间，我们可能只有完完整整的30天陪伴父母的时间，对此采访同学们的感想，大家都各抒己见。

第四环节：来自家人的问候。该中秋节，辅导员事先为学生家长送去了祝福，并真实记录了学生家长对于未回家学生的思念及希望。

第五环节：给家人的问候，写下对父母说的话（学生参与互动法，呼应主题）。辅导员依托现场环境气氛顺理成章地鼓励同学们打电话给家人。辅导员发言：如果你爱爸爸妈妈，就像他们爱我们一样，现在就开始吧，给远在家乡的爸妈一声问候，说一声爸爸妈妈，你们辛苦了，我爱你们！随后，鼓励一些羞于表达的同学们在纸上抒发情感，有时候，一个电话并不能足以表达对父母的关爱，所以鼓励同学们写下想对父母说的话、写下感恩和祝福。

第六环节：合影并一起宣读回家的承诺书（学生互动法，升华情感）。邀请同学们拿起手中的卡片与主题一起合影留念，并一起承诺：常回家看看！希望这些照片可以让同学们不再纠结于是否回家过节的困扰中，让同学们把小卡片放入到班级许愿盒中，希望这个许愿盒可以见证同学们今天为自己、为他人、为国家、为家人所许下的承诺，见证每一个人的个人梦、家庭梦以及中国梦。

辅导员总结：社会主义核心价值观归根到底就是个道德问题。孝，德之根本。因而践行社会主义核心价值观，培养爱国主义，就这么简单，从行孝入手，从自我做起，从每一个节日回家陪伴父母做起。回家的路，就是每一个人行孝的朝圣路。

真正的爱国，践行社会主义核心价值观不是一堂班会能体现的，更应该体现在平时一点一滴中，从行孝入手，从自我做起，小孝是家，大孝是国，只有小孝之家，才有大孝之国，国，是千万家，家，是最小国，只有孝敬父母，家庭才能和谐，只有家庭和谐，国家才能安定和谐，同学们的个人梦，中国梦才能实现。下一阶段，将继续展开"大孝博爱"的主题班会。

七、班会亮点

其一，是参与式的班会组织形式，学生为主题，辅导员扮演引导员的角色，学生参与积极性高，主动性强。

其二，班会内容层层深入，情感层层递进，符合教育学、心理学一般规律。

案例4：传承工匠精神　绽放中华风采
——学在华为、志在华为职业生涯规划主题班会

> 案例4从高职院校大二学生的职业教育重点出发，在关键时间、关键问题上引导学生进行生涯规划，既有针对性，又有现实性。同时，根据订单班学生的实习经历，将工匠精神的教育渗透其中，让学生对职业能力、职业精神、职业理想有了更为深刻的认识，取得了良好教育效果。

一、班会主题

传承工匠精神 绽放中华风采——学在华为、志在华为职业生涯规划主题班会

二、班会对象

机电工程系华为班大二学生

三、班会背景

在中华民族数千年的历史长河中，工匠精神源远流长，在2016年和2017年的政府报告中李克强总理提出，要"培育精益求精的工匠精神"。在"工业4.0"时代，要推进"中国制造"向"中国创造""中国智造"转变，"工匠精神"必不可少。

该班级比较特别，学生们在大一的时候通过报名和层层选拔成为华为技术有限公司与学校校企合作的学徒订单班的一员。他们有了比其他同学更开阔的平台，更早接触企业文化的机会。但与此同时他们也需要比别人付出更多的心力和课余时间。在经过了大一一年的学徒制教学以后，有部分同学出现了：未来是否能够继续留在华为工作、能力的提升跟不上企业发展的需

求、企业工作中面临的实际操作并没有想象中的有趣、未来的职业生涯规划是否继续选择民族企业等等的困惑。

四、班会目的

（一）以华为的企业精神为启迪，促进学生领悟到要屹立于未来的职场发展需要传承工匠精神；

（二）以解决自身存在问题为目标，营造学生在日常学习和工作中传承工匠精神的氛围；

（三）以弘扬爱国主义精神为向导，引领学生树立正确的就业观。

五、班会流程

班会环节一：学在华为，启迪职业志向。讲一讲同学们在华为学徒班一年以来的收获及未来发展困惑。

问题引入：在华为一年来，大家平时日常比其他班的同学日日夜夜花费了更多的精力，我们大家在获得了一个好的平台的时候都有什么样的收获呢？

学生总结：同学A："我的生活态度、学习态度、工作态度都有一个质的提升。进入华为的学习后，华为一种力量感染了我，使我能把每一件事都认认真真、仔仔细细地完成好。华为给我们带来一种思想，就是艰苦奋斗。艰苦奋斗对我们来说，是我们的民族之魂，我们"90后"现在正是要学习这种精神，把这种精神传承下去，华为的实习对我的收获还是蛮大的。"

教师总结：刚刚说到的一点就是，细心耐心还有艰苦奋斗。

同学B：华为一直以来都有一种文化叫"狼性"文化，它是一个叫团队的合作。我认为华为的名声享誉全球，它靠的不是广告业，而是一丝不苟、专心致志做好每一件事的工匠精神，或许我们现在不能像华为要求的那样把事情做得如此完美，可是我们会努力做好每一件事，把每一件事做到极致。

教师总结：有同学说到艰苦奋斗、技术创新、民族企业、工匠精神、市场反馈等，相信很多同学，特别是屹立在华为一线生产线上的时候能感受到这些内涵。我们一年以来收获那么大的情况下，又有什么样的一些困惑呢？

同学A：我们在学校学到很多知识，在华为中运用不到。我迷茫我们需要具备什么样的知识和技能。

同学 B：我们学的理论知识跟华为教给我们的专业知识不是相同的，理论知识我们很少会运用到。在华为实践的时间又比较短，我害怕自己学到的东西不够。华为又是一个竞争力比较高的企业，我怕一进去就被淘汰了。

教师总结：我们用现有的知识走进华为的时候发现自身的竞争力不够。而且作为一个顶尖的民族品牌，我们走进了华为以后，发现有更多比我们更优秀的人成了我们的搭档，这样一来的话使大家竞争力也增大。

针对全班同学进行调研，通过调研解读大家的困惑：

第 1 题 毕业后想继续留在华为工作吗？（全班 27 人全部选择"想"）；

第 2 题 经过一年的学徒培训觉得自身职业发展面临的最大困惑是什么？（选择"不知道该如何提升自己的专业技能""不能合理规划企业实训与学业之间的时间安排"的学生最多，分别是 63% 和 44%）；

第 3 题 面对未来职业发展存在的困惑想要进行改变吗（全班 27 人全部选择"想"）。

班会环节二：爱在华为，传承工匠精神。谈一谈工匠精神对于我们未来职业发展的重要性。

邀请华为技术有限公司主任工程师龚岳曦先生现场为同学们进行经验分享。从华为的工程师的角度解决同学们在华为实训一年以后面临瓶颈时该如何去解决问题。

龚岳曦先生总结：我们要如何做到具有工匠精神，第一，工作中要有信仰，有明确的目标和规划；第二，需要艰苦奋斗的精神和吃苦耐劳的品质；第三，认真做好每一件小事。

班会环节三：志在华为，绽放中华风采。谈谈如何发扬工匠精神，用自己的青春和汗水铸造民族企业的未来。

削苹果游戏：通过分组进行削同等质量的苹果，待削完后看哪组质量剩余最多获胜。游戏目的：通过削苹果这件小事情，让同学们领悟到做好生活中的每一件小事情也是工匠精神的体现。

接正反转控制电路：通过分组进行接正反转控制电路，看哪组进行得最快最好，同时使得机器正常运转。实践目的：通过与专业相关的实际操作练习，通过竞争，发现自己在专业知识掌握的熟练程度，领悟在学习中如何践行工匠精神。

小组讨论：分小组进行讨论，将本次班会的感悟及如何践行工匠精神写在卡片上。具有代表性的规划有：成为华为车间带头人；争取成绩排名专业第一；做好身边的每一件小事；考取专业相关证书；等等。

六、班会总结

在一篇新闻报道上看到：全球寿命超过200年的企业，日本有3146家，为全球最多，德国有837家，荷兰有222家，法国有196家。一直往下找，也没有发现我们的国家。细细一想也说不出我国生命超过200年的公司，这和我们的创业氛围有关，与我们的急功近利的社会氛围有关，我们变得浮躁，急切追求眼前利益，忘记了身上肩负的责任。"匠人精神"起初源于我们中华民族，而如今成为日本企业和德国"工业4.0"的代名词，当我们的基因和我们的根成为别人炫耀的资本时，现如今的我们更应该正视问题让"匠人精神"回归。

感谢时代赋予了我们那么好的机遇，能够在华为学习，去施展自己的才华和感受工匠精神的奥妙。孩子们，让我们用坚定的目标、顽强的毅力、卓越的才干去面对未来。脚踏实地做好每一件小事，精益求精地做好每一件产品。让工匠精神永远传承，用绚丽的青春铸造民族企业的灵魂。

七、班会亮点

1. 体验了一年的大学生活以后，大二学生比大一新生对大学生活有了更深的认知，但与此同时对于未来的规划却出现了迷惘。本次班会针对班级专业特点和学生所处的大二阶段有针对性地开展职业生涯规划主题班会。

2. 工匠精神是中国制造走向中国智造的一项制胜法宝，作为华为班的同学在工作实践中更应该领悟和践行这一民族精神，为成为日后的栋梁而努力。

案例5：喜迎十九大　坚定跟党走
——团日主题班会

> 案例5 为了把主旋律班会开得生动活泼、成效显著。在形式设计、学生主体参与方面下了很大的功夫，巧妙地将需要学生了解的党团知识用学生喜闻乐见的方式去"输入"，用竞赛的形式调动学生的主观能动性，变被动听讲为主动求知，大大减少了以往主旋律班会普遍存在的枯燥乏味感，创新了思想政治教育的实践方式。

一、班会主题

喜迎十九大 坚定跟党走——团日主题班会

二、班会对象

酒店管理专业大二学生

三、班会主持

辅导员

四、班会背景

召开主旋律主题班会也是辅导员开展思想政治教育工作的重要途径。为进一步团结、引领广大同学们以奋发向上的精神状态迎接党的十九大，以高度的思想和行动自觉学习贯彻党的十九大精神，引导同学们学习党团相关知识，争做社会主义核心价值观的倡导者、践行者，专门召开了一次以"喜迎十九大，坚定跟党走"为主题的班会，形式为党团知识竞赛。

五、班会目的

本次班会希望通过知识竞赛此类能激发学生热情的形式，对同学们的思想进行正面引导，营造积极向上的校园文化氛围，展现出同学们心系家国的精神风貌。同时，知识竞赛本身具有趣味性、挑战性，有助于帮助同学们缓解学习压力、活跃大脑。

六、班会流程

班会筹备：本次班会需要大量的前期准备工作，包括物资、知识竞赛流程设计、题目设计、工作人员安排等。由8位骨干班干部担任本次班会的工作人员（不参与竞赛），经过一周的精心筹备，基本准备妥当。知识竞赛共分为4个环节，分别是"正能量词汇碰碰撞""党团知识我知道""党史风云记心中""十九大时事知多少"。全班共推举出4支队伍参赛，每支队伍3人。每一环节按照答题情况计分，最终根据总得分决出冠军队伍一支、亚军队伍一支、季军队伍两支。

班会导入：辅导员老师为本次活动暖场，阐明主题班会的用意。主持人说明竞赛的大体内容，并请各位参赛人员根据刚刚抽取的号码牌坐上相应位置。

班会环节一："正能量词汇碰碰撞"。主持人用电脑在大屏幕上按顺序依次播放出10个词汇，每播放出一个词语停顿5秒。播放完毕之后，工作人员发放纸张和笔，参赛人员按播放的词汇顺序将其写下来（如：绿色、协调、创新、开放、共享等）。所写的词汇必须按照播放的顺序，每答对一个词语得1分，词汇写错不得分。

班会环节二："党团知识我知道"。主持人将提问8个有关党的问题（如党徽的组成、入党誓词、四项基本原则、六有青年、"四三二"等），全部展示在大屏幕上，参赛队伍有5分钟作答时间。完全正确的回答每条得2分，写错一点的每条可得1分，写错一点以上的不得分。

班会环节三："党史风云记心中"。主持人在大屏幕上间隔20秒依次放出6组历史事件图片（附带历史事件名字），每组图片下面有3个该历史事件相关的人名和时间。如第一组图片为遵义会议，相关的人名和时间是朱德、毛泽东、陈云，1935年1月。第二组图片西安事变，相关的人名和时间是张学良、杨虎城、蒋介石，1936年12月。播放结束后，给参赛队伍3分钟整理时间，然后主持人或观众随机抽取图片，每支队伍要根据图片现场讲解该历史时间。完全正确辨认图片并讲解出来得3分，能辨认图片但不能正确讲解得1分，其余不得分。

班会环节四："十九大时事知多少"。主持人播放10条时事新闻标题，参赛队伍有10分钟的时间速记，速记时间结束，主持人随机抽取6个时事的对应号码，由参赛队伍抢答，将新闻讲解出来。抢答成功并完全回答正确得2分，抢答成功回答错误倒扣1分，其余不得分。

班会总结：辅导员老师上台做班会总结，从初级目标引向高级目标。不仅要让同学们学习本次活动当中出现的国家政策、政治观念，更要让同学们通过这种丰富的活动形式，主动接触家国大事，培养关心社会、心系家国的正向价值观念，用切实行动来迎接党的十九大的召开。

七、班会拓展

除了知识竞赛中涉及的党团知识以外，为拓展学生的知识面及视野，可定期组织学生集体或自发观看主旋律电影、纪录片等。如《大国工匠》《大国崛起》《大国重器》《打铁还需自身硬》等。

八、班会亮点

召开主旋律主题班会对于班主任、辅导员而言是一项必不可少的工作，将此类班会开得生动、开出效果则是对班会组织者的一大考验。本次主题班会巧妙地将需要学生了解的党团知识用学生喜闻乐见的方式去"输入"，用竞赛的形式调动学生的主观能动性，变被动听讲为主动求知，大大减少了以往主旋律班会普遍存在的枯燥乏味感，创新了思想政治教育的途径。

四、主题班会要有制度建设

好的主题班会需要有精通业务的辅导员（班主任）老师为主导，更需要制度性安排的保障，以达到学生喜爱、入脑入心的教育效果。学者聂久胜在其《高校主题班会系列化、规范化、课程化建设的效用研究》一文中，对主题班会做了如下阐述："主题班会是辅导员结合不同专业不同学业阶段学生的特点和实际需要，有计划有针对性开设的一门素质教育课程。"是课程，就需要规划，需要规范实施，以保证教育效果。

（一）从制度上保障主题班会规范化

建校以来，我们十分重视主题班会的实施，借助优良学风建设月和每年2～4次的主题团日活动，鼓励班级、团支部在辅导员（班主任）的指导下开展目标明确、主题鲜明、形式多样、生动活泼、结构紧凑、教育效果鲜明的主题班会，活化思政教育的手段，以促进学生在充分表达交流中动脑自省，走上成才之路。

学院学生处统一规划每学期召开主题班会次数、时间节点，并对主题加以指引，提出要求；各系首先举行示范主题班会，各班辅导员（班主任）、学生骨干观摩学习，而后全面开展，并进行优秀评比；此外，还将主题班会开展情况纳入班级评优、辅导员工作考核之中，从制度上保障主题班会的常态化、规范化。

（二）发挥辅导员和班主任的主导作用

在具体工作中，明确定位，充分发挥辅导员（班主任）等思政教育骨干的主导作用，始终不忘以生为本，立德树人。辅导员（班主任）应明确主题班会应当围绕学院重点工作，呼应时代强音，寓教于管，重点突出主题班会的育人职能，积极促成教育效果的达成，同时，充分发挥主题班会在学生管理方面的作用。既能促管理，更能强教育。

此外，辅导员（班主任）设计主题班会需要依循高职学生成长规律，立足学生特点和阶段性需求，分类分层教育引导，使主题班会围绕学生成长，形成系列，以强化教育效果。辅导员（班主任）自身需要不断提高知识水平，探索和研究教学规律，提升主题班会实施能力，使之更加科学、更加规范。

（三）探索主题班会评价体系科学化

着眼长远，需要不断探索主题班会评价的科学化，以促进其更好地发挥育人功能。

第一，主题班会的价值导向。班会主题的选择要从班级学生的现状、存在的共性问题、具体的发展需求、专业特点等方面综合考虑。主题直接影响到班会的组织、实施和评价水平，影响到班会所要达到的思想教育和管理服务水平，因此需要学校学生工作职能部门予以指引，在辅导员（班主任）的主导下，发挥学生骨干作用，把握价值导向。

第二，主题班会的设计方案。主题班会方案的评价，可以借鉴教案设计，确保要素齐全、表述准确、重视逻辑性。借助方案设计提高辅导员（班主任）的教育教学能力和规范化实施主题班会的能力。

第三，主题班会的教育效果。主题班会教育目标是否实现，可以采用对比方式进行评价，具体指对比班会前学生对既有问题或事件的认识水平和班会后学生的认识水平的提高程度及表现。或者，一次主题班会或一个系列主题班会带来的教育价值，具体体现在学生的思想和行动上的成长。

学风培育篇

高校的学风，犹如阳光和空气决定万物生长一样，直接影响着学生学习成长。优良的学风是保证和提高教育质量的重要条件，也是学校办学质量的重要内涵，它体现了学校的办学观念和理念，体现了学校历史文化积淀和教学传统，同时也反映了学校的办学和管理水平。如何培育优良学风，让学生学有所得，学有所成，既是提升校园活动的文化格调和学术品位的重点，更是培养高素质技能人才、保证高职院校长久发展的关键。

第一节 加强学风建设 引导学生自主学习

学风建设是高校实施素质教育质量工程的主要内容和重要途径。社会的高速发展对人才的综合能力和整体素质提出了更高的要求，高校开展学风建设的重要性和迫切性显得尤其突出。近年来，我们针对高职学生的特点，以调动学生的主观能动性为突破口，积极探索促进优良学风形成的有效方法、途径和长效机制，让学习成为学生自觉的行动，自主的追求。

一、深入调研，了解学生的学习状态

由于学生的自身特点以及职业教育的特殊性，高职院校的学风建设与研究型的高校相比，存在显著差异。我们开展经常性的学情调研，努力找准问题，深挖根源，寻找学风建设的切入点和方案。

调研按学期进行，主要方式为：面向在校生进行分层抽样调查；做好学生个人成绩和班级成绩统计工作，重点了解学习有困难学生的情况，找出补考人数较多的班级存在的问题根源；召开不同类别座谈会，听取意见和建议；学习先进经验并征询专家学者意见。

调研务求细致有效。如学生"挂科"的原因往往是综合原因，为更好地做好帮扶工作，通过调研，我们找出学生挂科原因，总共分成七类：一是学业基础薄弱：高考分数较低，来自偏远地区，主观和行动上的努力不够；二是学习方法问题：虽然学习态度认真，但是没有掌握大学学习的方法；三是学习态度问题：对高考考入本校不满意或专业不感兴趣等，产生厌学情绪；四是沉迷于网络游戏、网络社交，严重影响到学习；五是学习投入精力不够，无法协调专业学习与社团活动的关系，无法协调专业学习与校外兼职和勤工俭学的关系；六是家庭因素：家庭出现变故、经济负担过重等原因影响学习；七是心理问题：因心理问题导致"挂科"。调查研究使我们认识到：学生挂科是问题的表面，问题的背后有涉及学生主观客观等多方面复杂的原因，需要我们因材施教，逐个解决问题，调动他们学习的积极性，不让任何一个学生在学习上掉队。

（一）学生学习表现的差异性

学院的学生通过普通高考、中高职衔接三二分段考试和自主招生等多种招生方式录取，既有来自普通中学的，也有来自中职学校的，以三年制为主，但也有不少两年制的学生。不同来源的学生在学习能力、学习习惯、思想水平上均有很大差异。比如，通过普通高考进来的学生自我管理能力相对较强，中职学生自我管理能力相对较弱；普通高中毕业生理论学习较好，但实践动手能力欠缺，而中职学校学生刚好相反。在心理状态上，选择高职院校是相当一部分普通高中学生的无奈之举，心理上有一种挫败感，但中职学校学生明显不一样，因为他们只能报考高职院校，所以他们更多是带着对新的学习生活的期待走进高职院校的。再如，学院东莞生源约占55%，这些学生身处改革开放的前沿，家庭相对殷实，对网络更为依赖，断网等于隔世，不喜欢听大道理，对正面宣传怀疑多于信任。而在大多数专业班级，学生来源都不同。这就要求我们应该客观、全面、深入地了解每一个学生，以发展的眼光看待他们，根据学生的个体特点因势利导，做到一把钥匙开一把锁，切忌求全责备和平均对待。

（二）学习意愿与学习恒心的落差

2016年5月，学生处组织一次全院范围的学生学业状况调研，调研发现，除个别学生因为是通过父母、他人推荐或者服从调剂进入所学专业而表示对专业兴趣不大外，大部分学生喜欢所学专业并充分认识到专业技术的重要性，在实践课上都会努力苦练专业技能。但不少学生对文化课学习兴趣不高，如33%的大一学生认为"及格就好，只要不'挂科'"。这也可以通过加强教育加以改观，如在同一个调查里，高年级的学生普遍比低年级的学生学习态度要积极。调研也显示，虽然大部分学生能进行学业规划，但这仅仅只是计划，一落实到行动上，缺点就显现出来。

学生普遍没有预习、复习、查资料等良好的学习习惯，再加上自我管理能力的欠缺，很多学生把宝贵的时间和精力浪费在打游戏、看视频、聊天、网上购物、打工赚钱等上面。而从不同年级与行动力的交叉分析来看，学生的年级越高，越能感受到就业的压力，对自己未来的发展目标越发清晰，行动力越强，特别是准备了考专插本的学生相对来说是最努力的。因此，要解决得过且过的不良风气，必须秉持知行统一的原则，既要重视对学生进行系统的思想教育，又要重视对学生行为习惯培养和职业生涯教育。

（三）学习风气影响的群体效应

在独立性较强的大学学习中，掌握主动学习的能力，学习效果就能事半功倍，否则，缺乏自学能力，学习效果会大打折扣。调查显示，大一学习不适应最多，仅有部分同学在别人不督促的情况下能主动学习，主动向老师提问的更少，有过半的大一学生表示有学业的困扰。调查也显示，大部分学生经常在寝室学习，他们普遍认为"寝室氛围对自己有较大的影响"。在班级访谈中，学生也表示自己的学习状态很大程度上受班级风气和身边朋友的影响，有些寝室受不良风气影响，几乎全部同学都迷上了打游戏、看电视剧的现象。同时，调研表明，学生对他们认同的集体活动往往表现出较强的集体荣誉感，比如在运动会上为荣誉而战、在文艺演出中辛勤排练、在技能大赛中通宵钻研等。可见，大学生虽然具有强烈的自我意识和独立需求，但仍容易受同龄群体的影响。班级风气，同伴间彼此的学习态度、生活习惯和精神状态都会不自觉相互传递，学生学习风气呈现明显群体效应。这些都需要我们准确把握，用容易为学生所接受的方法影响学生、教育学生、带动学生。

附录

东莞职业技术学院学生学业状况调研报告

为进一步改进和加强我院学业指导工作，切实掌握同学们在学习中的困惑和期待，更好地给同学们提供学业上的帮助，我院学生处积极开展学生学业状况调研工作，对学业指导建设赋予新的内涵，对我院学业指导工作建设进行了有益的探索。

本次调研活动主要采取问卷调查的形式，实收问卷1634份。内容涵盖专业兴趣、学习态度、学业目标和规划、学业现状等方面。调查显示：

一、学生大多数对所学专业喜欢

被问及"你进入现专业学习是通过哪种渠道"时，64.4%的受访学生表示是"自愿选择"的，选择"专业服从调剂""父母要求或他人推荐"和"参加转专业考试转入"的各占18.9%、15.2%和1.5%，这说明学生们专业自主选择性还是比较强的。

从"专业的喜好程度子项"来看，表示"非常喜欢"和"喜欢"分别占8.6%和66.8%，表示"不喜欢"和"毫无兴趣，甚至抵触"的各占21.6%和3.0%，可见，大部分学生对专业还是喜欢的。

进一步分析发现，对专业毫无兴趣，甚至抵触的同学，大部分都是在专业的选择上是通过父母、他人推荐或者是通过服从调剂的，表明学生的专业自主选择性越强，对被调剂专业的逆反心理越强。对于现专业非常喜欢的学生，多数来自自愿选择或通过转专业考试，在参加转专业考试的学生中，仍有1/5的学生对于转后的专业仍持不喜欢的态度，现象表明并不是所有学生都对自己的兴趣、爱好、特长有较为清晰和准确的了解。

表1 专业选择自主性与专业喜好度关系

专业选择\喜好度	非常喜欢	喜欢	不喜欢	毫无兴趣，甚至抵触	小计
自愿选择	121（11.48%）	779（73.91%）	136（12.9%）	18（1.71%）	1054
父母要求或他人推荐	4（1.61%）	148（59.44%）	84（33.73%）	13（5.22%）	249
专业服从调剂	12（3.87%）	151（48.71%）	129（41.61%）	18（5.81%）	310
参加转专业考试转入	4（16%）	16（64%）	5（20%）	0（0%）	25

二、学习态度不容乐观，高年级学生比低年级学生态度积极

表2 不同年级学生的学习态度

年级\学习态度	精益求精，尽可能多学知识	比较积极	及格就好，只要不挂科	无所谓，学多少算多少	小计
大一	226（26.31%）	332（38.65%）	283（32.95%）	18（2.1%）	859
大二	176（31.26%）	220（39.08%）	153（27.18%）	14（2.49%）	563
大三	76（35.19%）	95（43.98%）	38（17.59%）	7（3.24%）	216

分析不同年级学生学习态度，高年级的学生普遍比低年级的学生学习态度要积极。

在被问及"平时有预习或复习的习惯"时，10.4%的受访学生表示"有，且能很好地坚持"，42.2%的表示"有，但是不能坚持，仅有空时才做"，表示"没有，偶尔会预习或复习"和"从来没有"的各占41.2%和6.2%，学生似乎不习惯预习或复习。

在被问及"你上课是否存在请假、迟到、早退等情况"时，表示"从不如此""没有或极少"和"偶尔为之"的分别占14.5%、51.8%和31.9%，表示"经常如此"的只占1.7%，大部分学生对上课较为积极。

表3 不同性别的学生在课外时间安排上的差异

课外喜好 \ 性别	男	女	小计
睡觉	248（28.84%）	612（71.16%）	860
运动	405（50.31%）	400（49.69%）	805
兼职、打工	196（31.36%）	429（68.64%）	625
完成学业任务	180（29.56%）	429（70.44%）	609
旅游摄影	92（28.13%）	235（71.87%）	327
个人兴趣领域的学习	284（34.89%）	530（65.11%）	814
逛街淘宝、看电影电视、打游戏等休闲娱乐活动	296（29.63%）	703（70.37%）	999
为英语、计算机等做考证准备或考本准备	85（24.85%）	257（75.15%）	342
其他	36（38.71%）	57（61.29%）	93

调研显示，男生课外时间大多数用于运动、打游戏和个人领域的学习；女生主要是逛街、淘宝看电视、睡觉和个人领域的学习；女生在兼职打工、完成学业任务、为考证做准备上所安排的时间较男生多，男生花在运动上的课余时间较女生多。

在"通过网络资源自主学习情况"子项上来看，通过经常上网查找一些学习资料来进行主动学习的学生不多，只占23.6%；63.2%的学生偶尔会上网查找一些学习资料，9.3%的学生上网主要是休闲、娱乐，更有3.9%的学生表示"上网总会让人情不自禁地玩游戏"。

在"早晚自习做什么子项"上与"学习态度子项"的交叉分析来看，学习态度越积极的学生越是充分利用早晚自习时间进行课本学习或课外阅读。

三、学习目标与学业规划不明确，缺乏行动力

对"进入大学后，你有对自己进行学业规划吗"这个问题，17.0%的学生表示"有，已经有明确的想法，包括有短期、长期、远期的规划"，47.0%的表示"有，比较清晰，但只有近期的，没有做长期规划"，表示"基本没有，偶尔想一下"和"没有想法，顺其自然"的则各占30.8%和5.1%。大部分学生对自己已进行学业规划，学业目标明确，而且从年级分布来看，学生对自己未来的发展目标随年级增长而越发清晰。

但大多数同学对于自己的目标和规划仅仅只是计划，缺乏行动力。被问及"你已经在为你的学业目标付出行动了吗"时，只有27.6%表示"有，已经有详细计划并在按计划实施"，选择"有，但只是计划，还没行动""没有，但是已经在想"和"毫无行动"的各占51.5%、17.8%和3.1%。

对"你对自己的学习时间安排是怎么样的"这个问题，53.3%学生表示"大体上安排好了时间，偶尔不知道该干什么"，16.9%的表示"安排合理有序"，27.0%的表示"基本无具体安排，想学习的时候就学"，2.8%的甚至表示"没安排"。

在"学习精力的子项上"来看，12.64%的学生选择"学习为主，有足够精力放在学习上"，48.5%的选择"学习为主，但同时也要兼顾其他方面，用在学习上的精力一般"，选择"学习和其他方面同等重要，仅有一半精力用在学习上"和"不太重视学习，比较注重其他方面"的分别占29.0%和9.8%，总的来说，大部分学生花在学习上的精力一般。

在"下一学年学业目标子项上"来看，大部分同学已有自己的学业目标，专业知识的学习和技能训练、拿到奖学金、专业技能考试该三类目标随着年级增长递减；学习实践的目标在大二时最为明确；准备考专插本的学生在大一、大二时就基本已将该目标纳入规划。

在学业目标的行动力上来看，学生的整体行动力缺乏。但从不同年级与行动力的交叉分析来看，学生的年级越高，行动力越强。

表4　不同年级的学生计划行动力交叉分析

计划行动力＼年级	大一	大二	大三	小计
有，已经有详细计划并在按计划实施	187（41.37%）	185（40.93%）	80（17.7%）	452
有，但只是计划，还没行动	462（54.74%）	282（33.41%）	100（11.85%）	844
没有，但是已经在想	182（62.54%）	81（27.84%）	28（9.62%）	291
毫无行动	28（54.9%）	15（29.41%）	8（15.69%）	51

四、学业困扰普遍存在，学业指导需求空间大

表5　不同年级学生的学业困扰分析

学业困扰＼年级	大一	大二	大三	小计
缺乏专业学习持久的兴趣和动力	638（56.26%）	372（32.8%）	124（10.93%）	1134
专业课程的学习压力	449（61.34%）	230（31.42%）	53（7.24%）	732
专业学习和课外实践的协调	272（48.57%）	213（38.04%）	75（13.39%）	560
感情及人际关系协调方面的问题	259（54.3%）	156（32.7%）	62（13%）	477
来自社团活动的吸引力太大	75（53.19%）	41（29.08%）	25（17.73%）	141
对自己的未来发展没有清晰的目标	447（53.86%）	284（34.22%）	99（11.93%）	830
其他	14（63.64%）	3（13.64%）	5（22.73%）	22

大部分同学认为在我院学习不太难，年级越低，越觉得学习困难；多数同学认为目前学业上的困扰为缺乏专业学习持久的兴趣和动力，专业课程的

学习压力随着年级增长而减小。

表6 不同入学类型的学生在学习困难度的差异

入学类型＼学习困难度	还好，不太难	曾经觉得困难，但已调整好	略觉困难，但可以克服	非常困难，觉得很无助	小计
自主招生	40（45.98%）	20（22.99%）	19（21.84%）	8（9.20%）	87
三二分段	26（49.06%）	15（28.30%）	10（18.87%）	2（3.77%）	53
普通高考	699（48.44%）	344（23.84%）	332（23.01%）	68（4.71%）	1443
3+证书	29（52.73%）	10（18.18%）	11（20.00%）	5（9.09%）	55

对"到目前为止，你觉得在我院的学习困难吗"这个问题，48.5%的学生表示"还好，不太难"，23.8%的表示"曾经觉得困难，但目前已经调整好学习节奏和自己的状态"，22.7%的认为"略觉困难，但可以克服"，但有5.1%学生觉得"非常困难，觉得很无助"。从不同招生来源的学生的交叉分析来看，对于自主招生入学的考生来说，认为课程非常困难的比例较其他来源的大；通过"3+证书"入学的学生，大部分认为在我院学习不太困难。

在"你目前最主要的困扰有哪些的子项上"来看，绝大多数同学缺乏专业学习持久的兴趣和动力、对未来没有清晰的目标、来自专业课程的学习压力和专业学习和课外实践无法很好地协调。

在"学业困难时是否会主动寻求帮助的子项上"来看，大部分同学会主动寻求帮助通过网络，图书馆查资料，自己解决；求助于同学或专业课老师和辅导员、班主任。普遍表现主动性较强。

从上面的数据分析可见，学生学业指导需求空间较大，学院在学业指导的方面可以包括缓解学生学习压力，提高学生对专业学习的兴趣和动力，帮助学生合理地分配时间及对学业进行明确的规划等。

表7　学生最希望得到的学业指导内容（N=1638）

学业指导内容	频数	有效百分比
学习方法介绍	567	34.62%
学习心态调整	555	33.88%
课程答疑	325	19.84%
学业政策、制度介绍	186	11.36%
专业培养方案和选课指导	382	23.32%
专项能力培训（比如计算机、英语等）	644	39.32%
提供学习资讯，如国际交流等信息，开展指导和交流	342	20.88%

表8　学生希望得到学业指导的来源（N=1638）

学业指导来源	频数	有效百分比
基础课（实训课）优秀教师	982	59.95%
高年级优秀学长	526	32.11%
相关专业教授	583	35.59%
校外专家学者	237	14.47%
同年级优秀同学社会贤达、杰出校友	509	31.07%

调查显示，学生对于学业指导的主要需求在于希望得到学习方法的介绍、学习心态调整等方面。大部分同学在学业指导的时间需求上希望随时有问题随时指导。从渴望获得学业指导的来源来看，学生更希望从专业教授、优秀学长或朋辈等人群获得学业指导。

在学业指导的形式来看，学生首先倾向于以讲座专题的形式，对求职面试技巧、实习经历、创业经验等内容感兴趣。除了以讲座的形式，学生喜欢通过微博、微信互动或网络在线交流互动，专题视频展示，圆桌沙龙，访谈问答等形式展开学业指导，可见新媒体对学生吸引力较大。

二、倡导互助，完善学业指导

考虑到高职学生思想独立、活跃，简单的道德说教对他们作用不大，甚至会令学生容易产生逆反心理，而且在实际工作中，同学之间的情感体验更容易传递和分享，积极的情感体验也会在群体中形成感染效应。因此，我们积极搭建学生交流和分享的平台，最大程度上保证大学生有充分表达交流和深度思考探究的机会。

（一）朋辈辅导，鼓励学生互助

新生入学阶段是适应陌生环境、完成从中学生到大学生转变、形成对大学的初步认识的关键时期。为使新生教育工作富有成效，学院结合新时期大学新生的特点，改变传统的单向思想教育灌输方式，代之以启发和互动的方式。如由院学生会、学生自律会分别编写《新生学习指南》和《学生宿舍百事通》，发给每一位新生，帮助他们顺利完成向大学生的过渡，并发挥班主任助理的督导作用，开展新生班干部成长训练营活动，建立强有力的学生干部队伍，带动班级增强凝聚力和集体责任感，促进良好班风、学风形成。

大部分学生上大学前就已经有专插本的意愿，而且大一学生对专插本最具热情，其次为大二学生，最少的是大三的学生。学院对此也非常重视，在新生入学时积极指导学生制定专业学习规划，鼓励、引导学生树立正确的升本观念，培养良好的学习习惯。利用考本指导会、考本经验分享会等坚定学生考本信心，并指导学生根据自身的实力和兴趣，客观地进行自我定位，合理地选择学校和专业方向。学院还加强考本的过程指导，积极了解考本学生的心理状况和生活需要，及时沟通，化解矛盾，减轻压力。在这过程中形成的《我院考取专插本学生备考成功经验调查分析报告》，有效帮助学生提高学习效率，学院成功专插本的学生由原来的60多人增加到170多人。

附录

回望来路　骄傲前行

——我院考取专插本学生备考成功经验调查分析报告

因应不少同学有专插本的意愿，为更好地帮助同学们继续进修学习，提升自身的综合能力，学生处近期对我院获得继续深造鼓励奖的成功专插本的同学进行了调查回访，了解相关的成功经验，以备学弟学妹参考，调查显示：

一、为什么出发

专插本作为高职学生踏入本科学校深造的热门途径之一，不同考生考试动机主要有以下几个方面：

选择二次"高考"挑战人生。专插本成功的人群中，95%以上的同学是通过普通高考，并且大部分（50.54%）同学上大学前就已经想好了要专插本，可见这部分同学在高考之后早已打算选择二次"高考"挑战人生，作为目标并付诸行动。

喜欢这个专业继续深造。在"你进入现专业学习是通过哪些渠道"的子项上来看，57.38%的学生是自愿选择，在"你选择专插本的原因是什么"的子项上来看，28.69%的学生是因为对本专业有浓厚的兴趣，希望继续深造，提升能力。

正面现实社会提升学历。大部分学生（77.05%）由于理想的用人单位要求高学历，认为专科学历缺乏竞争力，便正面现实社会提升学历。

二、怎样一路走来

也许你会觉得专插本近在眼前又远在天边，师兄师姐考本成功的经验，或许对你未来的道路将有重要的指导意义。

（一）先给自己定个小目标

报考哪个学校？

参与调查的同学在选择报考目标院校时多考虑了以下几类因素：这所学校虽然不是很著名，但我对这个学校有相当的了解，认为它适合我（54.92%）；学校、老师、家长、同学等的鼓励建议（41.8%）；这所学校在我的专业领域有很强的实力和社会认可度（21.31%）；这所学校名气很大，我再次就读后可获得更好的学历（20.49%）；这所学校有我的亲朋好友在此就读，能够给我提供帮助（16.39%）；这所学校的校友圈子比较高级，就读后可获得丰富人脉（9.84%）；就读学校有优厚的奖助政策（1.64%）。数据告诉大家，在选择报考学校的时候还是应当对报考的学校有一定的了解，综合考虑是否适合自己，在选择的过程中也可多多听从长辈、老师、同伴的鼓励和建议帮助自己找到更准确的报考方向。

怎样获取信息？

数据显示，学长学姐们获取专插本相关信息渠道多样，大部分来电视、广播、网络和同学、朋友、亲人告知，还有一部分是通过学校、老师、班级知晓。因而，备考的学生应自己多多关注报考学院网站的信息，留意学校内召开的招生讲座、现场咨询会等活动。多找身边的长辈、学长学姐、老师等多形式了解。

考什么专业？

数据显示，跨专业和不跨专业的比例分别为43.44%和56.56%。学生可以根据自己的专业适合度、兴趣等方面综合考虑是否选择跨专业。本专业的同学，你已经具备了一定的专业基础，但是千万不要掉以轻心，需要重视，细心一些；跨专业的同学需要克服畏难情绪，相信只要用足够的时间采用正确的学习和复习的方法，就一定可以获得胜利！

什么时候开始复习？

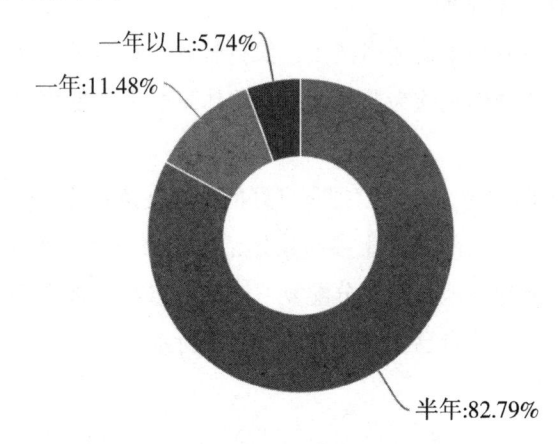

图1 你用了多长时间进行专插本复习

如果你想在毕业的时候直接考本，那么到大二你就该好好做准备了，包括复习、收集资料等，这些工作如果等到大三时候才做，那就会十分被动和仓促。因此，有意愿专插本的同学应尽早着手准备，包括提前有组织有计划地规划时间，制定复习内容和预期收获，让行动紧跟计划后头。

怎样找到复习资料？

表1　获取专插本复习资料的渠道（N=122，多选题）

学生获取复习资料的渠道	频数	有效百分比
实体书店购买	15	12.3%
网上购买	105	86.07%
向学校图书馆（院系资料室）借阅	20	16.39%
向老师、同学、朋友、亲人等借阅（包括赠予）	36	29.51%
网上下载	69	56.56%

备考的学生可根据自身能力、资源获取复习资料。大部分学长学姐调查中认为获取信息的渠道比较顺利、通畅，因而只要有心，肯定能找到自己合适的复习资料。

（二）打一场漂亮的考试战

1. 呵护好革命的本钱

一要正确看待专插本，适当减压，保持轻松、稳定的情绪状态。二要合理分配时间。89%的学生认为要确保正确的休息时间才能更悠然自得地徜徉在知识的海洋。

2. 处理好人际关系，让自己拥有良好的社会支持系统

调查数据显示，大部分学生参与集体活动的态度不受专插本复习影响。因而，同学们既要较好地权衡和分配复习时间和参与集体活动时间，又要学会处理好人际关系，让自己拥有良好的社会支持系统。

表2 对参与集体活动的态度（N=122）

专插本复习期间参与集体活动的态度	频数	有效百分比
我认为这是在浪费宝贵时间，停止参与所有活动	11	9.02%
我不想参与，但有时"被迫"地参与	7	5.74%
我认为只要安排协调好，是可以适当参与的	68	55.74%
我认为两者并不冲突，正常参与各种活动	36	29.51%

家庭支持。数据显示，72.1%的家庭对于学生们专插本的态度是非常支持的，26.23%的家庭让学生自己决定，极少数的家长（0.82%）持反对态度。家庭的支持为同学们专插本提供了不少方便和鼓励，因此，首先在专插本的过程中我们应该争取家庭的支持，使之成为专插本考试复习的动力。师长指导。大多数参与调查的学生愿意对我院正在备考专插本的师弟师妹予以网上指导。因而，备考的学生可充分利用成功的学长学姐这一资源，建立网上交流平台，接受师长经验指导，为备考添砖加瓦。学院支持。整体来看，学生认为学校（或院系）提供的专插本基本符合期望。备考的同学可以积极抓住学院开设的英语、政治辅导课程。

表3 与备考专插本的师弟师妹网上交流的意愿（N=122）

与备考专插本的师弟师妹网上交流的意愿	频数	有效百分比
是，可以在线交流	79	64.75%
是，在线交流时间有限，可进行现场指导	9	7.38%
是，精力有限，仅想对本专业师弟师妹指导	18	14.75%
否，抽不出时间	16	13.11%

3. 以最高效的方式去准备

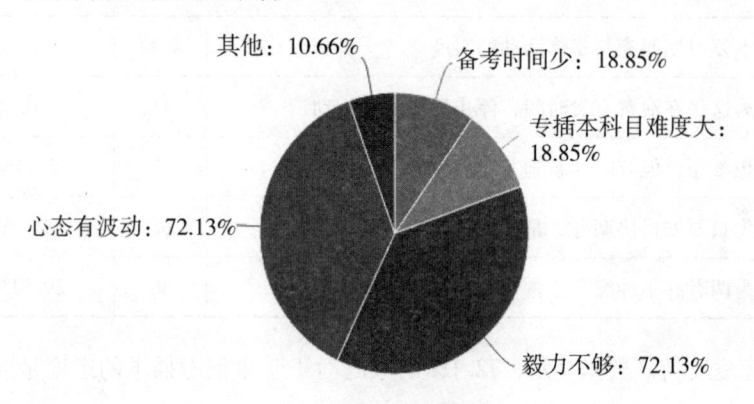

图 2　你觉得专插本最大难题是什么

坚持，再坚持

在"你对专插本复习阶段的感受如何"的子项上来看，大部分同学认为虽然过程很辛苦，但是非常值得。所以，备考一定要有吃苦的勇气和准备，要几个月如一日地看书是十分辛苦的事，很容易迷茫、懈怠和没有信心，成功的路上胜利者往往就是坚持到底的人，不管最后你的考本成绩如何，坚持到最后，你就成功了，因为你战胜了自己。

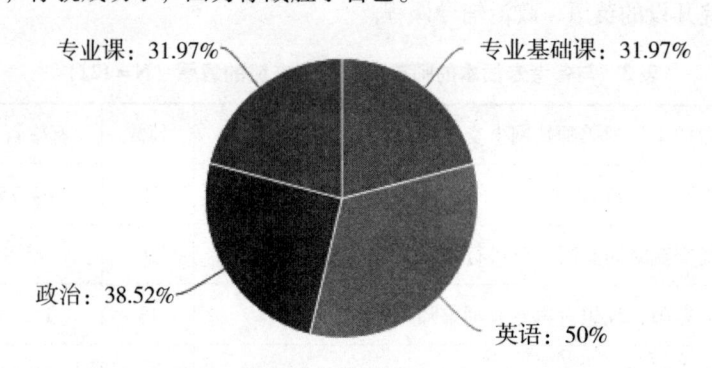

图 3　你觉得专插本复习准备中，最难的科目是哪个

科学高效准备复习科目

注意每次每门课复习 2 到 3 个小时后休息片刻，接着开始另外的科目。不要一整天都看相同的内容，2~3 小时后要进行更换，这样你会感觉振作，效率也会提高。在你的复习周内至少应该保证每门要复习的课程都复习过一次,这样就避免了"时间全部用完了,某某课程我还什么东西都没看"的危机感出现。

表4 学生渴望了解哪些与专插本有关情况（N=122,多选题）

最需要了解的专插本内容	频数	有效百分比
考试的重点划分	107	87.7%
复习时间安排	51	41.8%
考试难度	60	49.18%
复习技巧	73	59.84%
考试时间	42	34.43%
考试准备	44	36.07%
学校情况	58	47.54%
招生情况	66	54.1%
需要费用	25	20.49%

充分了解考试重点内容,再合理安排复习计划

应根据考试重点内容制定复习时间、复习内容和预期收获:先确定你每天最高效的时间段（上午、下午还是晚上）,然后将其用来安排复习,避免浪费时间。列出每个复习环节要达到的目标,完成之后画掉以增加复习动力。在考试重点内容上,学会使用副标题,关键点用颜色标记,还有在一张纸上用蜘蛛网图展示一个问题的关键点及相关例证;给自己一些短期奖励（咖啡、休息、打电话、体育锻炼、电脑游戏、零食）,并且牢牢记住你的最终目的:通过有计划的准备取得应得的好成绩。

三、如何继续前行

专插本的路途道阻且长,但行则将至。考本,是更高层次地提升自己,是一次良好的教育,而不只是一次考试和领到本科文凭。所以,在专插本的过程中除了要且行且珍惜,还要虚怀若谷,你开启的每一天,都是崭新的行走道路。

学会感恩,懂得珍惜

调查中,绝大部分考本成功的学长学姐都愿意给予备考的师弟师妹们进行网上交流和指导。回馈后辈,懂得感恩,不仅是一种美好的情感,更重要

的是对责任的承担。我们在感恩生活给我们提供学习机会的同时，也应该知道我们生活在这个社会上也有一份责任，对自己负责，对他人负责，对社会负责。只有懂得互帮互助，共享资源，你才能走得更远！

要时刻有"归零"的思维

无论何时何地，一定不要忘记随时"归零"。吐故才能纳新，放下才能超越，时刻"归零"才能比其他人走得更远。学会把每天都当成一个新的起点。考上专插本后，一部分人容易松懈下来，渐渐忘记潜在的危险，直到有一天在手足无措中被突然降临的危机击败。生于忧患，死于安乐。容易走的路都是下坡路，长期固守于已有的安全感中，就会像温水里的青蛙一样，最终失去跳跃的本能。如果想跨越自己目前的成就，就不能画地自限，而是要勇于接受挑战！

（二）因材施教，发掘学生潜能

学院紧密结合各个专业的培养要求和学生在学院3年6个学期当中不同阶段的特点，确定各个专业每个学期思想教育、道德修养、专业学习、就业指导、能力训练等的基本内容和工作重点。在策划具体措施时，注重构建策划共同体，即辅导员（班主任）和学生作为平等的参与者，学生充分表达其想法和意见，辅导员（班主任）通过与学生的深入交流，有效发掘学生的个性特点、隐性需求和创造智慧，师生互相协作，共同完成学风建设项目的设计和策划。这既能给学生提供施展才华、展示风采的平台，又探索了结合专业特点的特色项目，更好地促进学生的个性发展。如2016级商务英语3班的"每日英语小播报"就体现了学生的聪明才智。

2016级商务英语3班"每日英语小播报"活动

学习需要激情，学习需要动力，学习也需要督促。应用外语系2016级商务英语3班深刻理解这个精神，为提高全班同学英语口语水平，由班委组织，邀请任课老师指导，开展了"每日小播报活动"。

为什么要开展这个活动呢？起源在英语语音课。同学们中学学习英语，多重在写、听，为应付考试而学，语音语调很不标准。上了大学，进入了英语专业，才发现自己说的英语好奇怪，虽然老师在课堂上很仔细地教导和纠正了，但同学们觉得光靠课堂是不够的，自己应该更努力、更主动地学习。2016年11月初，2016级商务英语3班在班长带领下召开了一个关于学习的班委会，通过商量，开始实行每周的英语小播报。

具体的实行方案如下：每天按学号从01开始请6名同学在班级微信群里自行录制一小段自己的英语朗读材料，并将材料文字截图上传。材料由同学们自行从"可可英语""英语趣配音"等其他有利于专业学习的APP里寻找。

语音语言学习最好从模仿开始。因此班委还对录音材料质量做出要求，要大家在跟读软件内容时，要注重跟读、模仿，学习升降调和重读音节，学习在哪些地方需要停顿，哪些地方需要连读。

每位同学每次的播报是1分钟到2分钟的时间，念完之后，邀请任课老师对其进行指导。

最开始是由班主任易雅琴老师以及语音课蒋文君老师对同学们进行指导，后来又陆续邀请到综合英语课姜璇老师、听力课曾小敏老师还有一位师姐。老师们都非常细心耐心给予我们各种意见、建议和点评。相对课堂式的统一教学，这样的方式既能让同学们更加主动学习，也能通过对比来激励自己成长。2016级商务英语3班的这个小活动在系里挺受关注，带动了新生班的同学们争相仿效，学习氛围越发浓厚了。

（三）发展社团，营造学习氛围

学院鼓励学生创办各种学习型社团，根据社团特色举办各式各样的社团活动，让学生在第二课堂的广阔天地中培养兴趣爱好，提高综合素质。如专业兴趣活动提升学生专业素养；朗诵、演讲、辩论使学生能言善辩，逻辑清晰；音乐、舞蹈、电影使学生陶冶性情，提高艺术品位；读书会、经典阅读沙龙可以使学生分享人生经验，提高写作能力；绘画、书法可以提高学生的艺术修养，培养其平易近人的优良性格；爱心公益活动不仅帮助了社会弱势群体，更让学生体会到帮助别人的快乐。

学院还把宿舍作为重要的场所，培养宿舍学习兴趣小组。志同道合的学生经常聚在一起，讨论心得，交流见解，组织活动，开展研究，在交流分享中互相学习、共同进步，促进了学生社区优良学风的形成。

附录

探索高职院校学习型社区结构模式

学习型社区是指以学生全面发展为目标，以社区教育为途径，通过社区的各种学习型组织开展的活动和文化熏陶来促进学生综合发展，除强调学习外，更注重公民意识的养成、社区价值观的形成、健全人格的发展的一种社区。它不只是一个学生生活的场所，更是人才培养的摇篮。它的结构包括以下三个部分：

一是以宿舍学习兴趣小组为载体。

宿舍学习兴趣小组是指一定数量的宿舍成员就某个共同的兴趣爱好以某一特定的形式进行长期交流、研讨以及实践探索研究，以提升自身水平，加强人际交往，培养生活情趣为主要目标的大学生组织。它所指的兴趣爱好既可以是专业兴趣，也可以指业余爱好。

高职院校学习型社区有别于传统学生社区，它能打破限制学生学习和发展的常规，以往在建设学生宿舍文化时，都是以个人—社团这样的二层次结构来完成，由于个人数量较大，社团学生干部及兼职的指导老师精力和时间有限，无暇顾及个人，他们主要把精力和时间都放到创建社团活动上来，这往往造成个人缺少足够的发展空间，更别说对个人的特色培养和人文关怀，同时，也不便于管理，以致学生宿舍事件频发。而当宿舍学习兴趣小组出现时，以个人—小组—社团构建的三层次结构便成为高职院校学习型社区的结构模式。并且，在小组层面建立组导师，她们可以是被授权的有经验的师兄师姐，在生活中进行引导，在学习上进行指导。当然，在小组成员里面也会有在企业工作的基层员工。在社团层面建立团导师，她们都是在学习兴趣方向的专业教师或在企业有经验的师傅，这样不仅能给学生正确的引导教育，给年轻专业教师一个锻炼的机会，尤其在专业兴趣方向可以给教师、学生、企业师傅、企业基层员工四者之间提供一个交流的平台，成为其前进的驱动力。而在业余爱好方向，学生将不再局限于只认识本专业或本系院的同学，由于志趣相投，他们可以通过宿舍学习兴趣小组和不同系院不同专业背景的学生进行相互交流、学习，丰富和提升宿舍文化层次，这凸显了大学生宿舍学习兴趣小组作为高职院校学生管理的最基本的单位的作用,有利于高职院校学生进行自我教育、自我管理和自我服务,完善了传统的学生管理方式。

二是学习内容和形式丰富多样。

在学习内容方面,主要分为专业兴趣和业余爱好,其中,专业兴趣是指与自身所学专业相关联的其中一个颇为感兴趣的方向,而业余爱好是指在本专业以外的其他擅长和有兴趣的方面,业余爱好所指的范围很广。把宿舍学习兴趣小组的学习内容分为两个方面,尤其创新性地提出了专业兴趣,是为高职院校学生在课余时间进行专业学习做一个方向性的引导,使之了解专业动态,强化专业思考,掌握专业知识,培养分析和解决问题的能力。

在学习形式方面,主要分为线上学习和线下学习,线上学习表现为开展远程视频教学、建立网上研讨区,其中,视频可以由专业教师在网上搜索的对本兴趣有意义的片段,也可以是由企业师傅在指导企业基层员工纠正某一问题或帮助其解决某一困难时拍摄的,这具有实践指导意义,团导师可以要求学生在观看视频后就某一问题或热点进行讨论,组导师可以对此进行跟踪和统计,同时,学生或企业基层员工也可以就自己不能明确的问题在网上研讨区提出,以让更多人参与讨论,专业教师或企业师傅也可以进行指点。线下学习主要为面对面的学习。专业兴趣方面,专业教师可以举办讲座,指导学生参加专业赛事,企业师傅可以带领学生到企业参观或兼职;业余爱好方面,团导师可以以学生社区为单位替代以往以院系为单位打造独具特色的适应大学生的社区文化活动精品,减少学校同类型、同性质学生活动的重复建设,同时也可以在同一兴趣的各小组之间组织竞赛,充分发挥社区文化育人的功能。

三是在选修课方向做引导。

目前高职院校的专业教师开设选修课的兴趣不大,其主要原因是专业教师很难将自身的专业知识和学生的兴趣爱好相融合,那么如果将一个或几个宿舍学习兴趣小组作为选修课的学习单位,以专业教师或企业师傅作为其任课教师,以线上和线下学习相结合,以组导师协助任课教师完成其中的各小组教学,比如检查作业等,这样有别于指定一个时间段在一个固定的区域进行学习,它更灵活可行,也减轻了任课教师和学生的教学负担,同时也减少了一定的开课要求对选修课的限制，比如选修课学生数量要在一定的范围内，这样就避免了学生"抢"不到自己有兴趣的选修课或者少数学生有兴趣的选修课达不到开课标准，而不得已去上自己不想上的选修课。以宿舍学习兴趣小组的形式开展选修课，对于学生和教师来说，将可能开展一个全新的双赢的局面。

（四）目标管理，增强集体凝聚力

既然学生的学习风气呈现群体效应，那要改变一个个的学生，可以先从改变他生活的集体入手，因为人都有群体归属感，都不愿意被他所属的群体厌弃。而且从工作实践上来看，一个好的班级、一个好的宿舍，同学之间、舍友之间情感上互相关怀、生活上互相帮助、学习上互相促进，确实会影响与激励到每个学生，他们会十分珍惜这个集体，主动为这个集体做贡献。

近年来，学院主要在培育先进班级、培养宿舍学风方面着手，营造一种积极的氛围，使处于其中的学生感到一种压力，产生紧迫感；同时凝聚集体的合力，使学生有奋发向上的追求，形成以学为主的共识，制约不良风气的滋生和蔓延。

按照目标管理方式，将优良学风班创建标准细化为班级的课堂出勤情况、补考与重修人数、英语和计算机能力等级考试通过率、职业资格证书考取率、继续深造率等具体要求；鼓励各个宿舍根据个人的兴趣爱好和实际情况，制定切实可行的个性化宿舍目标和个人目标，采取有效的激励机制，如设立零补考班级鼓励奖、学习进步奖和评选十佳宿舍等，激发学生学习热情。

在目标管理基础上建立宣传和示范机制，发现一些可学可感的身边典型，通过典型总结规律，并用小中见大、挖掘点滴小事、草根式语言等新方式讲好师生听得懂、记得住的真实微故事，激励同学们见贤思齐。另外，学院还选拔大二优秀学生担任新生班级的班主任助理，开展学长学习经验分享会，召开在校生与优秀毕业生座谈会，让"高低年级对接"，组建班级学习帮扶小组和学生宿舍学习兴趣小组，用优秀学生代表引导、监督、帮助整个集体形成良好风气。正是这些身边的典型让学生少了距离感，多了亲切感、真实感，不少学生从他们身上汲取了动力，看到了希望。

在加强学生集体建设中，我院注重学生主体性参与和情感的内化，既宣传先进典型，又扶持后进集体，既按年级分阶段统一布置重点工作，又要鼓励特色工作，并且更加注重思想性和教育性，激发学生的自我教育，以增强实效性和接受度。以"学算账、认危机、求自立"主题班会为例，通过示范班观摩和各班开展两个阶段，引导各班学生开展班级大讨论。"一算经济账"，算算自己大学期间要花费多少钱；"二算时间账"，算算大学期间用于娱乐的时间、吃饭的时间、睡觉的时间、上网的时间以及真正用于学习的时间是多少。"认危机"，就是要认清目前国家以及个人面临的种种危机和激烈的竞争，增强忧患意识。"求自立"，就是重点检查自己在学习动机、学习态度、生活习惯等方面存在的问题，提出个人改进目标。通过精心组织主题班会，使学生真正树立起学习的责任感、紧迫感，形成"人人为班风做贡献"的良好氛围。目前各系也在这方面做出积极探索和尝试，如在社区设立团体辅导工作坊，将思想政治教育和团体心理辅导结合起来，让学生在团体游戏中体验成功、增强信心。这些贴近学生实际、解决实际思想困惑的深层次教育能够很好地以理服人、以情动人。

此外，集体成员人际关系直接影响学生的心理、情绪状态，进而影响其学习状态和能力。当人处于愉悦、满足、安全的精神状态中，就具有较高的创造力和思维、理解能力。学院注重加强学生的人际交往行为规范、人际交往技巧教育，在班级中倡导相互帮助、共同进步，使学生形成良好的人际交往习惯，同时，依托班级心理委员和心理社团开展朋辈心理辅导，形成"他助—互助—自助"的机制，发动院系自律会开展以寝室为单位的竞赛、评比活动，制定宿舍公约，营造团结、互助、奋进、包容的寝室人际关系氛围。

三、遵循规律，坚持从严管理

学风建设是一个系统工程，要做的工作固然很多，但是，学风建设也有其自身的规律性，善于抓住影响学风建设的决定性因素，找准学风建设的切入点和突破口，就能收到事半功倍的效果。

(一) 凝聚学风建设共识

学风建设要全员参与

在调查过程中,我们发现不同的系学风建设有很大差距。仅以学生出勤情况为例,电子工程系上至系主任、书记,下至班主任、辅导员、学生干部,对学生考勤管理十分严格,因此,学生出勤率保持95%以上。而个别系,要么领导忽视,要么班主任不尽责,要么班干部管理随意,直接后果就是学生上课懒散,迟到现象时有发生。学风建设的第一步是更新观念。院系领导、辅导员、班主任、各教研室主任、任课教师都应彻底摒弃学风建设与己无关的心理,清醒地认识到在学风建设中每个人都有不可推卸的责任。只有从上而下齐心协力,抓好每个环节、每个单元,学风建设才能落到实处,取得成效。

学风建设要持之以恒

学风建设是学院工作永恒的主题,是一项长期的工作任务。加强学风建设,不仅要有持之以恒、坚持不懈的韧劲,而且要建立长效机制。只有不断完善学风建设制度体系,建立加强学风建设常态化、规范化、制度化的有效机制,把学风建设作为育人工作的重点,贯穿于大学教育的全过程,渗透于教育教学工作的各个方面和各个环节,才能保证学风建设与时俱进,持续发展。

学风建设要贴近学生

学风建设的项目内容要触及高职学生的"最近发展区",所涉及的内容过难或过易,只追求表面的热闹与形式都难以实现教育的有效性。还要考虑高职学生的个体差异,让不同层次的学生都能享受解决问题、获取知识、提升能力的愉悦,获得积极的成功体验。特别是要针对少数学生学习上的畏难情绪,采取加强辅导、同学互助等方式帮助他们解决学习上的困难。这才有助于充分提升大学生浓厚的兴趣和积极的参与性,发挥主动性和创造性,成为学风建设的促进力量。

(二) 始终保持工作韧劲

近年来,学院本着注重创新、注重提高、注重实效的原则,重点策划优良学风班创建和学风建设季活动,创新工作方式,促进学习载体多样化、生动化和主题教育的持续化、常态化。

抓紧抓牢行为规范

学院组织班主任、辅导员开展进课堂活动，加强学生行为养成教育，严抓课堂纪律，推动学风建设。一方面通过随机查课、查宿舍、查自习等措施，督促学生养成不迟到、不早退、不逃课、不带食品进教室的良好习惯；另一方面，辅导员深入学生课堂，随堂听课，实地了解学生的学习状态、学习需求、教与学的矛盾，做好教师教学情况反馈，畅通教学与学工、教师与学生之间的沟通，努力形成以教风促学风、教学相长的良好风气。及时整顿课堂出现的问题，对违纪行为依据学院相关规定给予严肃处理，督促学生遵守课堂纪律。经过近几年的努力，课堂纪律、出勤率有了明显提升。

抓紧帮扶后进学生

每学期开学，学院统一要求全体辅导员对各班上学期学习成绩"挂科"及开学以来旷课较多学生逐一谈话，逐一分析，引导、教育和帮助后进生明确学习目的，端正学习态度，规划个人未来，帮助他们树立正确的世界观、人生观、价值观。对于学习成绩落后，人际交往能力不足、心理异常、校纪校规意识淡漠、晚归、夜不归宿等学生，积极建立起辅导员、班主任与重点关注对象的学生家长联系和见面制度，及时与学生家长沟通信息，共同关注学生成长。

抓好抓实主题教育

学院把学风建设作为常项工作，在每个学年的第一学期开展学风建设季活动，第二个学期深化优良学风班创建工作，长期抓，反复抓，使其成为习惯，努力为学生营造一个紧张活泼、比学赶帮的良好学习氛围。而且每学年的工作方案能够在调查研究的基础上，紧密结合学生的实际需求，精心策划各类主题教育。以2015年的深化优良学风班创建活动为例。

附录

2015年的深化优良学风班创建活动介绍

活动分为三个阶段：

一是中期考核及展评阶段（4月15日前）：各班召开创建优良学风班学期自评会，总结上学期学业情况，制订班级本学期成长计划，完善《优良学风班创建工作手册》，明确工作进度。各系按参与班级数的20%择优推荐班级进行院级中期考核。学生处集中展评一批先进典型。

二是重点活动推进阶段（5月30日前）：广泛动员各班参与学院的重点活动，力求至少有1-2个活动体现班级特色。院系两级学工队伍建立联系班级制度，加强对班级的资源支持和工作指导，实现整体推进，做到学风建设有保障、有举措、有成效。

三是考风考纪教育阶段（6月中上旬）：召开考风考纪主题班会，让学生认识考试违规作弊的严重后果，消除学生侥幸心理，增强学生自律意识，集中精力做好准备，做到有备而考，营造"诚实应考"的良好氛围。

同时，把重点活动分为三大篇章，8个子活动：

学习期待篇

1. 组织学工队伍开展学生学情调研。在学期初组织学生处人员及辅导员通过学生成绩分析、学生座谈会、教师座谈会、走访系部等多种方式，听取教师和同学们的心声和需求，找出突出问题，在学生学业发展方面努力探索行之有效的服务手段。

2. 开展"舍友伴我行"创建文明宿舍行动。三月至五月，分别以"打造舒适家园""培养学习进步的土壤""我们的温馨情谊"为主题，通过生活委员、学习委员、心理委员为代表深入学生宿舍开展活动的形式，收集同学们关于宿舍管理的建议及宿舍生活中遇到的难题，并成立宿舍学习兴趣小组，进一步培养同学们的学习兴趣，营造良好的宿舍氛围，推进和谐文明的宿舍文化建设。

3. 开展"为了父母的微笑"班级心理体验课活动。结合心理活动月，各系组织大一、大二班级以"感恩父母"为主题，采取给父母打个电话、给父母发一条短信、"为了父母的微笑"视频采集活动、"学生成长，我们齐努力"学生家长走进校园活动等多种方式，激发同学们对父母的感恩之心。

互助共勉篇

4. 开展成长故事分享会活动。以各系各班级为单位，通过组织上学年获得各类奖学金的师兄师姐、优秀班干、和谐宿舍集体、学习精英团队及其他有意愿分享精彩故事的个人及团队为同学做成长故事分享，在讲述同学身边的真实微故事当中，传递正能量，促进同学们更好地总结和思考。

5. 探索"学伴加油站"计划。通过学业指导工作坊开展冲刺班、加油站等，让师兄师姐为需要考英语、考职业技能证的同学提供学习经验，并邀请相关老师在英语、数学等公共课程进行专业指导，现场答疑解惑。

6. 启动学习资源齐分享行动。通过收集学生的需求，将优秀学生的学习方法、感悟、经验，专业教师对学科的推荐参考书，学习辅助软件等在学生处网站和学生家园网上进行资源共享。

专业自信篇

7. "玩转我的专业"之技能大展示。通过各系承办的方式，对各专业展开的形势分析、成果展示和心得分享等活动。为了丰富校园文化生活，提高同学们对专业的了解和兴趣，特通过专业技能展示，借以充分展现专业特色，从而提高其综合素质。

8. "从东职走向成功"之励志大讲堂。继续开展以"从东职走向成功"为主题的励志大讲堂系列活动，邀请我院优秀校友、兼职能手、在校创业达人结合自身就业、兼职和创业的心路历程，通过轻松、互动的交流来影响和带动学生。

正是近年在常态开展学风建设季活动和创建优良学风班工作中不断探索，使学院学风建设的工作目标更加明确，工作思路更加清晰，工作措施更加具体。

（三）规范学风制度建设

建立科学健全、行之有效的学风建设系列制度并抓好落实，是创建良好的、有序的学习生活环境的保障，是规范学生行为方式、引导学生价值取向的基础。近年来，学院探索建立学业预警、与学生谈话和联系家长制度，将关口前移，强化预防。各系在每月5日前对上个月学生学业情况进行统计，对达到学业预警条件的学生发送《学业预警通知书》，对受到预警的学生进行相应的教育和引导，及时告知学生的学业进展情况，以促其尽早调整学习计划，确保顺利完成学业。同时，向受预警学生的家长发送《处分决定书送达回执》，使其了解学生的在校学习情况。此外，在认真调研和广泛听取各方面意见的基础上，不断修订和完善学生管理的条例和办法，将课堂纪律抽查记录情况与学生个人评奖评优、学生所在班级的先进班集体评选以及系学生工作考核挂钩，将寝室学风建设与评奖评优、干部选拔、发展党员等结合起来，严格学生请假销假的流程手续，科学运用奖惩手段，逐步形成有利于良好学风形成的管理、约束和激励机制。

附录

东莞职业技术学院学生学业预警制度

为加强学风建设，有效促进学生完成好个性化学习任务，结合我校实际情况，特制定本制度。

第一条 学生学业预警是以学生的学习过程为监控目标，针对学生学习上出现的问题或危机，进行有效干预，及时提示、告知学生本人及其家长可能产生的不良后果，劝导学生纠正学习行为偏差，通过学校、家长、学生之间的沟通与协作，帮助学生顺利完成学业的一种信息沟通和危机预警制度。

第二条 学业预警的提出

1. 考勤预警。学生旷课累计接近或达到一定时数，班主任和任课教师要及时提出预警。

2. 成绩预警。一学期内出现有不及格课程以及不及格课程学分累计达到或超过一定数量者，每学期由教务处和各系教学管理人员进行统计，并提出预警。

第三条 学业预警的等级

根据学生学习行为或结果对完成学习任务、达到个性化学习目标所产生影响的严重程度，学业预警分为蓝、黄、橙、红四个预警等级。

1. 蓝色预警。学生出现旷课或必修课成绩不及格现象。

2. 黄色预警。学生在学期内累计旷课达 10 学时及以上 20 小时以下、单门课程旷课达到该门课程学时四分之一或不及格课程累计达 2 门及以上。

3. 橙色预警。学生在学期内累计旷课达 20 学时及以上 40 学时以下或不及格课程累计达 4 门及以上。

4. 红色预警。学生在学期内累计旷课达 40 学时及以上或不及格课程累计达 8 门及以上。

第四条 学业预警的处理办法

提出预警后，预警信息汇总到各系教学管理部门，转给各系学生管理部门根据预警等级开展预警处理。

1. 学生处于蓝色预警状态时，相关任课教师及班主任应当及时找学生谈话，了解和分析出现旷课或成绩不及格的原因，给予改进建议，并在每学期结束时由各系教学管理人员及时打印学生不及格成绩通知单，由班主任负责寄送学生家长和学生本人。

2. 学生处于黄色预警状态时，辅导员应当及时找学生谈话，了解和分析原因，给予改进建议，并要求预警学生写出书面认识，明确今后努力方向，必要时可以与学生家长沟通联系。

3. 学生处于橙色预警状态时，班主任应当及时与学生家长电话联系，告知学生在校具体表现，听取家长意见；同时系分管教学工作领导或分管学生工作领导应当及时找学生谈话，了解和分析原因，并制订有针对性的帮扶方案。

4. 学生处于红色预警状态时，辅导员应当及时电话通知学生家长来校或进行家访，共同商讨帮扶方案；同时系负责人应当及时找学生谈话，了解和分析原因，并确定专人负责帮扶。必要时报告学院领导和有关职能部门，请求参与帮扶。

5. 高一级预警工作应当在低一级预警工作的基础上进行，各级各类谈话以及与家长联系情况要及时做好记录，存档备查。

第五条 学生学业预警通知单的送达

各系班主任、辅导员有义务且应该向学生家长告知学生的学业情况。对达到学业预警值的同学，班主任将学业预警通知单打印，需要打印补考科目及分数的同学由各系教学管理人员负责打印，一式三份，一份由本系留存，一份由班主任送达学生本人，一份由班主任负责寄送学生家长，学生家长签名后寄回或由学生本人交班主任，班主任收齐后统一交系教学管理人员，教学管理人员负责存档。未收到回执的，班主任要查明原因，根据情况采取重寄、电话联系、家访等形式，确保学生学业预警信息送达学生家长。

第六条　学生学业预警工作的责任网络

学院通过三级预警工作网络组成学生学业预警工作系统。

1. 一级工作网络是各班班主任、任课教师。他们离学生最近，了解学生最多，能及时给予学生预警监督和帮助。任课教师和班主任应当及时准确把握对所任课程或所带班级学生上课出勤和考试成绩情况，当学生出现旷课现象或出现必修课成绩不及格时，应当及时给予干预和指导。课堂考勤采用任课教师和班级干部双考勤制度，任课教师为课堂考勤第一责任人。负责考勤的班级干部在每次课下课后将考勤表交任课教师签字确认；每周五下午或在下周一上午前请班主任签字后交本系教学管理人员。

2. 二级工作网络是各系管理者。各系管理者对所管理范围内学生的整体状况进行把握，调动各种力量对学生进行及时的预警监督和帮助。各系教学管理部门应及时将学生学业预警信息汇总并及时发布和反馈，系分管教学工作领导为学业预警信息汇总、发布和反馈的第一责任人。学生课堂考勤预警信息每四周汇总、反馈一次，学生学习成绩每学期汇总、反馈一次。各系部学生管理部门在接到学生学业预警信息后，应当及时进行分析，制订学业困难学生帮扶方案，由学院领导、管理部门、班主任、辅导员及任课教师按各自的职责共同做好学业困难学生的帮扶工作，系分管学生工作领导为学业困难学生后续帮扶工作的第一责任人。

3. 三级工作网络是学院的相关职能部门。相关职能部门对全院学生的整体学业情况进行把握，对一、二级网络工作给予支持和监督和考核。教务处负责对教学管理系统进行改进，以适应学生学业预警工作的要求，并负责对全校学生学业预警信息进行汇总和反馈，每学期汇总、反馈一次；学生处负责对全校学业困难学生帮扶政策的制定以及各系学业帮扶工作的监督和落实。

第七条 构建学业预警机制是学院改善学风和教风的重要举措。学院各层级领导要深刻认识学业预警工作对学生、家庭、学校和社会的重要性，以及对提高学院声誉和形象的意义。同时，学业预警工作是一个连续性、长期性、复杂性的工作，涉及教学管理、学生管理等职能部门以及各教学单位。因此，各层级相关领导、任课教师、辅导员、班主任，应各负其责、密切配合，对受预警学生在校期间的思想、学习情况进行实时动态跟踪，密切关注其变化，给予他们爱心、耐心和信心，共同做好被预警学生的转化工作，提高被预警学生的转化率。

第八条 此制度由教务处会同学生处负责解释，从公布之日起施行。各系应当在制度实施前制定具体实施细则，交教务处和学生处备案。

规范制度需要队伍执行。发挥学生干部在推进学风建设中自我教育、自我管理、自我服务作用，每天进行晚归就寝考勤，每周统计班级到课率，每月开展一次宿舍安全文明卫生督查，深入、准确地掌握学生的思想动态以及学生在学习、生活方面存在的问题，发现问题及时解决并做好记录。完善班级学生骨干培训机制，既倡导人人都是骨干，鼓励更多同学投身班级服务工作，又从一开始就注意培养班级的核心力量，通过新生班干部训练营、班主任助理岗前集训等活动提升其认识水平和工作能力，同时，健全队伍考核、激励机制，形成全面、公正、切实可行的考核办法，保障各项制度能够持之以恒、切实落实地有力执行，形成工作长效机制。

（四）强化特色项目培育

学风建设不仅要"下猛药"严格管理，还要学会做细致的思想教育引导工作。比如，学院强化各种奖励申报评定程序，坚持公开公正原则，形成优秀学生、优秀群体脱颖而出的评价体系，促进了学生良好学习习惯的养成。又如，学院在"大众创业、万众创新"的时代背景下，发挥高职学生的主观能动性，以场景融入、面对面交流，高层次实战等方式让同学们陶冶艺术情怀，感悟"工匠精神"，锤炼工匠技能，努力让"工匠精神"的培育工作虚功实做、落地生根。这一过程方法包括三个方面：

一是场景性融入，陶冶艺术情怀。通过创设全方位的"工匠精神"环境，建设宿舍人文走廊，展示同学们自己设计的艺术作品。一方面可以使学生亲身感受自然和生态文明，激发学生热爱专业，热爱学校的良好心理；另一方面，也能陶冶学生心灵，启发学生美好想象，提升学生的自豪感和审美能力，进而刻苦学习，向"专"与"精"的技术领域攀登。

二是面对面交流，感悟"工匠精神"。通过开展大讲堂，给学生提供面对面交流的机会，邀请墨刻大师杨晓光先生为大家主讲"陶瓷工匠的变形记"；邀请创业专家莫安达教授围绕《东莞创业观察分享——兼谈创新进取把握人生》这一主题，从创业者的角度深入，通过多个创业实例，给学生带来了新的视野与启发。邀请本专业领域成就突出的知名企业家、知名学者、知名校友来校现身说法，使得"工匠精神"与技能、大师、技术创新等有机结合，并内化于学生的实践活动中，发挥对学生的引领、示范和激励作用，感悟工匠精神。

三是高层次实战，锤炼工匠技能。学院指导鼓励学生积极参加与专业相关技能大赛，通过高层次实战，锤炼工匠技能。2016年学院在"挑战杯——创青春"广东大学生创业大赛获银奖3项、铜奖7项，在"挑战杯—彩虹人生"广东职业学校创新创效创业大赛获特等奖2项、一等奖3项、二等奖7项、三等奖3项等。学院智寻机器人团队是全院唯一一个参加2016东莞市"庆五四 创青春"青年创新创业论坛的团队，近距离地与企业家和创业青年接触，通过实战锤炼工匠技能。

"工匠精神"培育等特色项目展示了专家学者的魅力，搭建了学生自我展示、主动分享的舞台，学生也从真切的交流分享中汲取了精神力量。

第二节 办好《学在东职》 帮助学生独立思考

不同时代的大学生都有自己的际遇和机缘。现在的高职学生身处经济社会转型的关键时期，要更好地谋划人生、创造精彩，关键是要学会思考、善于分析、正确抉择，做到稳重自持、从容自信、坚定自励。为引导学生主动学习、启发学生独立思考，学院在 2016 年 5 月创办《学在东职》校园月报，从学生的视角，以轻松愉悦的方式讲好校园故事，受到学生的喜爱，让学生爱上阅读、学会思考。

一、聆听学生心声，捕捉关注话题

《学在东职》始终坚持"内容为王"的理念，注重了解学生所感、所想、所惑、所得，通过丰富的、有感染力的内容，不断增强报纸的亲和力，吸引学生的关注，满足学生的需求。

（一）把握学生思想脉搏

《学在东职》专设"校园调查"栏目，借时、借事、借势开展主题调查，通过问卷调查、深入访谈等多种方式，了解学生的学习生活现状和思想动态，并通过深度调查报告来强化对学生群体的关注。

如针对近年来大学生的消费支出逐年增加，且增幅越来越大，裸贷、无力偿还贷款而跳楼、冒用同学身份网贷等等有关大学生财务方面的新闻层出不穷等现象，学生处对我院学生消费观念进行调研，既分析了学生消费特点，又引导学生关注自身的财务现状，提出合理消费的有效建议，很多同学认为这些建议很有用。

再如，通过开展"我的网络生活"调查报告，了解到网络对学生的影响大，学生上网时间多，手机上网娱乐已经成为大学生业余休闲的主要方式，呈现随时化、随地化特点。学生娱乐生活多，主动学习少。同时，因过分依赖网上资源，使得大学生缺乏深度思考的欲望和动力，独立思考能力下降。因为沉迷于网络，学生人际交往少，网络已经影响了同学们的人际交往的模式，过量的网络生活还影响了同学们的身心健康。这一报告促使学院学生工作部门做出新的思考，怎样开展更多学生感兴趣的活动，鼓励学生走下网络，走出宿舍，走进操场，成了当下迫切的课题。

这些调研分析结果还对学生的思想教育工作具有启发意义。例如，在学生公共文明素养调查中发现，学生年级越高，越放松对自己要求，大一的同学文明礼仪方面优于大二、大三的同学；男女生在公共文明参与意识、文明礼仪培训方面存在差异，男生总体的积极性明显高于女生；而且，学生越不把道德当一回事，个人行为的选择越为负面。这些问题需要更有针对性的教育予以解决。

（二）吸引学生主动参与

组建院、系、班三级学生信息员队伍，开设《学在东职》微信公众号，接收在线投稿，提供网上咨询，把报纸发给每个班级、每个宿舍，面向全校公开征稿，使学生人人都有机会"发声"，让学生备感亲切。同时，注重及时吸收学生的意见，在每期《学在东职》编辑前，召集各系负责《学在东职》工作的老师、学生召开务虚会，每人说出一个新闻事件或可深度挖掘的主题，鼓励在场的其他人就这一事件进行"头脑风暴"。在每期《学在东职》出版后，召开学生编委点评会，总结本期的经验和不足，思考如何改进。每周二晚上召开《学在东职》学生编委工作例会，讨论工作，并进行业务培训。

好点子也往往在思想碰撞中产生，正是学生的深度参与，让《学在东职》更有"学生味"。

（三）重视热点话题引导

不同爱好、不同年级学生的动机和需要是有区别的，他们的心理和习惯等也在不断发生变化。《学在东职》在编辑过程中，根据学生思想实际和学生工作的重点，根据同学们关心的热点、难点问题，通过有意识开辟专栏、进行专题报道等形式有针对性地对学生进行思想教育，收到了良好的效果。比如，在新生入学时专辟版面，图文并茂地介绍学校的生活服务设施，既为新生提供了服务，同时也使报纸赢得了新读者。

即使是同一项专题宣传，由于不同受众的关注点不同，在新闻的着眼角度、宣传的途径方法上也予以区别。譬如，毕业在即，"留下整洁的宿舍，带走美好的回忆"栏目，刊登毕业生离校时清理干净的宿舍图片，号召全体毕业生"临走之前，把我们曾经朝夕相处的宿舍打扫干净，让它回到最初的样子，就像我们刚刚进来的那样，然后轻轻关上家门，将这段美好的大学时光永远珍藏在心里"。而"怀念，从今天开始""珍重，我的兄弟姐妹"和"青春，因奋斗而美丽"等专版同样以毕业为话题，但切入点不一样，既有毕业之际的总结思考，又有诉说离别的眷恋和期待。2014 级会计 6 班林宝芝同学毕业前夕认真思考,写出《在最美的年华做让自己骄傲的事》与同学们共勉,把话说到同学们的心坎里去了。

附录

在最美的年华做让自己骄傲的事

现在的我已经实习 3 个月了,也即将毕业,作为你们的师姐,有许多的话想对可爱的学弟学妹们说,也有很多经历想与你们分享。时间如白驹过隙,所以,亲爱的你们,请好好珍惜在学校的日子,要在最美好的时间里做最有意义的事。希望我的经验能给你们带来一些启示。

学习篇

两年前我和你们一样,带着憧憬,来到了美丽的东莞职业技术学院。大学生活是一个全新的开始,独立、开放、自由,学习不像高中那样紧张忙碌,而是靠大家的自觉、自律去完成所有课程。大学的课堂也相对比较自由,我们可以去蹭课,选修自己喜欢的课程。有些学弟学妹可能会为了加分券而去听一些与自己专业无关、对自己毫无用处的讲座,在这里,我想对你们说,要有选择性地听讲座,不要为了加分而浪费自己的时间。记住,一定要充分利用图书馆的资源,博览群书,增加自己的知识储备,为将来拥有更多的选择。考取和自己专业相关的证书,如英语四级、六级、计算机一级、二级等。我们还可以参加一些学校举办的技能竞赛,获得证书,还能提高自己的专业技能。在大学,做一份学习规划,有清晰的人生目标,不迷茫不虚度,充实地度过大学这 3 年的美好时光。

生活篇

我很怀念大学生活,那是人生最美好、最充实的时光。课余时间去图书馆看看书,汲取精神食粮,周末约上两三知己外出旅行。请不要沉迷于网络游戏、煲剧、逛淘宝等。在美好的时光里,我们可以选择加入社团组织、学生会等,在开阔视野的同时还可锻炼才干。我当了两年的图书馆助理、学生会干事,虽然付出了很多时间与精力,但是得到的却是我一辈子的财富。要学会处理与舍友们的关系,大学宿舍其实就是一个小社会、小团体,是我们的第二个家，我们在这里朝夕相处，共同生活，收获的不仅是友谊，也是处事、合作的能力。很幸运，我遇到了3个很好的舍友，我们慢慢磨合，相互照顾，遇到困难时互相鼓励和互相帮助，也一起分享成长的喜悦和感动。

实践篇

有些学弟学妹问："加入学生会是浪费时间吗？"我想对学弟学妹们说，加入一个好的社团，绝对不浪费时间。就比如我，大一的时候加入了财经系的学生会，也如愿应聘上了图书馆的助理。在学生会，我学到了如何做一份活动策划，如何组织一场比赛，回想起那段熬夜写策划书的日子，是多么充实。在图书馆当助理，我学到了怎么上书、整理书架，每每有老师或同学找不到书时，我都可以轻松帮他们找到。在学校里找一份有意义的兼职，在积累经验、收获友情的同时还能带来自信和快乐。希望你们少做点类似派单、服务员这类的兼职，这类兼职是在浪费时间，对自己的人生没多大的意义。

大学时光美好而温暖，一晃大学的生活已接近了尾声，回想这几年来，有欢乐、有痛苦，而自己也在生活的磨炼中逐渐走向成熟，重要的是自己一直在努力，一直在坚持梦想。

希望你们也是，在最好的年华做让自己骄傲的事！

专题策划使每个选题得到多角度、深层次的充分挖掘，受到了同学们的欢迎和认可，起到了润物无声的作用。

二、重视学习需要，促进学业发展

学习是大学生的主要任务，唯有下得苦功夫，才能求得真学问。《学在东职》以学生的学习生活为内容主体，始终关注学生的学习需要，激发学生的学习兴趣，帮助学生探求有效的学习方法。

（一）引导学习规划，指导学业生涯

由学工队伍开展深入的学情调研，内容涵盖专业兴趣、学习态度、学业目标和规划、学业现状等方面，形成全院学生的学业状况调研报告，在《学在东职》第一期"校园调查"栏目刊登。调研显示，学生大多数对所学专业喜欢。而对专业毫无兴趣，甚至抵触的同学，大部分都是在专业的选择上是通过父母、他人推荐或者是通过服从调剂的，表明学生的专业自主选择性越强，对被调剂专业的逆反心理越强；学生的学习态度不容乐观，高年级学生比低年级学生态度积极；学生的学习目标与学业规划不明确，缺乏行动力；学生的学业困扰普遍存在，学业指导需求空间大。学生在学业指导的需求空间较大，学生更希望从专业教授、优秀学长或朋辈等人群获得学习方法的介绍、学习心态调整等等方面指导，学院在学业指导的方面可以包括缓解学生学习压力、提高学生对专业学习的兴趣和动力、帮助学生合理地分配时间及对学业进行明确的规划。调研持续近一个月，通过此次调研，切实掌握了学生在学习中的困惑和期待，引起了学生的警醒，也为学生学业指导工作提供了有益的参考。

（二）宣传身边榜样，激励学生成长

《学在东职》有意识地组织、刊发一些学生先进典型事例，如优秀学生标兵、国家奖学金获得者、优秀校友、优秀班集体等，让学生在阅读这些真实、新鲜故事的过程中自省，引导学生向先进学习。设置"文韵花开""心中阳光""脚下力量"等栏目，让学生表达对身边人身边事的观点，谈对大学生活和学习的感受与体悟，起到了交流思想、互帮互助等作用。学生信息员在活动中发现同学们比较关心"专插本"，便及时组织"专插本，你准备好了吗"学长学姐分享讲座，并结合此次分享会，现场对有意愿专插本的同学进行了问卷调查，之后，调查回访成功专插本的同学，总结提炼他们成功备考的经验，在《学在东职》上分享了如何设定报考目标、报考什么专业、如何合理安排复习时间、如何备考等方面提出了建议，受到同学们的欢迎。

附录

全力以赴，做到最好
——零补考班级成长记

时光荏苒，已经大二了。回首近两年我们走过的日子，我们班拿过班级零补考奖，也拿过先进班集体，那都是大一的事情了。正所谓好汉不提当年勇，大二又是一个新的开始，在集体荣誉面前，我们不能退缩。属于我们的荣誉，我们一个也不放过；可以争取的我们尽力争取，很荣幸我们又一次获此殊荣。

全院才只有四个班集体获零补考奖。一个团队的成绩来自大家的共同努力，但是也少不了学生干部的辛劳付出、尽心服务和耐心管理。在辅导员、班主任和班委的带领下，在全班29个人的积极努力下，我们班在班级制度建设、思想建设、班风学风建设、集体活动等各方面都取得了优异成绩。只有班级凝聚力不断增强，对集体荣誉的认识不断提高，才能在荣誉到来之前从容争取，才能让我们这个大家庭更加温暖。

"没有补考的大学不算大学"。也不知道是哪位没长心的人说的。这句话也不知误了多少人的青春，能做好的就要做到最好。我们认为，"零补考"是对自己最起码要求。

一个人优秀很容易，只要刻苦努力就好了。平时好好学习，考试自然不成问题。但是一个班几十个人，成绩参差不齐，要全部人都一起优秀，就不那么容易了，这就需要集体的包容，大家相互帮助才能实现。我们班的孩子们都十分刻苦，宿舍里面画图到最晚的一定是我们。在班主任和班团干部的努力下，全班树立了良好的班风，全班同学拧成一股绳，形成了一个坚强的班集体。在互帮互助中，形成良性循环，使得大家学习复习都更有劲头。

学生本就以学为本，我们班朝着正确的方向前进，积极建设学习型班集体。优秀学生干部、学习进步奖、奖学金评定都激励着我们前进。同时，我班还经常组织同学们互相交流学习方法和经验，不断地改进学习方法。在上一学年的奖学金评比中，我班同学包揽了一等奖学金，二等、三等奖学金也是占了一半，这都是我们平时努力的结果。成绩好了，自然没有补考，也自然名列前茅。

29人，29颗积极上进的心，我们紧紧联结在一起，一起追求卓越，一起进步向前。

（三）树立实践典型，倡导知行合一

为更好地引导学生多读无字之书，学习人生经验和社会知识，《学在东职》注重在"行远"栏目挖掘学生在实践中加强磨炼、增长本领的题材。比如，选取志愿者平时相处和共同工作中的典型故事，这些的成长感受比异彩纷呈的宣传活动更加深入人心。如利用大三学生实习归来的契机，刊载毕业生实习的文章。

2014级电子4班黎裕平同学实习工资达1.5万元，他刚开始进入企业时只是一个最普通的实习生，薪水只有2000元。虽然公司是新成立的，甚至还一度陷入困境，但他没有因此放弃，仍然踏实工作、用心学习。因为请不到技术人员，他通过自学掌握了核心技术，得到老板的信任，渐渐地，老板把一些重要的任务交给他，他得到了更多的锻炼机会，慢慢地他成为企业中的骨干，待遇也不断提高。他特有的经历和感触使同学们产生好奇，这篇报道在校园内产生了良好的反响。

附录

我实习月薪一万五，但我的经历何止值一万五！

我的实习工资也许比大多数同学稍微高了那么一点，很多同学羡慕。其实，风光背后肯定藏着无数的辛酸——因为我见证了公司的成长，因为我一个人干了三个人的活。

我工作的公司是一家2015年4月成立的高技术企业，和所有创业公司一样，在早期都是非常——穷！有多穷呢？其实早在2016年7月，我就已经在这家公司实习了，当时实习工资是2000。工资少也就算了，还老拖欠工资，老实说，7月到10月份这几个月的工资都是我天天催着老板才给的。公司甚至因为交不起电费被物业停电，交不起房租被物业赶出去……

但是，我们都觉得公司还是挺有前景的，也正因如此，大家在公司最困难的时候并没有离弃。终于，在2016年11月迎来了转机。我们在这段时间成功进行了A轮融资，我有幸也参与了这轮融资，虽然钱不多，但烧一年足够了。因为这轮融资，我终于摆脱了尴尬的讨薪，薪水也涨了5倍之多，我想，这可能是我这辈子最大工资涨幅了。

公司融到钱之后，开始招兵买马了，我作为公司的唯一嵌入式工程师，开始了HR的职业生涯。但似乎招人并没有这么简单，不是有钱就能解决的。来应聘的人中，有经验丰富的大神，也有还没走出校园的实习生，大神们一般都上了年纪，不愿意再加入创业公司；年轻的实习生愿意加入，却没有经验也没有技术，不适合创业公司。在面试几十人后，我终于放弃招人了，与其把时间放在招人上，还不如自己动手干。

虽然公司和嵌入式相关的业务并不多，但只有我一个人也是够呛的。硬件上，从方案评估到器件选型，从原理图到layout，从PCB到SMT，从采购到器件管理……我居然一个人全干了。不，其实这并不是我的极限，因为我有一个非常会剥削的老板。老板跟我说，小黎呀，我们还没有软件工程师，既然你把硬件给搞定了，那你把软件也弄一下吧……你就把相机的驱动给写了吧……于是我在老板的"忽悠"之下踏上了NVIDIA Linux drivers开发的"不归路"。

说到软件，虽然公司一大堆程序员，但都是以应用和算法为主，对底层和嵌入式了解不多，想帮忙更是有心无力。无奈，还是我一个人给全做了，从device tree到drivers，从V4L2到ISP……在刚开始接触NVIDIA Linux开发的时候，我什么都不懂，项目很急，我几乎每天都加班到晚上10点，睡觉时做梦也会梦到解决办法，然后就被惊醒，立刻摸出手机记下这来之不易的灵感。功夫不负有心人，最后，相机驱动写出来了，工资也涨了一点。涨工资是其次，最重要的是，在项目经历中学习到的技术和解决问题的办法，以及在做项目过程中认识的各行各业的人，这些对以后的职业生涯是非常重要的。

上面我说了我的老板是个很"剥削"的人，其实这是开玩笑。因为很多时候，任务并不是老板分配给我的，而是我自找的，我自找着干了三个人的活儿。我觉得多干活绝对不吃亏，感恩中国的一句古话"吃亏是福"。在做项目的过程中学到的东西何止一万五，是无价！而且，老板从不会亏待对公司有贡献的人。我也感谢老板给我做NVIDIA Linux开发的机会，感谢他提供了这个新平台和资源，我的经验变得远远超过一个月一万五啦，何乐而不为呢？

部分学生外出实习工作时遇到一些企业的不公平待遇，因缺乏社会经验，很多同学不懂得如何处理，多数选择忍气吞声。辅导员罗美琪老师得知个别同学实习时不幸遇到一些"黑心老板"，叮嘱同学们参加实习或者工作时要多留一个心眼，如遇到欺诈或不公平待遇，呼吁大家用法律捍卫自己的正当权益。

附录

孩子，你慢慢来

"孩子，你慢慢来"这句话源于龙应台写给儿子的一本书，书里满满的都是一位母亲对儿子爱的述说。我也有一群孩子，他们与我没有血肉联系却亲若母子，那就是2014级园林二班的孩子们。对于这帮孩子，我也想对你们说："孩子，你慢慢来。"

二月下旬，天气还十分阴冷，我一如往常在办公室忙碌地准备着开学初的各项工作。"叮咚"，我的微信突然响了。点开一看，原来是班上三个女生回来注册，中午想要与我约饭。于是，我满心期待地盼着中午快点到来，好让我能快点听听她们的近况。终于，中午十二点，我们见面了，在餐厅里，她们开始向我细细讲述着她们以及班上其他孩子在实习期所经历的点点滴滴。

她们迫不及待地第一个向我提起的是小恩，一个热情活泼又带点儿傻气的女生。说起小恩，三个孩子都非常激动，不约而同地都用一个字来形容小恩的实习经历：惨。

年前，小恩与班上另外一名女生一同前往深圳的一家大型花店做销售。去之前，花店向小恩她们保证，可以出资让她们去参加价值一万多元的花艺师培训，那可是小恩梦寐以求的培训机会，对于花艺，她有着天然的热爱。于是，两个天真的姑娘满心欢喜地开始了自己的实习经历。

然而，现实总比想象残酷许多，实习单位所说的培训出资仅有一千元，剩余的培训费用要姑娘两个自行解决。两个姑娘瞬间不知所措，她们每个月的实习工资也只有两千元且不包吃、不包住，如果还要承担培训的费用，她们俩还有喘息的空间吗？

实习单位的欺骗并没有令两个姑娘放弃，她们还想再撑一撑。令他们意想不到的是，很快，第二个挑战又摆在了她们面前：过年期间不能放假回家。而公司的其他正式员工早就买好了回家的车票。看着别人都回家过年了，她们心里别提什么滋味，家中父母对于他们不回家过年的行为更是十分不满，这也令她们心里更加难受。

孩子们激动地讲着，我忧心忡忡地听着，眼前不断闪过两个初出茅庐的小女孩在深圳这个大城市里拼搏的身影。

年后，与小恩一同在花店里工作的女孩儿终于坚持不住了，退了与小恩一同租住的房间，辞了花店的工作，背起行囊离开了深圳。女孩离开的那一天，小恩哭了。那天，她的口袋里连吃晚餐的钱都没有。

听到这里，作为园林班孩子们的"母亲"，我心里着实难受，如果当时小恩在我跟前，我多想给她一个坚实的臂弯和温暖的拥抱。我多想告诉她，孩子，你别逼着自己去承受这些不公，如果这个公司连基本的诚信都没有，真的值得你托付吗？人生的路还长，你别着急。

小恩并不是唯一一个在外出实习时遇到诸多不利的孩子，有的孩子半夜十一二点被派到广州机场去接客户，有的孩子陪客户喝酒到深夜，有的孩子元旦加班不能回家……这些孩子，都在使劲用自己弱小的肩膀承受着社会现实压在他们身上的重负。我曾经问过他们，为什么这个公司如此不公平对待你们，你们还要坚持？他们说，我害怕家人和朋友说我没有毅力，我害怕他们说我喜新厌旧，我害怕他们说我吃不了苦。于是，这帮孩子把一切的委屈都嚼碎了往肚子里吞，可孩子们忽视了一件最重要的事情：你们不是为了坚持而坚持，你们是为了值得你们坚持的事业而坚持；你们不是为了长大而长大，时间会陪着你们慢慢长大。别把那些不公当作成长，别把那些现实当作历练，必要时应该用法律保护自己，捍卫自己的权利。

长路漫漫，请你慢慢来。

三、重视情感体验，传递思想力量

《学在东职》最大读者群是学生，他们阅读面宽，思想活跃，接受力强而又个性鲜明。在网络新闻客户端和社会报纸种类繁多、特色各异的情况下，《学在东职》更为注重引导学生、帮助学生、给学生以人文关怀，让学生得到从其他媒体得不到的启迪、发现和收获。

为鼓励学生多投稿，我们对每位文章被《学在东职》录用的同学发放正式的录用通知书，并且给予稿费，每篇稿件都写上作者所在班级，优秀稿件还配上作者自己最满意的一张生活照，这对于学生是一种无声的激励，让学生感受到只要用心去写，去创作，就会得到相应的回报，有所收获。在报纸出版以后，派发至每间宿舍，让报纸的内容影响到每位同学，广大学生反响热烈。很多同学拍下自己的文章发到朋友圈与亲人和好友分享成功的喜悦。

（一）读好书增长心智

《学在东职》加强与学院图书馆的沟通协作，开辟"品味阅读""悦·读"栏目，定期推荐经典名著，选登优秀读书心得，联合各部门深入开展校园读书文化节活动，把集中组织与自主阅读结合起来，把线下活动与线上阅读结合起来，引导学生转变碎片化阅读、网络化阅读和浅阅读的习惯，扎下身子，静下心来，认真读书，从经典著作和深度阅读中汲取营养。

《夏洛特的网》一书学生比较爱读，第六期《学在东职》刊载了邱泽旋同学的读后感。

《夏洛的网》读后感

世界上只有两种人存在：一种是读过《夏洛的网》的人，另一种是将要读《夏洛的网》的人。

——题记

很幸运，我能成为第一种人，在一场叫"谈谈性讲讲艾"的讲座中我认识了这本好书——《夏洛的网》。

《夏洛的网》作者怀特先生是儿童文学界的一名著匠。《夏洛的网》的创作背景源于他曾在农场养过的一头猪，尽管怀特先生费尽心血去救治它，可惜它最后病死了。本来这也无谓，因为一头猪即使没有病死，迟早还是要被宰杀的，但他对此心存怀疑，而且决心要拯救这头小猪的性命，于是便有了《夏洛的网》的诞生。

《夏洛的网》讲的是一只蜘蛛夏洛和小猪威尔伯的故事，这本书不仅是写给儿童看，也是写给大人的。

故事的主角之一威尔伯，是一只在春天诞生的落脚猪，一出生就"迎来"被扼杀的命运，幸好小女主人弗恩出手相救才免于一死。即使暂时不用被屠宰，但它也要与其他普通的猪一样，最终会成为烟熏火腿。当它得知了这个消息后，它近乎绝望，试图逃走但不成功。在朱克曼家的谷仓中，它的真诚善良、单纯可爱赢得了夏洛的帮助，最终它得以安享天年。但不得不提的是谷仓中的其他动物，它们对待新成员威尔伯的言行举止十分鄙夷，使威尔伯寒心绝望。没错，在我们身边时时刻刻都有这些人出没，他们轻视别人的梦想，打压别人的热情，这是十分不可取的！幸好，威尔伯有真心喜欢它的夏洛。

夏洛是一只弱小的蜘蛛，一只在人类面前都难以幸存的小蜘蛛，可我完全没有想到，在威尔伯得知它自己悲惨的结局时，它竟斩钉截铁地说："你不会死的，我帮你。"难以想象，夏洛是顶着多大的压力啊，这不仅意味着奉献和责任，有时还不得不面对质疑和冷漠。在它的眼前就是一座大山，一座难以翻越的高山，就像一株将要破土而出的幼苗，突然被一块巨石所覆盖，没有阳光，得不到任何援助，它只能靠——友谊。夏洛与威尔伯之间相互信任，它们的友谊纯粹、深厚，只有一句简单的"我帮你"。我们能不能像夏洛一样，帮助别人不求回报呢？我们身边有像夏洛一样的朋友吗？

以"利字当先"的老鼠坦普尔顿，它不愿意白白帮助别人，总是以有利的回报作为交换条件；而以"义字当头"的夏洛，它的无私和善良改变了他的命运。我欣赏夏洛，关于它与威尔伯之间的诺言，始于那句坚定的"你不会死，我救你"，于是，夏洛把毕生的精力都投入其中，直到死前一刻，它也无怨无悔。当我们对别人许下诺言时，是否会像夏洛一样呢？恐怕很多人只是搪塞了事罢了。关于死亡，古人司马迁说："人固有一死，或轻于鸿毛，或重于泰山。"夏洛为友谊牺牲的大无畏精神值得我们称赞和学习，它的离去，重于泰山。

《夏洛的网》是一部感人的童话。动物也有生命，动物也有深厚的感情。有人可能会质疑这点，当然，曾有一个小读者写信问他，你的童话故事是真的吗？怀特去信回答："不，他们是想象出来的故事，但是真的生活也不过是生活的一种罢了，想象里的生活也算一种生活。"是啊！是否真实并不重要，重要的，是你能否真正悟出怀特先生的良苦用心。

（二）微家书述说真情

科学技术的迅速发展给人们的生活带来便利，手机短信、电话、微信、QQ等联系十分便捷的今天，人与人之间的空间距离大大缩短了，但心灵的距离却越来越远了。2017年3月初，在《学在东职》编委会的例会上，一名编委同学提出"手写一封信给自己或亲人"的提议，得到大家的一致赞同。同学们马上动手撰写活动方案、设计活动海报，由学生处组织以"徜徉时空，写出心声"为主题，向全院学生征集家书的活动，提倡同学以书信的形式向朋友、父母、亲人、长辈、老师等手写一封信，诉说自己的心路历程，分享成长的快乐与困惑。或以"致未来的……"为题，写给未来的自己、伴侣、子女，或亲人、朋友，既可以是自己想说的话，表达自己的感情，也可以是对以后的自己的寄望和憧憬。

活动一经推出，受到同学们的热烈反响。同学们放下手机，走出网络，静下心，铺开纸，执起笔，认真地写信。从收到的家书来看，同学们更多地把目光投向未来。很多同学以"写给未来的自己""写给未来的你""写给未来的孩子"等为题，他们想象若干年后的自己，跟什么人在一起，在什么样的工作岗位，过着怎样的生活……同学们对自己的未来充满憧憬，关注自己成长，反思自己的现状，督促自己要从今天开始努力才能实现将来的梦想。

如2016级会计2班梁佩珊同学的《给未来的自己的一封信》，信中对自己的未来充满期待。

附录

给未来的自己的一封信

亲爱的未来的自己：

你好！

光阴似箭催人老，光阴如梭赶少年。亲爱的，当你看到这封信时，不知道你过得怎样，你可能不再年轻，可能为生活四处奔波，对于未来，此时的我有太多的幻想，便写了这封信与你诉说。

"恰同学少年，风华正茂；书生意气，挥斥方遒。"未来的我，你知道吗？我现在处在一个尴尬的年龄，二十岁看起来朝气蓬勃，实质上一无所有，对社会一无所知，现在的我想着以后会是过什么样的生活，才知道时间是如此悄无声息地过得得那么快，让我措手不及。

"最渺小的我，有大大的梦。最渺小的我，最卑微的梦。"未来的我，我不知道你有没有实现曾经的我想去外面的世界看看，走出家乡的梦想，无论你现在身处何方，都不要沮丧，都要坦然接受上天给你安排的路，尽管走下去，一定会有意想不到的惊喜，终会有人为你加冕。

未来的我，你要好好孝顺父母！父母把一生的心血倾注在子女身上，不求回报。陪伴是最长情的告白，未来的我，你要多抽时间去陪伴父母，不要等到"子欲养而亲不待"的结局，以前小时候总骗父母没钱，未来的我，希望你有资本骗他们说有钱！好好孝顺父母，让他们过上幸福的生活，不仅仅是物质上的，还要有精神上的。

未来的我，你知道吗？现在的我，觉得自己不如同龄人那么优秀，有时会对自己所处的境地感到格外不自信，但我不服气，对于未来，还是有很多不确定的因素。现在的我，能做的只是比别人更努力，每天坚持早起，认真读书，积极参加学校组织的活动，不能整天待在寝室，有时间要多去图书馆，现在的我已经慢慢喜欢上图书馆了，即便坐满了人，还是保持安静，特别好的感觉！有时候，看到别人那么努力，埋头苦干，自己也不甘落后，奋起直追！

未来的我，希望当你看到这封信时，会为曾经努力改变的我而感到自豪，而不是后悔在本该奋斗的年龄，选择了虚度岁月！

未来的我，不知道你是否成功实现了升学的目标，还是选择了其他的道路！不管结果怎样，我希望此时的你要学会去接受。"现实如果对你不公，别计较太多，也许目标会落空，也许会普通，生命的所有路口，绝不是尽头。"无论未来的我过得怎样，只要努力认真地度过，同样是无比精彩的！

未来的我，外面的世界很精彩，但又很无奈！无论你身处什么地方，很多路都是需要自己一个人走的！在这个竞争激烈、现实残酷的社会中，我们唯一能依靠的是自己。未来的我，希望你能勿忘初心，不要让各种诱惑失去了本性，勇敢地去捍卫自己的梦想！

未来的我，你是否还记得曾经的我是有梦想的，长大了就变得世俗了，有时不知道自己想过什么样的生活。但是我依然觉得生活很美好，我一直在寻找，一直在经历，总有一天，会知道自己想要什么的。

想看日出的人，必须守到拂晓。未来的我，你知道吗？我不羡慕那些处在社会链顶端的人，不羡慕智慧超群的人，我羡慕那些有理想、并能为之坚持的人。未来的我，希望你能不忘初心，做个单纯的人。

未来的我，你要努力地去奋斗，把自己变得优秀起来，才能有资本去选择，才能可以去到更好的地方，遇到更好的人！天道酬勤，未来的我，上天不会辜负每一个努力的人！

"最渺小的我，有大大的梦。"比起二十岁的你，我更喜欢二十岁那个不顾一切、勇往直前的自己。未来的我，你要拒绝命运的安排，直到它拿出你可以接受的东西来！

"在路上，我们永远年轻，永远热泪盈眶。"未来的我，你要活得漂亮啊！只为，遇见更好的自己！

  敬祝

身体健康！

曾经的你
2017 年 3 月 19 日

家书也唤起了同学们对亲人的关切之情。如 2016 级商英 1 班邱泽旋同学的《给家人的一封信》，满纸呈现着对父母、兄弟姐妹的深沉的爱。

附录

给家人的一封信

亲爱的家人：

你们好！最近好吗？我希望是一直都好！想跟你们分享一下最近看的《傅雷家书》这本书，傅雷夫妇写给两个儿子的 180 多封家书，它是一部充满着父爱的苦心孤诣、呕心沥血的教子篇章。它不仅仅是家书，更是傅雷对远在万里之外的儿子的爱的叮咛，其中最长的家书达七千多字，这该是有多深沉的爱啊！我想，是时候把自己的心腾出空位，来细细述说。

不知不觉中，我的脑海里浮现出一幅场景：你们俩坐在沙发上，老爸手中拿着这封信在读着，老妈戴着个老花镜在旁边听着看着，我想，你们现在应该泛着泪花了吧，而我，早已哭成泪人。爸爸妈妈，每当我想到这四个字，心里就有万分的不舍与思念。想想以前的我，很厌烦老妈的唠叨，想早点逃离，想着没有老妈的约束是多么快乐。现在回想起来这是多么可笑呀！或许这就是所谓的"当青春期撞上更年期"，会擦出各种火花，当然，只要"火药味"稍微浓一点，我们都会遍体鳞伤。现在很多人都学会了隐藏自己，不说不听，每一个正值青春期的孩子都是一只"刺猬"，身上背着尖刺，准备着随时出击，这就是以前的我，乱发脾气让你们伤心生气，虽然这些不愉快的小插曲无时无刻不出现在老妈和我身边，但你总能用最好的方式来开导我。但现在，我的刺已"蜕化"成了羽毛，时刻向你们敞开心扉。记得有一次，你对我说："妮子，你从来都没有离开过我，在你离开的那一天傍晚，我独自一人坐在空荡荡的大厅里，不知道该做什么，当你老爸回家的时候，我就像个孩子一样很兴奋地去迎接。"我不知道该怎么回应你，只能别过头偷偷地抹着眼泪。

"移植仙人掌，就得先松松周围的土，然后握住根部的土包，不然会被刺扎到的。"老爸说。我的老爸，最爱听筷子兄弟唱的《父亲》，我想，这首歌唱出了你的心声，也唱出了我想对你说的：希望时光慢些吧，不要再让你变老啦，我愿用我一切换你岁月常留……母爱如水，父爱如山。父亲，在人们的心目中一贯是严肃的形象，而老爸你却正好相反，每天都要抬着重重的煤气瓶往高楼上送，每天载货卸货，每天都在外风吹日晒雨淋……你并没有表现出你有多累，回到家就乐呵呵的，你的口头禅就是"只要你过得比我好"，你是家的顶梁柱，家是你快乐的港口。傅雷先生以书信对其子女谆谆教导，你用行动对我进行潜移默化的教育，慢慢地，让我收获良多。

当然，我很爱我的哥哥姐姐。哥哥现在是个独立的大人了，有时他会不纵容我的小脾气，会像妈妈一样劈头盖脸地教训我，虽然我表面上很不服气，但我打心底认可你对我说的；我的姐姐，从小到大我们俩一直打打闹闹，家里到处都充满着我们的吵闹嬉戏声，以前我总会仗着老妈的撑腰欺负你，如今远在外求学的我们相互依靠互相照顾。你是咖啡，我是杯子，你永远都在我心里。当然，都说，十年修得同船渡，百年修得共枕眠，那么我们就是，万年修得姐妹花，让我们做一辈子的双生花……

嘟嘟嘟，嘟嘟嘟……"Hello，老妈，吃饭了吗？""吃啦！你呢？有吃饱吗？""有啊，那边天气怎么样啊，要多喝水穿好啊"……

我永远爱你们——我的家人。

祝你们健康快乐，永远幸福！

你们永远的妮子：旋

（三）专栏学习增强家国情怀

心中有信仰，脚下有力量。《学在东职》专设"学习路上"栏目，让学生更多地关心国家政策、国家时事。全国高校思想政治工作会议在北京召开后，"学习路上"及时从为何重视高等教育、为谁培养人才、如何培养人才、如何做好高校思想政治工作、如何办好高等教育五个方面，图文并茂地向学生阐释会议的主要内容。今年五月，习近平总书记到中国政法大学视察，同青年学生谈理想信念，谈人生价值，谈奋斗成长。《学在东职》利用学习习总书记在中国政法大学重要讲话精神的契机，刊出"习近平总书记赠给你的《青年成长指南》"，以习总书记的成长经历为背景，以习总书记对青年成长的寄语为依托，号召全院学生坚定跟党走，扣好人生第一粒扣子，爱学习、多读书，主动担当社会责任，在自己的青春年代努力奋斗，立志做大事。这样宣传既有亲和力，又有感召力，使家国情怀引起学生的共鸣。

第三节　繁荣校园文化　提升学生文化品位

高校是人才培养的主阵地，是文化创造和传播的重镇，是坚定师生文化自信的前沿。建校以来，我们坚持文化传承创新的主旋律，以培育践行社会主义核心价值观为主旨，深入推进校园文化建设，在校园文化活动、校园物质环境、网络及新媒体等载体中充分浸润弘扬正能量，全面增强师生的文化自觉和自信，提升了校园文化的育人水平。

一、顺应时代发展，增强文化自信

文化自信，是更基础、更广泛、更深厚的自信，是更基本、更深沉、更持久的力量。坚定文化自信，是事关国运兴衰、事关文化安全、事关民族精神独立性的大问题。近年，学院自觉增强担当意识，把增强学生的文化自信融入思想政治教育和校园文化建设的全过程。

（一）文化自信源于中华文化之根

文化自信，就是对本国、本民族文化价值的充分肯定，对本国、本民族文化生命力的坚定信念。优秀传统文化是一个国家、一个民族传承和发展的根本，如果丢掉了，就割断了精神命脉。在5000多年文明发展中孕育的中华优秀传统文化，积淀着中华民族最深沉的精神追求，代表着中华民族独特的精神标识，是中华民族生生不息、发展壮大的丰厚滋养，是中国特色社会主义植根的文化沃土，是当代中国发展的突出优势，对延续和发展中华文明、促进人类文明进步，发挥着重要作用。习近平总书记高度重视传承和弘扬中华优秀传统文化，明确提出"创造性转化、创新性发展"基本方针，为传承发展中华优秀传统文化提供了根本遵循。

学院在校园文化建设中始终注重弘扬中华优秀传统文化，引导学生从博大精深的传统文化中寻找中国自信的源泉。充分利用课堂教学和课外活动，通过真实生动的案例或体验活动，使学生接受优秀传统文化熏陶，提升他们对于优秀传统文化的兴趣，让他们深刻认识中华民族的"根"和"魂"。推动山歌、书法、武术等进校园，让学生在优秀传统文化的沐浴中成长，广泛开展"经典诵读"等实践活动，为学生传习优秀传统文化创造便利条件，学生也从中得到滋养、提振精神，获得底气、增强志气。

（二）理论认知是文化自信之基

理论是实践的先导，思想是行动的指南。随着经济社会发展，人们思想观念深刻变化，各种社会思潮极易对大学生产生影响，一些大学生在文化信仰上不知何去何从，文化自信不断被冲击侵蚀。

学院深入推进中国特色社会主义文化进教材进课堂进头脑，采用贴近实际、贴近生活、大学生喜闻乐见的教学方法，增强大学生对中华优秀传统文化、革命文化、社会主义先进文化的认知和认同，帮助他们树立正确的理论认知，从而增强文化自信。

在宣传教育中，一是注重引导学生深入学习贯穿中华优秀传统文化中的思想理念、传统美德、人文精神，用优秀传统文化的丰富智慧提振精神力量。二是注重用东莞儿女为民族独立、国家富强英勇战斗、浴血捐躯的生动历程让学生了解革命文化的创造发展历程，悟透敢于胜利的革命精神，自觉传承革命文化，树立不屈不挠、越挫越勇、矢志不渝的坚定信念。三是结合东莞改革开放以来的地方特色文化的发展，系统介绍东莞建设文化新城的做法和成效，让学生更好地把握社会主义先进文化的价值理念，自觉抵御消极错误思潮的影响和侵蚀，大力弘扬社会主义先进文化。

（三）人文修养是文化自信的起点

人文素养是一个人内在的文化涵养及人格修养水准的外在呈现。它是一种根基于文化自觉意识的品质，理性为里，感性为表，体现在一个人思维方式、行为方式的方方面面，是很难装扮出来的。有知识不等于有文化，有情感不等于有情怀。人文素养具有超越性，关乎文化情怀、文化品位、文明素质，它是社会文明的基石。人文素养可以通过后天的修炼（学习与修为）而获得与提升。内化于心，外化于行，所谓知行合一，表里如一，此乃是真正具备人文素养的体现。

坚定文化自信，必须加强自身人文修养，注重提升人文素养和精神境界。中国传统文化博大精深，蕴含丰富的人生智慧，具有涵养化育的功能，是提升高职学生人文素质不可或缺的重要资源。

因此，学院以增强文化自信为牵引，切实把优秀传统文化教育渗透到校园文化活动中，引导学生加强人文修养。聘请国学名师、专家作为学生人文导师，举办名师讲堂、教授讲坛，开展非物质文化遗产进校园活动，引导学生学习领悟前人在为人处世、待人接物、修身治学等方面的智慧和经验。开展以弘扬优秀传统文化为主题的书法、绘画、摄影、曲艺等文化活动，形成良好氛围。引导学生过好每一个传统节日，传承好每一个优秀传统习俗，培养爱国情操，提升民族自豪感。

同时开展以天下兴亡、匹夫有责为重点的家国情怀教育，开展以仁爱共济、立己达人为重点的社会关爱教育，开展以正心笃志、崇德弘毅为重点的人格修养教育，通过家国情怀、社会关爱和人格修养三个层面的教育，引导学生明辨是非、遵纪守法、坚韧豁达、奋发向上，自觉弘扬中华民族优秀道德思想，形成良好的道德品质和行为习惯。

二、锻造工匠精神，开拓国际视野

工匠精神是从中国制造向中国智造转变、人力资源大国向人力资源强国转变背景下引发社会高度关注的职业精神。它涵盖了职业操守、思想态度、素养品德、文化氛围多个层面。做好工匠精神传承和发展，具有重要的时代价值与广泛的社会意义。近年，学院在校园文化层面融入工匠精神，帮助学生树立正确科学的职业理想，让工匠精神在校园当中逐渐扎根。

（一）从中华工匠精神中汲取养分

工匠精神蕴含了执着专注、精益求精、严谨求真、敬业守信、不畏困难、勇于挑战、敢于担当、超越自我、推陈出新等源远流长的人文精神，本身就是非常珍贵的精神财富和中华优秀传统文化的重要基因。历史上有众多令人景仰、为人熟知的能工巧匠。在我国从精美的丝绸及陶瓷等生活用品，到惊艳世界的长城、都江堰、京杭大运河、故宫等伟大工程，都是数以万计善于解牛"庖丁"、能工巧匠鲁班等工匠，用辛勤劳动加精湛的专业技术创造出来的。当代也涌现出更多或经天动地，或默默无闻的时代大国工匠。央视纪录片《大国工匠》记录了8位在平凡岗位工作的工人，看似只是普通的钳工、电焊工，却有着精湛的技艺，他们几十年如一日潜心研究工艺，把对产品日臻完善的追求化作工作的动力，使自己成为了所在领域不可或缺的人才。他们身上凝聚着中国智慧，弘扬着中国精神，传播着中国价值。

学院坚持立德树人，将工匠精神融入思想政治教育工作，通过对学生价值观、人生观、世界观的引导，将社会主义核心价值观与工匠精神有机结合，在潜移默化中对学生开展教育，帮助学生树立崇高的职业理想和正确的职业态度。通过定期开展主题宣讲会、主题班会、专题讨论会等组织宣讲的形式，让学生了解工匠精神在个人成长及就业中的重要位置，唤起内在需求。同时，搭建载体，通过各类主题活动分层分时间节点开展工匠精神培育，利用新生入学、诚信考试、奖助学金评比、素质拓展等重要节点，加强学生素质教育，让学生获得分阶段的感受、体验和进步，弘扬执着专注，精益求精的品质精神，强化严谨敬业，使命担当的奋斗精神，激发推陈出新，追求卓越的创造精神。

（二）从东莞快速崛起的经验中汲取力量

作为改革开放的前沿阵地，东莞经过近40年的发展，早已成为享誉世界的制造业名城。东莞制造的智能手机、电子元器件以及服装、鞋帽等产品产量位居全国乃至全球前列，畅销世界各地。"东莞制造"走向世界，正是东莞诸多企业对"工匠精神"的孜孜探索。为实现从制造业大市到制造业强市的跨越，东莞提出实施"东莞制造2025"战略。在"东莞制造"做大做强的机遇与挑战面前，绝大多数的企业意识到了工匠的重要性，更意识到了工匠精神的时代价值。只有当敬业、精益、专注、创新的"工匠精神"融入生产、设计、经营的每一个环节，实现由"重量"到"重质"的突围，东莞制造才能赢得未来。

学院融入东莞区域特点，推动优秀产业文化进教育、企业文化进校园、职业文化进课堂，组织具有工匠精神的社会成功职业人士和优秀校友专题报告、经验分享和工作展示，着力推动学生职业素质养成。建立校外实训、实习基地，设立技能大师工作室，让名师巧匠对学生进行一对一、手把手地指导，在真实的工作环境、任务规则下言传身教，培养学生对职业的敬畏、对技艺的执着，让他们真切地感受工匠的艰辛与荣光，从而内化为自觉的职业追求。

（三）在对外交流中增强工匠精神培育的实效

凡是制造业发达的国家，往往拥有大批技艺精湛的工匠，并且工匠精神深深地扎根于企业文化，形成一种鲜明的工业价值观。如德国作为一个拥有8000万人口的国家，却拥有2300多个世界级品牌，是名副其实的制造业强国和大国，德国企业中大量技能娴熟的工匠，是其中当之无愧的"隐性功臣"。德国企业家认为：一个优秀的工匠，和科学家没什么两样。在教育领域，德国人同样重视工匠精神的培育。当前，德国70%的青少年中学毕业后接受双轨制的职业教育,其中制造业培训在所有行业的培训中占比最高,约占35%。在德国奔驰、宝马、西门子等诸多企业里,很多高管都是工匠学徒一步步实干出来的。

学院先后与美国、德国、加拿大、澳大利亚、新加坡等国家高校建立并保持合作与交流关系,积极借鉴其职业教育优秀文化成果,推进文化交流共享,讲好工匠故事,传递文化力量。与国内外企业合作,继续推进与专业相关的校内外生产性实训基地、实训室建设,在日常教学中通过职业角色扮演,在细节中培养学生的职业精神。组织学生参加广东省乃至全国的技能大赛,拓展专业视野,增强业务素质,进一步涵化学生的工匠精神。

三、丰富人文知识,陶冶高尚情操

具有丰富的人文科学知识,这是形成人文素质的基础。我们以提高学生人文素质、传递人文精神与科学精神为基本价值取向,开展丰富多彩的文化活动,丰富学生的人文知识,拓展学生的视野,开拓学生的思维,陶冶学生的情操。

(一) 名师讲坛传播人文精神

校园人文知识和人文信息讲堂成了我们提高学生人文素养的重要平台。它结合职业教育的规律和高职学生的实际,充分融入企业文化、科技文化、本土文化、传统文化等因素,现身说法吸引着学生。通过近几年的摸索和探索,我们逐渐形成了东职大讲堂、百科文化大讲坛、企业精英进课堂、传统文化展等优秀讲堂。他们不仅丰富了学生们的人文知识,而且拓展了学生的视野。

我们非常重视学生人文修养的培养。深入推进大学生人文素质教育工作,全面提高人才培养质量,我们从全省各高校中特聘一批知名的专家、学者担任人文素质教育校外导师,这些专家、学者在文学、音乐、美术、国学、心理等各个领域都非常优秀。2017年6月22日下午,9位导师应邀出席了我们人文素质教育论坛及校外导师聘任仪式。导师们对我们人文素质教育建设提出真知灼见,并与我院教师互动交流,为我们人文素质教育工作的开展出谋划策。会后,我院新聘任"人文素质教育"校外导师、中山大学冯增俊教授对全院教职工进行"教育创新与智造中国"专题讲座，暨南大学伍巍教授为同学们作"人生与价值审美"专题讲座，师生们大开眼界。

由院团委举办的"百科文化大讲坛"，每学期举办两场以上。台湾中山医科大学通识中心教授、辅仁大学曹秀明博士主持了"国学与当代大学生成长"讲坛，毕业于加拿大维多利亚大学计算机科学系的知名海归创业者陈淑欣女士主持了"我的创业创新路，优秀女企业家与你面对面"讲坛，莞少时工作室与有间工作室这两支东莞本土的微电影工作室主创团队主持了"微电影，用镜头记录我们的青春梦"讲坛，广东省东莞监狱三监区团支部书记丁尧警官主持了"警察与你面对面"讲坛，等等。院学生会主办的"东职大讲堂"：第一讲由中共广东省委党校张浩教授主讲了"习近平总书记系列重要讲话精神解读"；第三讲，由东莞理工学院文学与传媒学院党总支书记靖辉副教授主讲了"提升演讲技巧，感受语言魅力"。校企合作与就业指导中心主办的"企业精英进课堂"：第二十一讲由号角企业管理有限公司首席执行官曾文先生主讲了"经济常态下，大学生学习与就业的几点建议"。计算机工程系承办十多期励志大讲堂，如东莞市松庆自动化设备有限公司董事长肖永祥先生在"放飞梦想，我的青春我做主"讲堂上带给学生创新与大学生创业价值的精彩演讲。传统文化讲堂：公共教学部举办的国学教育宣传展，邀请了暨南大学博士生导师、珠江学者贺仲明教授主讲"经典阅读与接受视野"；图书馆举办的《莞香与东方香都》图片展；学生处举办的《客家山歌进校园》，邀请了凤岗客家山歌协会刘桂芳会长以及凤岗非常物质文化客家山歌第三代传承人杨艳芬女士进行山歌文化讲座，等等。

学院的内涵建设离不开人文精神的建设，而多姿多彩的校园讲堂，丰富了学生的人文知识和人文信息，也让学生在浩如烟海的知识海洋中得到熏陶和滋养，提升他们的人文素养。随着学院"三校"（示范校、创新强校、一流校）建设的不断向前推进，校园讲堂文化在探索中也不断走向成熟。品牌讲堂不断呈现，各系部、各学生组织的人文社科讲座不断出现。校园讲堂文化逐渐形成了讲堂数量多、质量高、层次多样、内容丰富、学生参与度高的校园文化发展的良好势头。

（二）知识大赛促进人文修养

学院人文社科知识类的比赛层次多、形式多、数量多、学生参与多。在这些赛事中，学生接受了良好的人文知识训练，在比拼中实现了自我升华，比如演讲比赛、团员知识竞赛、课外学术科技作品竞赛、讲故事比赛、主题辩论赛、英语模拟联合国大会比赛、模拟法庭比赛等。特别是辩论赛，从班级、系部到学院，在校园中几乎形成了辩论之风。在这个基础上，学院组建了院辩论队，参加了东莞市的高校辩论赛和广东省高校辩论赛，2015年荣获广东省第二届大学生"廉洁诚信"主题辩论赛冠军。

一个人的文化性格构建和人文素养的提升，与他多读书、读好书、好读书密不可分。为了推广经典阅读，倡导诗意人生，鼓励更多学生发现诵读艺术之美，感受文字的力量，唤起学生们对阅读的激情，让校园因书香而优雅，学院几个部门联合行动，邀请学生组织"读者协会"，举办了经典阅读活动。两届活动之后，学生在礼仪、责任、诚信、修养等方便得到了一定的改善，特别是在书籍的消费上有明显的提高，根据"东莞职业技术学院大学生消费观念调查"，学生在书籍购买上的花费从原来所占比例低微上升到了20.4%。从《图书馆2017校园读书文化节活动策划书》中，我们发现，活动安排严谨，持续时间长，学生参与度高，形式活泼，有写有说，有传统有创新，学生在活动中的主体地位、自主意识得到充分发挥。

附录

图书馆2017校园读书文化节活动策划书

为更好地推进校园文化建设，营造书香校园，促进我院省一流示范性高职院校建设。图书馆从4月起举办"品味经典，享受阅读——2017校园读书文化节"系列活动。

活动名称："品味经典，享受阅读"——图书馆2017校园读书文化节

活动时间：2017年4月——2017年12月

活动主办：图书馆 院党委宣传部 学生处 团委

活动协办：读者协会

活动安排：

序号	活动时间	活动项目	活动地点
1	3月22日	1. 王余光：《诗经》里的爱情诗 2. 徐雁：人生唯有读书好——在书香中健美成长	图书馆报告厅
2	4月10日	3. 林培源："到世界去"与"回故乡来"：文学、职业与现实	图书馆报告厅
3	4月19日	第二届经典诵读大赛	图书馆正门
4	4月至5月	我与图书馆的故事——征文	图书馆
5	4月至5月	图书馆文创产品设计比赛	图书馆
6	4月	"4·23世界读书日"读书倡议与读者问卷调查	图书馆大门橱窗
			一食堂前
7	4月至5月	第七届图书馆杯广东全民英语口语大赛	赛事网站
8	4月，9月	主题书展	图书馆大厅
9	5月，10月	真人图书馆	图书馆
10	4、5、11、12四个月	读书分享会	图书馆
11	11月	"诗韵书香"中国诗词大赛	图书馆
12	4月至12月	月份和年度"读者之星"评选	图书馆
13	6月	《年华正好，时光有你——图书馆的邂逅》——2017纪念册	图书馆
14	6月	书香留影：匆匆青春那些年	图书馆
15	6月	"职场经典图书"主题书展	图书馆
16	10月	新生"同读一本书"活动	各年级
17	10月	"书海寻宝"大赛	图书馆

（一）名家讲座

1. 王余光：《诗经》里的爱情诗

王余光教授，北京大学教授、教育部高等学校图书馆学学科教学指导委员会主任,中国图书馆学会副理事长,全国古籍保护工作专家委员会委员。他长期致力于阅读推广工作,此次他以《诗经》为主题,给我院读者带来经典文学之美,让那些对古文望而却步的人们更容易走进经典阅读的殿堂。

2. 徐雁:人生唯有读书好——在书香中健美成长

徐雁教授,南京大学信息管理系教授、中国阅读学研究会会长、江苏省政协常委,长期致力于阅读推广工作,他以多年的阅读心得,为我们讲述阅读的重要性以及如何阅读。

3. 林培源:"到世界去"与"回故乡来":文学、职业与现实

上海最世文化发展公司签约作家,清华大学中国语言文学专业在读博士林培源作家,为我院读者主讲《"到世界去"与"回故乡来":文学、职业与现实》的专题讲座,与同学们一起探讨选择求学和职业选择的话题。

(二)享阅篇

1. 第二届经典诵读大赛暨读书文化节开幕式

通过诵读经典的形式传承优秀传统文化,培育书香校园,让阅读文化浸染全院师生。大赛分初赛、决赛两个阶段进行,报名形式分个人、团体赛制,面向全院读者开放报名,经初赛筛选后,于4月19日在图书馆正门口举办决赛暨读书文化节开幕式,赛事设一二三等奖和优秀奖,同时颁发证书。

2. 我与图书馆的故事——征文

通过"我与图书馆的故事"征文活动,让读者进一步认识图书馆的信息、服务,推动书香校园文化建设。主题内容包括在图书馆的学习、经历、感悟与心情故事以及对图书馆活动、阅览环境的感受与期望等,自拟题目,内容健康向上的原创故事。评选一、二、三等奖若干并颁发奖品与证书。

3. 图书馆文创产品设计比赛

通过活动让读者进一步了解图书馆,加强图书馆文化产品创意设计,开发具有创新性、实用性,符合高校定位的图书馆文化创意作品。产品形式包括:文字、图片等,如:图书馆 logo、各区域的文化标语、书签、笔记本、信封、笔、杯子等,拉近图书馆与读者之间的距离。获奖并被采纳的作品将

颁发奖品与证书。

4. "世界读书日"读书倡议与读者问卷调查

通过橱窗在"4·23世界读书日"向读者发起读书倡议：多读书、读好书，让读者与书为友，以书为伴，使阅读成为一种习惯，让校园溢满书香！并于"4·23世界读书日"当天在一食堂设活动现场向全院读者发起读书倡议，现场随机发放图书馆读者问卷调查，以便更进一步了解读者需求、拓展服务领域，提升服务效果。

5. 第七届图书馆杯广东全民英语口语大赛

配合宣传和组织由广东图书馆学会、广东高校图工委、广东省立中山图书馆主办，广州红兔教育科技有限公司承办的第七届"图书馆杯广东全民英语口语大赛"。

6. 主题书展

在馆内现有馆藏基础上，于4月、9月分别策划一期主题书展，于图书馆大厅展出，并提供借阅。

7. 真人图书馆

邀请校内外优秀人士作为"真人图书"，供师生读者阅览，分享真人图书的人生经历、专业特长、学习感悟等。分别将在5月、10月各举办一场。

8. 读书分享会

通过读者协会搭建读者间阅读分享与交流的桥梁，在师生中开展形式多样、主题多元的读书分享交流，开展以读书分享嘉宾来源多渠道、听众参与零门槛、活动场地灵活化的读书分享会。分别在4月、5月、10月、12月期间各举办1场。

9. "诗韵书香"中国诗词大赛

通过中华古诗词竞赛，重燃读者对诗词文化的热情，弘扬中国传统优秀文化。活动方式采取诗词接龙、诗词知识抢答等形式进行，比赛结果设冠、亚、季军各一名并颁发奖品与证书。

10. 月份和年度"读者之星"评选

分别在月底和年底通过图书馆流通管理系统统计读者借阅情况，根据读者借阅排行榜、借阅记录等综合情况每月底在学生读者中评选一名"读者之星",年底在学生和教职工读者中各取一名作为年度"读者之星",予以公布和奖励,并将获奖读者阅读书目制成清单公布在微信、微博上推荐给全院读者,激发读者阅读热情。

(三)留忆篇

1.《年华正好,时光有你——图书馆的邂逅》——2017 纪念册

为借阅排行榜前 50 名的同学,在校期间参与过图书馆读者活动、向《春晖书苑》投稿的同学以及担任过图书馆助理的同学制作纪念册,将借阅记录、活动记录、参加活动的作品、照片等相关资料制作成册,发放到相关个人,留作永久纪念。

2. 书香留影:匆匆青春那些年

为毕业生在图书馆开放毕业留影之地,如:中庭花园、图书馆休闲阅读区、图书馆大门外景等,供毕业生拍摄留念。征集优秀摄影作品制作电子影集,赠送给优秀作者。

3. 职场经典图书展

在现有馆藏中挑选经典职场励志、礼仪、创业就职类书籍展示于图书馆二楼大厅,供即将毕业的读者阅览。

(四)"校园新人"篇

1. 新生"同读一本书"活动

通过海选确定同读图书,统一购买,举办赠书仪式等,将图书发放给 2017 级各个班级(每班 1~2 本),组织各个班级开展读书分享会,并从各班级中选出优秀代表再举办读书分享会,征集读书心得、手抄"我最爱的文字"等系列活动,让新生通过同读一本书,加深对阅读的理解。优秀"读书心得"我们将选登《春晖书苑》。

2. "书海寻宝"大赛

通过活动让新生学会书目检索、了解书库布局、理解图书排列及索书号的查找等使用图书馆的基本知识。活动以班级为单位报名,每个班级为一组,每组五名参赛选手。参赛者通过团结合作,找出图书馆指定书目的图书,活动以准确找出图书所用时间长短作为评判标准决出各奖项。

(三)校园环境陶冶人文情怀

学生人文气息的养成,除了校园讲堂和人文知识比赛外,还离不开校园

人文气息的陶冶。良好的校园文化气息土壤，有利于培育出具有良好人文素养的学生，学院从多方面推进校园文化建设。加强社团协会建设，如读书协会、书画协会；加强文化宣传的工作，如学生处主办的刊物《学在东职》，提供平台让学生发声，校企合作与就业指导中心主办《职场星空》，丰富学生就业知识；加强教师人文素养水平的培训；等等。此外，学院也非常重视校园静态文化建设。校训（崇德，笃行，精技，创新）石的树立展示了学院的发展精神内核；在石大路和新城路分别树立巨大的校名和校标，彰显自我身份认同；教学楼顶"为办成具有东莞特色的全国一流职业技术学院而努力"标语，明确了学院的发展目标；学院道路、湖泊、桥梁、广场等标志的取名，提升环境品位，丰富校园文化内涵。学院积极加强动态文化和静态文化的建设，努力繁荣校园文化，提高学生人文素养。

四、丰富文艺节目，推广高雅艺术

用歌声歌唱幸福的生活，用舞蹈赞美美丽的校园，用艺术的甘露滋润学生的心田。文化艺术活动在繁荣校园文化中有着其他措施无法替代的作用。所谓"随风潜入夜，润物细无声"，艺术活动在学生人文素养的提升中扮演的正是春雨的作用，让学生在潜移默化中得到艺术的熏陶，美育的教育。我们着力塑造经典艺术活动，坚持"请进来，走出去"，开展一系列的内容丰富、形式新颖、层次多样、角度多维，既注重过程也注重成果的艺术实践活动。

（一）开展群众性活动，创造艺术大舞台

校园艺术节及各种社团活动是我院学生艺术实践活动的主要载体，是学生艺术素质得到培养锻炼、艺术个性得以彰显的重要阵地，是学校实施艺术教育的第二课堂。只要同学们喜欢，无论是有基础还是没有基础，都能获得锻炼的机会。我院积极搭建学生艺术展示的平台，让学生有机会展示书法、口语、音乐、舞蹈等各方面的才艺。俗话说："台上一分钟，台下十年功。"学生从筹备、练习到表演、展示，一路走过来，受益匪浅。

除了每年举办迎新晚会、毕业晚会之外，近年来，我院还举办了纪念建团90周年拉歌比赛、"音为梦响·绽放青春"五四合唱比赛、"校园十大歌手"大赛、校园微电影大赛、社团文化节、团员风采之星大赛、演说家大赛、配音大赛、院大学生艺术团成果汇报专场演出、东职演说家大赛、主持人大赛、话剧专场演出、手风琴专场演出、主题海报设计大赛等活动。活动坚持以学生为主体，充分发挥学生主观能动性，引导学生在活动中注入创新意识，争取形成独特的品牌效应，力争将有意义的活动办得更加有意思，将有意思的活动办得更有意义。例如在第六届校园十大歌手大赛决赛上，我们首次开设了网络直播，创新了观众参与方式，直接拓宽了受众群体，受到广大师生的一致好评。此外，我院还专门设立了人文素质教育专项资金，支持管乐团、东职醒狮社、茶艺社、青春太极拳协会、交谊舞协会等特色社团发展。

在艺术活动中，内容的丰富与形式的创新十分重要。特别对高职学生来说，艺术能否与专业结合，能否与高职特点结合很重要。学院艺术教师在艺术实践活动中，强调艺术实践活动不能停留在同学们"笑一笑""看一看"的层面，而应是在各种活动中渗透艺术文化内涵，个性与创新特点，职业教育与专业学习特征。

学院大学生艺术团模特队是一支深受同学们热捧的队伍，他们时尚、年轻，充满青春活力。两位学生在2017东莞高校超模大赛中获得冠军，并分别获得最佳形体奖与最佳上镜奖。学院鼓励艺术团模特队表演与服装设计专业学生的设计成果展结合起来，共同演绎艺术之美，这项创新举措取得良好效果。2017年5月16日，学院服装设计毕业作品展演在中国（广东）大学生时装周的广州国际轻纺城7楼1号展馆举行，发布会上学院模特队展示了由学院学生设计并制作的24个系列作品，把同学们对于美的触觉通过作品里的一针一线，通过T台上的同伴的每一个步伐，向观众呈现了关于青葱岁月的美好回忆，获得了行业人士的肯定与赞赏。

此外，作为学院建院五周年的献礼，同学们创作了东莞职业技术学院校园原创歌曲专辑和原创微电影专辑。校园原创歌曲光碟《奋斗的青春最美丽》，包含八首原创歌曲：《冷树叶》《再见狮子座》《只是想你》《黎明的曙光》《背后的力量》《不回来的少年》《谢谢你》《今天就是礼物》等，这些歌曲均由学院学生自创自演。

校园艺术活动在提高学生艺术修养的同时，也增强了学生们的责任心与自尊心、创新精神与创造能力，促进了学生的个性发展，繁荣了校园文化，提升了学生的人文素养。

这些校园艺术活动深受同学们喜爱，大大激发了同学们的学习热情，在繁荣我院校园文化生活的同时，也提高了同学们的综合素养，有力地促进了校园良好学风和校风的形成。

（二）加强学生社团指导，丰富学生文化生活

我院大力扶持学生社团的发展，建校8年来，在社团联合会的带领下，依据《东莞职业技术学院社团管理办法》先后成立67个学生社团，学院为每个社团配好指导老师，配足活动经费，鼓励各个社团积极举办各种有意义的活动，形成百花齐放、携手发展的局面。

学院25个学术科技类学生社团充分发挥学生社团的特点和作用，立足专业，面向实践，积极钻研业务，利用自己的专业为群众服务，学以致用。

每学期，计算机协会同学定期在饭堂门口为同学们提供免费的计算机维修服务，受到师生的一致好评。该社团还通过各种形式的活动让每位会员在社团中找到自己的发展出路，一方面可以增强专业认同感，激发深入学习的兴趣，另一方面也可以利用自己的专业为他人提供志愿服务，丰富了自己的业余生活。金融社主要是为同学们普及金融知识、树立理财观念、激发对金融投资的兴趣而筹建的一个社团，社团在指导老师的引领下，经常举行证券、期货等知识培训与模拟实践，开设金融知识普及讲座，举办模拟炒股大赛等等，受到同学的热爱，形成学习金融知识的良好氛围。ERP沙盘协会，该社团主要进行企业经营模拟沙盘学习与实践，自创办以来，两次代表学校参加全国高校大学生ERP沙盘大赛，并分别荣获国家一等奖和省赛二等奖。电子协会用创新的活动和多样的形式，通过多层面组织并指导活动，对会员进行相关能力的培养，提高大学生的务实创新思维能力和动手制作能力，2017年6月，协会成员参加"广东省挑战杯"，荣获一等奖。机电创新协会组队参加了"第十四届挑战杯广州大学生课外学术科技作品展"，获二等奖。

（三）促进艺术交流，服务社区群众

坚持"走出去与请进来"相结合，将自己的特色、经典艺术推向社会，

也将校外适合我院的经典艺术请进校园。这一出一进，拓宽了学生的艺术视野，营造良好的艺术氛围，潜移默化地熏陶感染学生，提高学生的人文素养。

2014年，我院大学生艺术团以"相亲相爱一家人"为主题，为石排镇带去了一台精彩的大型晚会。这次晚会，一方面让石排镇的群众了解到现代大学生们多才多艺，另一方面也提供机会让同学们利用自己的才艺服务社会。2017年，在中国人民解放军海军正式成立68周年之际，我院在中国人民解放军沙角部队文化活动中心举行"军民共建深蓝梦"文艺晚会，慰问沙角部队官兵。本次活动从内容、组织上给我院提出了巨大挑战，但凭借师生的共同努力，圆满完成演出。活动给予沙角部队军人温暖，大大加强了军爱民、民拥军、军民鱼水情谊的军民联系。

走出去，也要请进来。学院高度重视高雅艺术进校园工作，将校外高雅艺术融入学院校园文化建设中，提升校园文化品位，给学生提供一个感受高雅艺术魅力的平台，引导学生弘扬优秀民族文化，更有效地发挥文化育人、活动育人的功能。本着这一宗旨，学院近年来引进了多台校外优秀文化艺术演出活动。例如：2012年12月，"高雅艺术走进东职 艺术盛宴震撼你我"，邀请华南理工大学心连心师生艺术团来学院交流演出；2013年12月，"绽放青春精彩 共创职教未来"，邀请东莞市商业学校师生艺术团来学院交流演出；2014年6月，邀请东莞市文联艺术团送文艺进校园；2016年11月，邀请星海音乐学院及附中师生倾情演绎《聆听经典，与高雅同行——东莞职业技术学院高雅艺术进校园专场晚会》；2017年6月，学院作为承办单位，举办了东莞市大学生科技创新节启动仪式暨高雅艺术进校园巡回演出。专业人士的精彩演出让学院师生近距离地感受到了高雅艺术的魅力，提升了审美能力。高雅艺术进校园活动的开展不仅弘扬了我国传统文化，也为学院的校园文化建设增添亮色。

朋辈教育篇

"朋辈教育"是指具有相同背景或是由于某种原因使具有共同语言或年龄相仿的人在一起分享信息、观念或行为技能,以实现教育目标的一种教育方法。在实践过程中,通常的表现形式为通过学长对学弟、学妹进行各方面引导、帮助、教育的一种教育手段。我们近几年力求探索开展朋辈教育的具体方法,基于学生朋辈关系,充分发挥学生主体作用,因势利导找出适合高职学生特点的实际朋辈教育模式。力求从分享、服务、教育三方面,多视角、多层面、多途径地覆盖到全体学生,实现朋辈教育育人效益最优化。

第一节 分享身边故事 唤起情感共鸣

身边榜样因其真实性、可亲近性,极富感染力和教育价值,成为高校立德树人的有效着力点。近年,我们深入挖掘学生身边的先进典型,鼓励他们深入同学当中讲故事、谈心得、畅想未来,让学生在演讲实践中传播了身边的正能量,感受到了积极上进、奋发有为的身边同伴。增强自信,互相激励,从榜样中找到了自身的不足,焕发了完善自我的自觉性。

一、真人真事真情,榜样力量感人

学院从2013年开始,坚持每年4、5月面向全院学生开展"讲出自己好故事"成长分享活动,广泛组织德才兼备的同学做事迹报告、优秀班干做成长分享、最佳舍友讲温馨故事、兴趣小组传授学习经验,在讲述同学身边的真实故事当中，促进同学们的人生自觉和反思。

（一）好人好事在身边，做人做事传真经

随着电脑和手机在学生群体中普及，学生的"网络生存""手机依赖"已成常态，学生疏于真实世界的交流和互动。每天"宅"在虚拟的世界，看着人们分享生活，分享观念，而疏于真实世界的交流和互动，会造成日常交流的减少和人际情感的淡化。曾经让"70后""80后"大学生激情澎湃的"卧谈会"在"90后"大学生中越来越少，在校园夜生活中，越来越多学生选择沉浸在自己的小世界里，在QQ、微信里滔滔不绝，却与室友相顾无言。现实生活中，面对面的交流和互动不可欠缺，真正的友谊是在面对面的日常交往中沉淀，在当面沟通当中，双方说话的语速、语气、肢体语言、面部表情，其实都在透露出各种各样的丰富的信息，而且，面对面的交流往往也会带来很多意想不到的收获，得到的启发可能要比书面阅读得来的更多更深刻。这种现状不得不令学校重新审视和思考如何使学生通过交流达到自我教育的目的，鉴于此，"讲出自己好故事"活动应运而生。

给学生讲大道理，学生不一定爱听，但给学生讲故事，效果就大不一样了。通过"讲故事"的方法，用学生喜欢的语言将发生在身边的真实故事呈现给大家，虽然不见得很完美，但学生听起来感觉特别亲切。每个人身上都有闪光点。"好故事"的标准不在于大而全，很多学习普通、经历平凡的学生，只要身上具有闪光点，都有可能成为主讲者，成为全院学生学习的对象。为充分挖掘学生的亮点，学院充分发挥学生骨干、辅导员、班主任的作用，动员各班在主动学习、服务同学、真诚交往、提升技能等方面取得较好成绩，愿意去分享的个人和团体走上讲台，跟本班、本系同学讲述成长中的点滴进步。因为分享人与听众本来就熟悉，而且讲的是自己的真实故事，所以主动性特别强，从PPT的准备，到现场亲友团的组织，学生都亲力亲为。他们本人也乐见有自己的"粉丝"，会仔细琢磨如何把故事讲活讲好，认真思考怎样回答现场问题，这也使得分享更为生动。他们的成功经历看得见、摸得着，真实可信又感人，更能引起学生真正的共鸣，更容易产生敬佩、仰慕之情，进而进行学习和效仿，并内化为自己行动的意志和决心。

（二）身边榜样像镜子，照亮自己照亮人

高职学生主体意识增强，追求自由和权利，喜欢创造自己的个性生活，在某些程度上，满足他们追求自己个性的同时也需要榜样教育的导向和调节，才能帮助他们在生活、学习上确定自己的位置，寻找到真正自我，超越自我，找到属于自己的个性生活。学院通过各种渠道发现身边多种类型的榜样，选树具有正面性、积极性和可模仿性的榜样，如模范式学习榜样人物，励志榜样，健康生活榜样，等等。以身边的人和发生的事教育身边的人，构建丰富多样、层次清晰、贴近学生的榜样教育体系。通过为同学们讲述故事、举办宣讲、表彰等方式，其宣扬的言行和道德品质符合主流价值观念也符合大众的价值观取向，特别是可模仿性这一特点，榜样人物的行为和精神品质值得其他学生学习和模仿，让模仿具有可能性，从而产生积极的效果。利于帮助受教育者改造思想，纠正错误，将他们引导到正确的轨道来，不仅利于优秀学生更上一层楼，还能对后进学生产生触动效应，促使他们对照榜样寻找差距，激励其上进。榜样的力量是用舒缓的方式，帮助同学们确定自己的目标，使得他们自主自觉地寻找答案，得到启发，做出结论。

榜样不仅是一本教科书，还是一面旗帜，在大学生中确立起正确的价值导向。一花引来万花开的效应，将使得越来越多的榜样涌现出来，同学们每个人都从自己做起，从小事做起，主动将榜样人物内在品质转化为个人行为，受教育的过程也从内化于心到外化于形，行为固化后成为习惯，就是最有力量的榜样教育。在榜样教育的过程中，同时也潜移默化地树立了人人都要树立标杆和榜样的意识，人人向我看齐，我也要向人人看齐，当同学们都找准了自己的努力方向，榜样才会是一面镜子，照亮自己也照亮人人。

（三）核心价值要理解，实践学习最有效

习近平总书记在谈到治国理政时指出："一种价值观要真正发挥作用，必须融入到社会生活，让人们在实践中感知它、领悟它。"这提倡我们立德树人和践行核心价值观时，要与学生紧密联系起来。践行社会主义核心价值体系的关键是实践，在实践中，学生榜样把核心价值内涵于举止投足之中，于一点一滴的人生奋斗之中，不仅为自己，也为受教育的其他同学树立了正确的人生目标和价值取向，将通过各自踏踏实实的努力，身体力行地付诸实施。

社会主义核心价值观不是天上的云，而应该是落下的雨，滋润心灵，萌生新芽，落地生根。在学生中选树的榜样，有刻苦学习、自立自强的，有志

115

愿服务、甘于奉献的，有热爱集体、团结奋进的，还有乐观豁达、积极向上的。通过分享身边的真人真事，将社会主义核心价值观从理论概念变成充满人格魅力的人物形象甚至感人肺腑的故事，营造出学生喜爱的环境氛围，融教于导，寓理于引，通过形象化的感受和人格化的感染，调动大学生在情感上充分融入，从而取得"春风化雨，润物无声"的良好成效。

二、增强自我认知，激励发展能力

讲出自己好故事活动从设立开始，就有两个基本定位。一是要给有好故事的同学创造演讲实践机会，鼓励他们大方地说出自己的故事，敢于在同学面前表达自己的思想；二是要给广大同学搭建一个面对面交流的平台，用具体生动的好故事代替生硬晦涩的大道理，增进交流，共同进步。从这个初衷出发，主要从三个方面着力：

（一）提高自我认知能力

在主题上给予启发，比如，2017年的活动主题定了十个方向：大学，梦开始的地方；"输掉"了高考，别输了人生；学神秘籍开讲；我在东职学习的那些事；班干部，我选择，我喜欢；拥抱大学，珍惜幸福；人总要有点爱好；我的达人生活；宿舍，有你更精彩；看看外面的世界。在内容上给予提点，譬如，要学会总结提炼一些鲜活的经验和方法，以体现实际价值，不妨大胆讲出成长遭遇的困境、面对困难的坚强意志，鼓励遇到挫折的同学振奋精神。在实操上加以训练，指导学生仔细推敲文稿，精心设计演讲的环节，适当地加一些手势语，熟练记忆演讲稿的内容，事先熟悉场地，可以把当众讲话的提纲和关键点写在小卡片上，以缓解忘词时的紧张感，临上场时，可以做深呼吸来稳定情绪，引导学生通过充分的准备，增加自信心。

（二）激发个人发展动力

好故事活动持续两个月，分班级分享、系际交流和院级精彩回放三个层次。班级分享阶段，各系组织按班或专业为单位，以主题班会的形式组织分享会，并评出活动示范班一批。学生处对活动组织工作出色，分享事迹生动感人的集体和个人给予奖励。系际交流阶段，各系择优推荐人选，在学生处统筹下，组织跨系分享交流。精彩回放阶段，每系推荐一个宣讲报告团参加院级的分享会，简要介绍本系的活动情况，并推荐一人或一个团队进行现场分享，评选出优秀组织奖并角逐最具人气故事奖、最生动故事奖及最感人故事奖。在活动中，分享者在分享中要加强与同学们的交流。听众也能把好故事的感触及时记下来，主动提问交流。鼓励各系利用微博、微信进行场内和场外互动，传递正能量。采用进阶式分享，能够充分发挥分享者的主观能动性，让学生在探究提高分享质量中感受实践的乐趣，收获成功的喜悦。

（三）调动自己实践能力

注重激发学生的创造性思维，如可通过图片、微视频、PPT、动画、荣誉展及才艺表演等生动活泼方式分享；可邀请分享人自己的好友、家人等组成亲友粉丝团到场助威加油，根据故事内容，活动场地可选体育场、大学生活动中心、实训室、教室等，这大大增强了活动的吸引力。主讲学生只有带着感情对同学们讲真话、动真情、用真心，讲出的故事才会产生震撼力和吸引力。因此，在活动组织中，更多地引导主讲人本着实事求是的态度、带着真情实感来讲好自己的故事。学生由于身心条件及奋斗目标的差异等，对于好故事的选择也自然会有不同的心理期待和价值判断。学院把同学们"点赞"作为重要的评判标准，设立大众评委，让学生自己选出自己的好故事，这样评选出的好故事往往更容易被学生所认可和接纳。

近年来，同学们通过聆听故事不断获取有价值的信息，激发想听的浓厚兴趣，在被感动的同时，获得更多的人生启迪。如财经系2015级会计5班的唐敏欣的故事，让很多同学看到了自己成长的影子，从她的故事中受到感动、感染和启迪。

附录

了不起的自己

人的一生那么长又那么短，
起起伏伏跌跌撞撞，
但是总会遇到那么一个人，

一个让自己改变，让自己自信的人。
不管你是谁，感谢你的出现，
因为你，
我勇敢，我坚强，我奋发向前。
你知不知道你真的很好，
因为你，
我才发现我也可以那么的了不起。

有的时候因为我们年纪小、做事不谨慎、思想不成熟容易做出一些让别人不理解的事情，无形中让别人改变了对自己的看法，就会出现一些讽刺的话语，一些打击你自尊心的对话，一些让你抬不起头的目光。可你并不知道这一切能够让你自己变得多么了不起。

初中的时候，我是一个超级"坏"的女生，但人缘挺不错。我爸爸一直希望我能够考上普高，可是以我的成绩根本不可能。我爸一直很相信我，直到我把我的中考成绩和录取通知书递到他跟前，从此，他对我彻底失望了。他失望的表情我现在还历历在目。我当时被塘厦理工学校给录取了，我爸觉得远，最重要的一点是他觉得读中职读哪一间都一样，所以给我报了当时全本地人都认为很差的一所学校，只因为离家很近。

有些大人喜欢问："你读哪里啊？""你读什么学校啊？"其实我根本都不好意思回答。每次我都要会说："就那边那所啊。""就附近那所啊。"一些顾及你感受的人就会说："挺近的啊，不像我的女儿读那么远，生病了都要跑那么去接她。"而一些不顾及你感受的人就会说："哦！哈佛哦，哈佛你都能读这么厉害！"一大堆冷嘲热讽的话朝你袭来，你挡也挡不住。我只能把愤怒往肚子里面吞，告诉自己要争气。

上了中职我的目标很明确，我要读高考班，我要考大学。高三时我遇到一位老师，他很看重我，当然我也很尊敬他，但也特别怕他，连跟他讲一句话我都要小心翼翼地生怕自己讲错一个字。我记得他说过这样一句话："付出不一定有回报，但是不付出就绝对没有回报。"这句话说得很对，我时时提醒着自己，后来我无形中就成了会玩会学习的学霸了，毕业时我以全校第三名的成绩考进了东职。

在中职的三年，我明白了不管是做事还是读书，主要是看你自己愿不愿意做、想不想做好。如果你是一心一意要做好的，你会排除万难，不达目标不罢休；如果你是打心底里反抗的，就算拿把刀威胁你，你也会无动于衷。

当你太看重自己，同时又太在乎别人的评价，你被别人的虚张声势给吓傻的时候，你需要站起来，要用你坚韧不拔的意志，激活你身上每一个细胞，告诉自己你要争气，你要用自己的双手重拾你被踩在脚底的自尊心，你要让那些看不起自己的人开始羡慕自己、仰望自己。

我很感谢那些打击过我的人，因为他们才成就了我，让我有机会站在这里，把自己觉得不堪回首的往事跟大家分享。我更加要感谢那些看不起我的人，因为他们所以我更加明确自己的目标，清楚自己想要什么，并且给足自己十万伏的动力。当你用尽全力地往前跑时，你才知道原来自己有多么了不起。无论在哪里，时不时都要给自己打气。你们一定会成为父母炫耀的资本，别人羡慕的对象。

加油吧，正在努力的我们。

三、搭建故事平台，深化榜样教育

讲出自己好故事活动得到同学们的热捧，既让学院的学生工作者增强了信心，也促进了思考：只是开展一个活动是远远不够的，学生的榜样教育是一个渐进的过程，学生受影响也是一个连续的心理活动过程。因此学生的榜样教育要保持经常性和持久性，要把讲好身边故事工作推向深入，一步步地用先进事迹和典型人物感染学生。

（一）发现新典型，鼓励多开讲

学院近年加大对评奖评优、校园文化、社会实践、志愿服务、大型比赛中涌现出来的优秀学生的关注力度，对具有典型意义的优秀学生主动跟进，组织校园媒体广泛宣传，营造学先进、争先进、创先进的浓郁氛围。

学院还注重完善大学生考评体系，用政策引导学生典型产生的多元性。如考虑到"90后"的学生富有激情与表现欲望，渴望得到老师与同学的赞许与认可，学院2014年出台学生日常奖励办法，设立日常品行奖和学习奖两大类奖项，以通报嘉奖和物质奖励两种方式对学生的日常行为和进步进行奖励。对于在助人为乐、见义勇为、拾金不昧、抢险救灾和社会公益等方面有突出表现且受到表扬或各类报道的学生，以及主动通过西部计划、选调生、农村支教、大学生到村任职、应征入伍等方式就业的学生，及时给予嘉奖。根据学生学习实际，设立公共课单科成绩优秀奖、学习成绩优秀奖、学习成绩进步奖、继续深造鼓励奖和班级零补考奖等奖项，其中，学习成绩进步奖是对学习成绩按专业排名比上学期进步最快的前三名学生进行奖励，继续深造鼓励奖是对毕业当年被本科院校录取的（本科插班生）应届毕业生进行表彰。日常奖励奖一改以往奖励一年一评的做法，集体和个人只要在日常学习期间有进步，都能得到及时表扬。这些奖项覆盖较广、奖励适时，进一步激发和鼓舞学生的学习热情。从日常奖励中获奖学生中挖掘出来的"为什么能成为全院成绩进步最大的学生""走近64%同学获奖学金的零补考班级""学霸宿舍开讲"等故事，学生也更喜欢听。

孕育榜样不容易，成为榜样有压力。为避免优秀学生在鲜花和掌声中停滞不前甚至"褪色变质"，学院从生活、政策、思想等方面入手给学生榜样以更多的关心。一方面积极创造条件，及时对榜样进行精神、物质方面的表彰和奖励，在困难补助、评优评先、就业推荐等方面对他们给予一定的政策倾斜，惠顾先进，激发后进；另一方面为他们提供施展才能的平台，有重点、有针对性地进行锻炼和培养，充分发挥其长处，做到人尽其才，如开展多种多样的锻炼口才的校园文化活动，提供一个相对平等自由的说话环境，培养学生的口才。同时，对榜样不提出过高的要求，只严格要求其言行举止，以免他们产生太大的心理压力，及时发现榜样苗子，提供条件，督促进步，对毕业离校的优秀校友进行定期回访，沟通谈心，了解他们的所思、所感、所盼，邀请他们回校与师弟师妹谈工作感受，分享成功经验。这样鼓励了优秀学生保持本色、不断进取，也确保了榜样教育长流水、不断线。

（二）创造新形式，辐射校内外

学院近年结合新媒体发展趋势，制作微视频、访谈录音等音像视频，更加形象、直观地讲好身边故事。将各系优秀学生事迹汇编入由《学在东职》报纸的"身边榜样"栏目。公开一些优秀学生的微博、微信，方便与同学们交流互动，进而可以通过留言、跟帖等便捷的方式与学生探讨问题，解放思想困惑。根据学生学习生活的实际需要，建立"专插本备考群""班长交流群""心理驿站"等多种QQ群，让优秀学生在线与同学们进行交流互动，在为同学答疑解惑的同时，也通过交流解决学生的思想问题，充分发挥榜样的教导作用。通过搭建学生榜样的展示推介平台、教育宣讲平台和交流指导平台，真正使榜样在纸上有名、网上有影、会上有声，扩大了榜样的影响力和辐射面，让榜样的影响力辐射到身边、辐射到校园、辐射到每一个人。

身边典型的好故事正得到越来越多同学的认可和喜爱。学院近年还注重把学生的好故事传递出去，用更多的东职好故事感染更多的人。如每年春节前，将优秀学生在校获奖等情况，通过喜报的方式寄送至其高中母校，通过喜讯（短信）的方式发送至其父母，让学生的家人和高中母校的师生看到他们的进步。收到喜报的学校和收到喜讯的家长纷纷表示，学生的成长进步与优秀成绩是送给自己最好的新年礼物，是高中母校的荣耀，这也促进了学生获奖思进。同时，开展"把我的大学带回母校"活动，动员优秀学生组成团队，回高中母校为师弟师妹分享大学学习经历和成长心得，讲述在大学里求学生活的精彩故事，组织优秀学生助理以志愿者的身份参与校园开放周活动，接受考生和家长的咨询，介绍专业情况，帮助考生进行专业发展规划，为考生和家长们答疑解惑，这既展示了学院优秀学生的风采，又让这些学生在实践中进行自我教育、自我反思和自我成长。

（三）发掘新内涵，故事育新人

学院近年紧密结合大学生身心特点，联系大学生学习、生活实际，广泛开展各类的朋辈分享活动，把身边故事讲好，努力让乐于分享、学会倾听成为学生的习惯。比如，邀请成功考上本科院校的毕业生举办专插本经验分享会，坚定师弟师妹考本信心，并指导他们根据自身的实力和兴趣，客观地进行自我定位，合理地选择学校和专业方向。这有效地帮助在校生提高学习效率，学院成功专插本的学生由原来的60多人增加到170多人。学院还通过举办优秀学生事迹报告会、组织先进人物访谈、微信推送优秀学生事迹等多种方式，扩大了优秀学生典型的辐射面和影响力，让学习榜样的风气在校园中得以弘扬。

学院尤其重视学生先进典型的传帮带作用。学校每年在新生入学时，都会组织优秀学生到各班与新生座谈交流，让先进典型第一时间进入新生的视野。

每逢毕业季,通过橱窗海报、微信留言墙的形式提供给毕业生一个平台,让他们说出自己想说的话,连续两年在《学在东职》报纸专设毕业生专栏,刊登精心筛选出来的毕业生对师弟师妹的寄语。这些温馨的话语,承载着他们成长的点点滴滴,也是对师弟师妹们的期待。毕业寄语让毕业生留下了关于母校的美好回忆的同时,也是同辈教育一种形式,引发师弟师妹的思考。

毕业寄语摘选

不拼搏,不奋斗的大学不算完整的大学!

——电子工程系　陈展雄

不要荒废时间!有一天你会感谢现在努力的自己。

——体育系　黄小权

大学很美好,但社会很现实,不要让安逸的环境消磨掉自己的斗志,享受生活的同时也要实现好自己的短期目标,真正有用的东西,是知识。

——机电工程系　梁家铭

大学3年,务必充实自己的大学生活,别让颓废给自己留下遗憾。路还要走很远,无论走到哪里,都别忘记自己最初的梦想!

——计算机工程系　刘庆文

大学三年请记住三件事:

1. 腹有诗书气自华,请热衷于学习;
2. 身体健康者常年轻,请热衷于运动;
3. 道阻且长,行则将至。

——财经系　沈文卿

Do not stop if we have not come to the finish line. Go to fight if we still have the chance.

——应用外语系　谭沅莹

不要肆意挥霍时间和金钱,不要盲目选择就业或升学,不要随意决定自己的未来。一定要明确自己的目标,抓住一切机会充实自己、提升自己、展现自己,努力成为一个比自己的目标还要好的人,加油!

——管理科学系　吴思晓

三年时间不长也不短,它就在那里悄悄地流逝着。在大学的美好时光里,不要患得患失,不要虚度光阴,我们应该在起跑线上给自己一个目标,为了给三年后的自己一个答复,为了遇见更好的自己,奔跑吧!在美丽的东职院里,让梦想起飞,让青春不悔。

——物流工程系　袁振声

叫苦不如吃苦,生气不如争气。闭上抱怨的嘴,迈开实干的脚步,未来的你一定会感谢今天努力的自己。

——艺术设计系　占惠茹

两年半的校园时光很短暂,不要在该奋斗的美好时光,选择了荒度年华,找到自己的奋斗理想目标吧,让自己的青春不迷茫!

——媒体传播系　钟志博

在每年毕业典礼举办的现场,学院都会选出优秀毕业生代表上台致辞。由于同学们常年在一起生活学习,在学习环境和学习经历上基本相似,优秀的师兄师姐在台上作为优秀代表与台下学子面对面交流,向其讲述学习方法、奋斗经历、价值追求,发生在他们熟悉的环境中,实实在在的案例,对他们有很直接很具体的意义,更具可比性,更容易让学生们接受,能起到立竿见影的示范作用。如2016届毕业典礼上,毕业生陈凯婷的发言《挥手自兹去,望君记初心》饱含深情,同学们纷纷表示深受感染、深受启发。

挥手自兹去,望君记初心

再回首恍然如梦,
再回首我心依旧,
转眼间,大学三年已经过去,
回首我的大学生活,
一切依然历历在目,
我想即使很多年过去,
我依然会怀念那时,那天,那人,心怀感激,
挥手自兹去,望君记初心。
我是财经系会计专业的学生陈凯婷,很高兴能在这里跟大家一起见证我

们的毕业典礼，这是一个终点，对过去三年的告别，也是一个起点，我们即将踏上另一段新的征程。

站在这个回头看的道口，特别是已经离开学校实习了一段时间，通过在工作岗位上的锻炼，再跟之前在学校的学习生活相对比，感慨万千。

毕业前夕，微信朋友圈被学院公众号推出的一条链接刷屏，那条链接的题目是"东职，离开之前再看你一遍"，我相信在座很多同学都看过。点击进去，勾起了很多回忆，才发现原来校园的每一个角落都留下了我们的身影，教学楼、图书馆、实训楼、学生活动中心等等都为我们提供了良好的学习环境，为我们将来的发展构建了坚实的平台，如今说声再见真的舍不得。

今天回到宿舍收拾行李，翻开一摞厚厚的获奖证书，有个人的，也有集体的，回头看看这一路走过的脚印，踏实而坚定，尝过的酸甜苦辣，都给我留下了弥足珍贵的回忆，也成为我未来发展的动力。

今天在场的很多都是我的学弟学妹，师姐想借此机会跟你们说："好好珍惜剩下的大学生活，大学是一个很好的锻炼舞台，只要努力，这里可以书写你的精彩，学好专业知识，多考取专业证书，拓宽自己的人脉，积极参加学院组织的各项活动和比赛，一次失败没关系，咱们再来第二次，坚持下去，总会有意想不到的收获。不忘初心，方得始终，只有不忘记自己最初的目标，才能有始有终地去完成自己的梦想。"

这三年，也许你精功于学业，出现在奖学金获得者的名单上；也许你活跃于校园，学生会独当一面，社团活动毫不松懈；也许你想要在各个领域展示自己，创业大赛、建模大赛、歌唱大赛一个都不落下……我们学会了怎样去努力，为集体荣誉而打拼，但是当这一切慢慢成为了回忆和过去，我们渐渐发现，其实大学三年给我们最大的财富不是这些经历，而是每一张恋恋不舍的脸，在我们系的毕业聚餐上，就算是喝得醉得不省人事，也还是想泪流满面地去拥抱一个又一个同学，也许这是我在大学三年里最不堪的形象，但那都是我想与大家"一起放在心里"的最深感受，我希望我们能够做到：一朝同窗，一世朋友。用最熟悉的一句话来说：遇见你们就是我在东职三年最大的意义。当然，除了朋友之外，还有一样不会变的，那就是老师，在我上周回来办离校手续的时候，走进老师办公室说感谢时，老师对我说："如果真的感谢我们，就应该常常到办公室来敲一敲我们的门，常回来看看。"那一刻突然觉得很惭愧，这三年我们更多地关心了自己，关心了朋友，却忘了是老师撑起了东职的这一片天，是你们让我们懂得了去关爱这个社会，关爱我们的父母，对我们自己负责，我们平时太羞于表达，但并没有阻止我们对你们的喜爱，我们都希望在走出这个校园之前和你们每一位去合影，听你们说一说话，谈谈对未来的看法，谈谈人生的道理，记住你们的每一句叮嘱和每一个微笑，我想代表2016届全体毕业生向老师们说："谢谢你们。"现在是，将来也是，希望我们能够常联系，让我们走出校园之后还能记住你们的教导。

最后我想说的，就是希望我们的同学和老师都要保重身体，也许在这大学3年，我们最习惯的就是通宵学习做PPT、通宵玩耍唱KTV，但是这一切都已经过去了，这足够去炫耀我们的青春，而之后我们要做的就是保重自己，是为了我们事业，我们的幸福，我们的梦想，也为了在3年、5年、10年之后，我们仍然能够集聚一堂，回忆我们的青春岁月，感谢东职给我们的一切。

谢谢！

第二节　培育学生组织　服务广大同学

学生组织来自学生，服务学生，是高校开展德育工作的重要阵地和有效途径。近年来，东莞职业技术学院加强对学生组织的领导和管理，支持和引导学生会和学生社团，提升服务效能，自主开展活动。学生组织在活动过程中，自觉或不自觉地进行着教育与自我教育，学生的思想品格、道德修养也受到潜移默化的熏陶。

一、健全配套保障，加强科学指导

学院把发展学生组织作为加强和改进大学生思想政治教育工作、推进素质教育、繁荣校园文化的重要组成部分，加强指导，把学生组织工作纳入党群工作整体格局中进行谋划，在政策上、资金上、阵地上给予学生组织实实在在的支持。

（一）完善保障条件，配强指导老师

针对各类学生组织的特点及其成长发展的不同规律，聘请专业对口、责任心强的教师担任学生组织指导教师，并将之列为成立新组织的基本条件。建立相应的配套考核机制，按实际情况发放相应指导津贴，调动指导教师的积极性和主动性，为提升学生组织的活动层次和品位奠定基础。

学院为学生组织规划和配备必要的活动场所，大学生活动中心及亲水平台小剧场免费供社团借用，设立学生社团专项活动经费，用于扶持重点社团、支持优秀社团、奖励精品社团，保障社团活动的正常开展，从根本上解决社团发展存在的场地不足、经费短缺等共性问题。

把好学生组织活动的政治关，加强对社团活动的主题提炼和形式等内容的过程引导，从"放羊式"管理向"集中式"管理转变。既充分尊重学生组织的积极性、创造性和自主性，又注重活动的质量和格调，深入挖掘学生组织活动的正面因素、积极作用和教化功能，支持学生组织开展主题鲜明、健康有益、丰富多彩的课外活动。鼓励社团定期开展思想政治理论学习和主题党团日活动，引导学生社团坚持正确的政治立场和政治方向。同时，加强对新时期社团发展规律和学生思想动态的研究，整合资源、集中优势，配强指导老师指导学生组织创造性地规划和设计活动，推进活动的品牌化、项目化、系列化。

（二）建立健全机制，改进组织运作

建立科学、合理、高效的学生组织管理制度，对于加强组织建设、规范组织活动具有非常重要的作用。学院根据需要不断完善学生会章程，制定《东莞职业技术学院学生会章程》，并根据章程制定《东莞职业技术学院学生代表大会制度》，根据其他相关政策要求，制定《东莞职业技术学院学生会改革方案》，在党的领导和团的指导下，坚持立德树人，以保持和增强政治性、先进性、群众性为目标，坚持正确政治方向，坚持学生主体地位，坚持依法依章程开展工作，坚持问题导向深化改革，建设职能作用更加明确、代表性更加广泛、队伍作风更加严实、工作效能更加彰显的学生会组织。

附录

东莞职业技术学院学生会改革方案

为深入贯彻落实习近平总书记系列重要讲话和《中共中央关于加强和改进党的群团工作的意见》、中央党的群团工作会议和全国高校思想政治工作会议重要精神，贯彻落实《共青团中央改革方案》《全国青联改革方案》及有关政策文件要求，特制订本方案。本方案适用于院级学生会和系级学生会。

一、总体要求

（一）指导思想

贯彻党的十八大和十八届三中、四中、五中、六中全会精神，认真贯彻习近平总书记系列重要讲话精神特别是对青年学生工作的重要指示，以保持和增强政治性、先进性、群众性为目标，在党的领导和团的指导下，坚持立德树人，紧扣时代主题，突出问题导向，创新体制机制，强化学联学生会组织自我教育、自我管理、自我服务、自我监督的职能，激发动力、提升活力、增强吸引力和凝聚力，使学联学生会组织更好地代表和服务广大同学，更好地团结和凝聚广大同学听党话、跟党走，为推进"四个全面"战略布局、实现中华民族伟大复兴的中国梦贡献青春力量。

（二）基本原则

坚持正确政治方向，坚持党的领导，贯彻党的教育方针，牢固树立政治意识、大局意识、核心意识、看齐意识、紧紧围绕为实现中华民族伟大复兴中国梦而奋斗的当代中国青年运动时代主题，深入贯彻中国特色社会主义群团发展道路"六个坚持"和"三统一"的基本要求，坚持全心全意为同学服务，将广大同学最广泛最紧密地团结在党的周围。

坚持学生主体地位。始终坚持以学生为本，坚持为了同学、代表同学、服务同学、依靠同学；坚持从同学中来、到同学中去，着力扩大广大同学对学生会组织工作的参与、监督和评议；坚持立德树人，引领服务广大同学努力成长为德才兼备、全面发展的中国特色社会主义合格建设者和可靠接班人。

坚持依法依章程开展工作。在党的领导和团的指导下，进一步明晰院系学生会的基本定位和职能，加强章程和制度建设，理顺团学组织关系，充分发挥各系学生会组织开展工作的积极性、创造性。

坚持问题导向深化改革。对照党的期望、团的要求和学生需求，针对有的学生组织"行政化"、学生会脱离学生等突出现象，着力解决目前存在的工作机制规范性不够、工作内容服务学生成长需求不够、工作方式方法照顾同学特点不够、学生干部产生机制不规范和作风建设亟待加强等突出问题，大胆探索，勇于革新，积极稳妥推进改革。

（三）主要目标

通过体制机制改革和工作创新，使得院级学生会存在的突出问题在2~3年内有明显改进，努力在2020年前，使各系学生会的政治性、先进性和群众性得到显著增强，职能作用更加明确。通过改革，积极争取党组织和团组织的支持，使我院学生会地位得到加强，工作自主性、规范性增强，联系、代表、服务同学和维护同学权益的职能作用发挥更加充分，在参与学院治理中的作用显著提升。

——代表性更加广泛。通过改革，进一步扩大我院学生会组织的代表性，规范代表大会代表名额分配比例和产生方式，重点扩大普通学生代表的比例，真正选出品学兼优的学生代表、学生干部；建立学生代表、学生干部直接联系同学、听取意见的制度。

——队伍作风更加严实。通过改革，进一步规范我院学生会领导机构的产生方式；规范学生会干部选拔标准、评价机制，建立健全学生干部退出机制；不断强化学生干部的群众意识、责任意识、奉献意识，更好推进学生干部转变作风，坚决抵制和克服脱离广大同学的倾向，以实际行动做好广大同学的表率，赢得广大同学的信赖。

——工作效能更加彰显。通过改革，进一步明确学院团学工作的组织格局，理顺学院学生会与其他学生组织的关系；规范健全我院学生会组织的机构设置，减少层次、提升效能，充分发挥互联网作用，构建扁平高效的组织体系，避免"行政化"倾向；推动我院学生会进一步完善广大同学参与、监督和评议的体制机制，努力建设服务型、学习型、创新型学生会，使引领和服务广大同学的水平和能力得到显著提升。

二、改革举措

1. 明晰学生会的基本定位和职能。一是巩固和完善党领导下的"一心双环"团学组织格局，学生会组织是党领导下、团指导下的广大同学自我教育、自我管理、自我服务、自我监督的主要学生组织，各级学生会要配合团组织加强对学生社团的引导、管理和服务，院级学生会要配合团组织加强对学生社团的引导、管理和服务，院级学生会组织须明确1名主席团成员负责学生社团工作，院级学生社团联合会主要负责人须由院级学生会组织负责学生社团工作的同学兼任。二是推动学院将学生会组织定位职能和学生代表大会的功能作用写入学院章程。学院各级学生会组织普遍制订出台自身工作章程。三是强化学生会组织职责，聚焦广大同学精神成长、学习生活、成才发展、权益维护等需求，充分发挥引领同学坚定理想信念、帮助同学全面成长进步、促进同学养成优良学风、服务同学创新创业创优、代表和维护同学正当权益等方面的作用。

2. 优化学生会组织体系。学院层面，深化实施《关于加强和改进高校学生会研究生建设的指导意见》，切实建立"学校、院系、班级"三级联动的工作格局。明确院级组织对系级组织、系级组织对班委会的指导职责，重点从制度设计、资源整合、活动开展等方面，加强院级学生会对系学生会组织的指导、联系和帮助；建立健全院级学生会组织每年至少1次通过集中会议或书面形式听取全部系学生会组织工作报告及意见建议的制度。建立完善院级学生会组织对系学生会工作的考核机制，考核结果进行公开。

3. 改革完善学生代表大会制度。各级学生会须定期、规范召开代表大会。其主要任务是：审议学生会工作报告；选举产生新一届领导机构；制定及修订组织章程；征求广大同学对学院工作的意见和建议，发挥好桥梁的纽带作用。

院级层面，学生代表大会召开周期不得超过两年。一是扩大代表的广泛性。代表名额一般不低于学生会所联系学生人数的1%，名额分配要覆盖各个院系、年级及主要社团，其中非院、系级学生会骨干的学生代表一般不低于60%。大会代表经班级、院（系）学生会选举产生。二是探索实行学生会委员会会议制度，学生会委员会作为学生代表大会闭会期间的常设机构，负责监督评议学生会组织工作、监督组织章程和工作条例等实施情况、听取审议学生会组织工作报告、选举决定领导机构组成人员调整等重大事项。三是选举产生院级学生会组织领导机构。院级学生会委员会委员、主席团成员须由学生代表大会选举产生。院学生会主席由学生代表大会或者学生会委员会选举产生。主席团成员和主席候选人的资格条件应在学院团委的指导下予以确定并报学院党委批准。

系学生会层面，原则上全部实行学生代表大会制度，会议召开周期为一年。系学生会主席团成员、主席人选由学生代表大会选举产生，其他学生会干部的选拔产生也须面向广大同学，保证广大同学的参与机会。学生人数低于400人的系可召开全体学生代表大会并选举学生干部。

4. 精简优化学生会组织机构。学生会遵循按需设置、合理优化、精简高效的原则，符合学生组织特点，按照扁平化方式改革职能部门设置，减少管理层次，提升管理效能，减少发文、会议等推动工作的形式，杜绝"行政化"倾向。在职能部门分工的基础上实施项目化工作模式。院级学生会须设立主席团，由主席1名、副主席2至6名组成，分院区的可酌情增加副主席人数；聘任秘书长1名，由团委专职干部兼任；学生会各职能部门副职原则上不超过2名。院级学生会的骨干成员原则上不得超过联系服务学生总人数的1%。学生会可视需要设置负责港澳台学生、留学生工作的部门或机构，加强对港澳台学生、来华留学生的联系与服务。

5. 健全学生权益代表和维护机制。院级学生会成立权益工作机构或部门，负责开展代表和维护广大同学的合法权益的日常工作。在院团委指导下，与相关公益律师机构、法律援助机构建立经常性联系，为权益受到侵害的同学提供法律咨询、法律援助等服务。建立日常调研机制，搭建网络新媒体平台，及时收集、听取涉及广大同学切身利益和普遍诉求的问题，形成报告提交学院党政部门，并进行跟进，切实推动问题的解决。推动学院设立"院领导接待日""职能部门交流会""提案答询会"等机制，搭建学生与学院党政领导、职能部门面对面沟通的常态化机制。推动院级学生会组织负责人成为院务委员会等学院咨询议事监督机构成员，参与学院相关会议，代表和合理有序表达同学利益诉求。院级学生会组织应合理参与学院在涉及教育教学、后勤管理、学生奖惩等同学关切事务的决策、管理和评价工作。

6. 创新工作机制。广泛吸纳同学共同参与学生会内部工作，充分发挥基层学生会组织作用。注重"网上学生会"建设，充分运用网络技术和新媒体平台，实现信息扁平化传递，主动引领思想和风尚，弘扬正能量，同时防止网上负面影响。院级学生会组织要建立各项规章制度、工作事务的公开制度，每年应至少1次通过集中会议或书面形式，向学生代表大会或其常设机构报告工作开展情况。建立广大同学对学生会工作的评价机制，从学生知晓度、参与度、满意度等维度评价学生会组织工作，评价结果面向全体同学公开。学生会应建立实名认证的官方微博、微信账号等互联网平台，加强直接联系服务同学的力度，增强工作互动性，接受广大同学监督和评议。

7. 规范学生干部的选拔、考核和培养。一是建立健全学生干部选拔制度，规范学生干部选拔标准和程序。主要学生干部候选人必须符合政治合格、学习优秀、品德良好、作风过硬、群众基础好等标准，面向广大同学进行选拔，选拔过程公开透明、公平竞争，确保广大同学的知情权、参与权，选拔结果进行公示，接受广大同学监督。二是建立健全评价考核制度。主要学生干部名单及联系方式应予以公布；针对学生会组织骨干特别是主要干部，从政治素质、道德品质、知识学习、履职能力、纪律作风等维度设置评价考核指标，广泛吸纳广大同学参与，评价考核意见作为学生干部任免的重要依据；系级学生会组织主席团成员每学期要向学生代表和一定比例非院级学生会干部的学生代表述职，接受学生代表和广大同学的评价，考核结果进行公示。三是建立学生干部退出机制。建立健全相应规定和程序，对于无法正常完成学业的、考核不合格的、违法违纪的以及其他无法正常履行职责的学生干部，应按照规定和程序予以劝退、免职或罢免，优化学生骨干培养机制。注重加大对各类优秀学生的吸引和凝聚；健全院系级学生干部培训体系，建设完善培训课程，不断提升学生骨干的领导力和履职能力；关心支持学生干部的成长发展，对于同学满意、业绩突出的学生干部，其开展学生工作的表现可作为推荐实习、就业和评优推优的重要参考。

131

8. 加强学生干部作风建设。深化学生干部健康成长教育，围绕思想作风、学习作风、工作作风等方面开展专题培训，不断强化学生干部的宗旨意识、表率作用和严实作风，打造信念坚定、品学兼优、朝气蓬勃、心系同学的学生干部队伍；建立健全学生干部监督和约束机制，促进学生干部严格自律，接受广大同学监督，坚决抵制和克服脱离广大同学的倾向；将作风建设列入学生干部选拔、考核、使用等相关工作的评价体系，作为学生干部任免的重要依据。

三、加强工作支持和保障

加强党的领导和团的指导。院党委、院团委和其他行政部门要高度重视学生会的工作，在工作场地、经费、机制等方面给予支持和保障。各系党组织要把学生会组织工作纳入党群工作整体格局中进行谋划，重视关心对学生骨干的培养和管理，定期听取相关汇报，提出指导要求。院团委要加强对学生会工作的科学指导，充分尊重和支持学生会组织依法依章程开展工作，重点从政治方向、组织机制、骨干培养等方面给予指导和监督，在具体业务工作和活动开展中，充分尊重学生会组织的积极性、创造性和自主性。学生会应在团组织的指导下，协助团组织加强对学生社团的管理，把好学生社团活动的政治关，支持学生社团开展主题鲜明、健康有益、丰富多彩的课外活动，规范日常活动，促进有序发展。院团委要指导学生会进一步规范财务制度，健全经费执行的公开和监督机制，增强财务工作的透明度。

四、组织实施

本方案经学院党委批准，由共青团东莞职业技术学院委员会制定下发，方案落实执行情况将纳入各系团组织的考核内容。学院各部门要做好对学生会改革的支持和保障。院系级学生会要在党组织的领导下、团组织的指导下，按照统一部署，把握改革重点，抓住关键节点，积极主动推进改革。

学院强有力的配套保障促进了学生社团的良性发展，对社团进行星级评选，并予以活动经费支持，按照活动审批、正式举办、活动过程监控、后期总结报销流程出台《东莞职业技术学院社团管理办法》，建立科学的社团负责人选拔任用制度，严格社团财务管理监督办法，实行活动审批与日常训练周报制，完善社团评比激励机制，对管理规范有序、活动成效显著的社团给予经费等方面的倾斜性支持，进一步促进了社团的优胜劣汰。同时，实施"第二课堂成绩单"制度，客观记录、认证学生参与"第二课堂"活动的经历和成果，鼓励学生参加学生组织活动。目前，学生社团已经由建校初的14个发展到67个，涵盖了人文社科、科技、公益、文艺、体育等各个类别。社团文化已经成为学生生活的重要部分。学生社团活跃在学生的课余生活中，影响力日益壮大，并在省级、市级和院级比赛中多次获得奖项，在同学们发展兴趣爱好、塑造健全人格、提升人文素养、实现自我教育、自我管理等方面发挥了重要的作用，同时也培养出一批贴近学生、视野开阔、兴趣广泛的优秀学生骨干。

改进组织运行工作机制。以分级分功能管理为工作模式，对不同类型的社团进行分类指导，同时通过社团自评、互评、典型示范，以评选"星级学生社团"的方式引入竞争、激励机制，重点扶持一批日常管理规范、活动富有特色、学生参与度高的学生社团，带动全院社团向规范化方向发展。建立学生组织微信矩阵，促进线上线下工作联动，提升工作的针对性、实效性和同学的参与度、满意度。搭建学生组织交流展示平台，促进沟通学习，如一年一度的科技文化艺术节、社团文化节，各个学生组织都参与其中，他们既是科技文化艺术节各个项目的承办者、参与者，同时，又是互相之间的学习者、竞争者。这一过程也培养了学生组织的合作精神，让学生骨干得到充分锻炼。

(三) 加强理论引导，培训骨干力量

学院充分尊重和支持学生组织依法依章程开展工作，重点从政治方向、组织机制、骨干培养等方面给予指导和监督，规范了日常活动，促进了有序发展，让"小组织"迸发出"大能量"。

加强学生骨干的培养和管理，规范学生会干部选拔标准、评价机制，把社团的主要干部纳入到团学干部管理范畴中来，建立学生干部退出机制，不断强化学生干部的群众意识、责任意识、奉献意识。依托院系两级"青年马克思主义者培养工程"和"雏鹰培训"、新生班干部训练营等各类专题培训班，分层次、分梯队推进学生干部培养工作，实现学生干部整体素质的提升。

学院在近年的实践中摸索出教育培训与实践锻炼相结合，组织培养与自主教育相结合，阶段培训与长期培养相结合的学生干部培训模式。如在开展"青年马克思主义者培养工程"的一个学年的培训时间中，开展"书记与你面对面"，邀请学院党委书记朱益民就学院的未来发展规划、发展战略、发展方向和特色定位，以及学生组织的发展壮大、作用发挥和学生干部的成长发展和力量贡献等问题与学生干部进行深入交流和探讨；开展"荧光夜跑"，引导同学们"走下网络、走出宿舍、走向操场"；开设了"学员面对面"让学员能提前互相熟悉、充分展现自己魅力；"志愿服务"让学员们在课程中体验志愿服务的乐趣；"社会调查"让学员能够紧跟时代的步伐，了解社会，锻炼社会调查研究的能力；通过"观影课""拓展课：参观文化场馆"，让学员更加了解东莞的发展前景，为东莞留下优质人才；青马工程培训紧扣时代主题，弘扬中国特色社会主义理论精神，培养大学生的思想政治素质、创新能力、实践能力和组织协调能力。

学院还注重指导学生干部做好"传帮带"。譬如，以项目为单位督促学生会各部门做好经验的传递，每项活动的策划书和活动方案、活动总结、活动视频图片文字资料等，都统一收集存档，这些资料对于学生会的持续进步、长远发展和学生干部个人成长都有着重要的作用。这一制度一方面保证了组织的正常运行和经验传承，另一方面也让同学们可以从师长的经验中学管理方法，避免走弯路，也有助于同学们改进工作方法，促进组织和个人的进步。

二、深化服务内涵，帮助身边同学

在学院的支持和引导下，各个学生组织创新服务的方式和载体，密切结合同学们的思想观念、行为特点和接受习惯，广泛开展主题鲜明、健康有益、丰富多彩的活动，把细腻、贴心、温暖带入同学们的日常生活中。

（一）关注思想动态，加强思想引领

学生会、自律会等学生组织依托新媒体，以新颖亲切、学生爱听爱看、乐于参与的方式，把社会主义核心价值观教育渗透到学生校园生活的方方面面。开展"中国梦 东职梦 我的梦"微言征集、主题班会、演讲大赛，激发同学们积极地表达了自己的爱国情怀与社会责任感，激励同学们奋发向上。以辅导课、学习交流会、报告会等多种形式，组织广大学生全面理解、准确把握党的十八届三中全会精神实质和丰富内涵。创新主题团日活动，各系学生组织结合专业、勇于思考，敢于创新。管理科学系紧扣"一学一做"主题，举办"我最喜爱习大大的一句话"分享活动；媒体传播系以"感恩于心，救助于行——撸起袖子帮忙干"为主题，开展关爱自闭症儿童——"星星的孩子"活动；电子工程系邀请醒狮社现场展现非物质文化遗产醒狮文化，并将书法等传统文化学习融入团日活动；物流工程系进行东莞传统文化寻踪，让同学们在实践中了解体验国情民情，坚定理想信念。

（二）关切学习需要，深化朋辈指导

学生会和自律会服务同学的学习生活，开展了颇具特色的服务工作。如在新生入学时发送《新生学习》和《学生宿舍百事通》，详细介绍校园中各种学习的资源及学习方法，以及宿舍生活中的注意事项，为新生上好入学教育的第一课；举办各种新老生交流会，增加新生的专业认同感，为新生的学业发展规划提供参考；开展"学者视野—百科文化讲坛"，从职场、心态、礼仪等多种角度，使同学们在步入职场之前能够以良好的心态面对未来，做好迎接挑战的准备。

各类学生社团也发挥着重要的作用。金融学社、ERP沙盘协会、精准会计社、港航协会、电子商务协会、茶艺协会等与学生专业相关社团，成为爱好者和专业者集中在一起共同钻研的平台，满足了同学们的需求，也成为"第一课堂"教育的有效辅助力量。创业与职业规划发展协会、大学生创业孵化协会等协会开办的创业讲座，帮助同学们分析职业发展规划，促进同学们创业就业。

（三）着眼生活点滴，倡导向上向善

在每年9月的迎新工作中，从火车站到校园宿舍区，到处都可以看见学生干部热情周到为新生服务的场景，这是学生组织关心同学生活点滴的真实写照。各个志愿组织和公益社团还通过走进乡镇、走入社区进行社会调查、爱心支教、环境保护、家电维护等形式多样的志愿服务活动，利用自己的专业技能，热情服务社会。院学生会坚持每年评选"感动东职校园十大人物"，让获奖学生与同学面对面畅谈自己勤奋、自强、感恩的感悟，不断激发同学奋斗成才的决心，传递了青春正能量。

院自律会发起阳光健康跑活动，用学生喜爱的方式让学生"走下网络，走出宿舍，走向操场"，打造"21天连续跑男神女神养成计划"。学院现在每天跑步日均人数约为1000人，跑步锻炼已逐渐融入学生日常生活。

各类社团还根据自身特色举办各式各样的社团活动，同学们根据自己的兴趣和爱好积极参与。一场场优质的社团活动，不仅社团内部成员乐在其中，同时还吸引了很多同学的热情参与，在实践中体验人生、感悟文化，培养人文情怀。如学生在朗诵、演讲、辩论中提高了思辨能力；在音乐、舞蹈、电影欣赏中提升了艺术品位；在读书会、经典阅读沙龙中丰富了人生阅历；在绘画、书法兴趣班上培养了平易近人的优良性格；在参加爱心公益活动中体会到帮助别人的快乐。

三、畅通联系渠道，回应同学关切

问题是时代的声音，人心是最大的政治。近年来，学生组织特别是学生会能够及时收集和反映广大同学的呼声，构建与学校职能部门的沟通协调渠道，有效表达同学的普遍诉求，较好地发挥了桥梁纽带作用，也赢得了学生的良好口碑。

（一）加强与同学的普遍联系

近年来，学生会通过建立实名认证的官方微博和微信公众号、公布主要学生干部名单及联系方式、建立学生代表和学生干部直接联系同学和听取意见的制度等，加强了直接联系服务同学的力度，增强了工作互动性。仅在2016年，我们在网络上回答了学生的各类咨询，共1200余人次。自律会设立"微笑服务岗"，开展楼长服务日活动，及时收集同学的意见建议，向有关部门反映同学在公寓生活中的问题与需求，维护同学们的权益。同时，建立健全学生干部监督约束机制，促进学生干部严格自律，接受广大同学监督，坚决抵制和克服脱离广大同学的倾向，整个队伍的作风更加严实，工作效能也更加彰显。从面向全体学生开展了"我心中的学生会"调查结果，也可以看出学生会的进步。

附录

反躬自省　不忘初心　再接再厉
——我心中的学生会调查报告

我院第四次学生代表大会于 2016 年 11 月底举行，为深入了解我院学生对学生会的印象、对学生会工作的看法、对学生干部的期望，促进学生会的建设和发展、改进学生会工作、激励学生干部成长，学代会筹委会以网络问卷调查形式，深入学院各系部、各年级同学中开展调查。本次调查共有 3798 人参加，有效问卷 3798 份。调查显示：

一、同学们眼中的学生会——活动精彩受欢迎，内容形式需创新

活动是广大同学认识学生会的第一窗口。受访同学中有超过 80% 同学知道或听说过学生会组织的活动，但仍有约 18% 的同学不是太清楚。根据调查结果可以看到，同学们普遍比较满意学生会的工作。41.23% 的受访者认为，虽然工作仍有不足，但毕竟付出了很多努力，比较满意；21.49% 的受访者认为学生会的工作让同学们有了丰富的课余生活，非常满意（表1）。对于学生会组织的活动，45.95% 的受访者认为活动过程热烈，形式多样，颇受同学欢迎，有 29.15% 的同学认为活动形式单一，但在一定程度上对同学们产生了积极影响（图1）。尽管如此，也必须关注到，12.03% 的同学认为活动流于形式，12.88% 的同学对此类活动不关注、不感兴趣，也不清楚。51.32% 的受访者认为学生会活动的趣味性、创新性不够；41.52% 的同学认为活动宣传力度有待加强。因此，如何争取这近四分之一同学的关注和参与，如何在丰富的活动中提升文化内涵、创新活动方式是值得学生会未来深入探究的重要课题。

表1　受访同学对学生会的工作满意度（N = 3798）

满意程度	频数	有效百分比
非常满意，他们的工作让我们有了丰富的课余生活	803	21.14%
比较满意，虽然工作有很多不足，但毕竟为此付出了很多努力	1566	41.23%
一般，学生会也许做了很多工作，但除了几个活动其他基本不清楚	1189	31.31%

续表

满意程度	频数	有效百分比
不太满意，学生会很少做过实质性的活动	128	3.37%
非常不满意，学生会的存在与否没什么区别	112	2.95%
本题有效填写人次	3798	

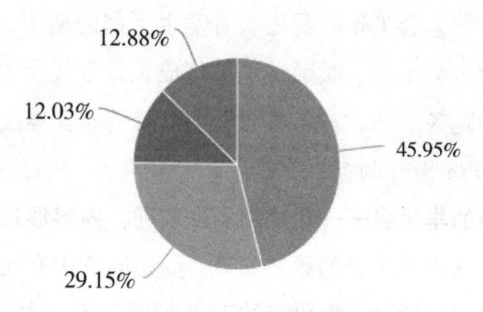

图1 受访同学对学生会组织开展各项活动的评价

饼图数据：
- 活动过程热烈,形式多样，颇受同学的欢迎：45.95%
- 对此类活动感兴趣，不关注也不清楚：12.88%
- 活动形式单一，但在一定程度上对同学产生积极的影响：29.15%
- 活动流于形式，无实际影响：12.03%

二、同学们心目中的学生会——文体社交需求大，维权服务需深耕

在同学们眼中学生会扮演的角色更多的是为丰富校园生活举办各类活动的官方学生组织（39.92%），其次，是为学生提供各方面服务、实现学生自我管理的学生自治组织（28.8%）。对于学生会的重要属性维护学生权益、担任学生和学院桥梁纽带的认同感较低，各占15%左右（表2）。从同学们的需求来看，希望学生会提供丰富的活动，传递学院的信息、反映学生的需求，在文体娱乐活动和社会交流活动方面投入更多（图2、图3）。学生会是一个由同学选举产生的，代表广大同学根本利益的自治性学生组织，是学生与学院沟通的桥梁和纽带，是同学们遇到困难和问题想要找的"学生之家"。要想扮演好这一角色需要提高效率、改善形象、畅通渠道，深耕细作。也可以看到根据我院的实际情况，学生会在大学生思想引领方面仍需付出较多努力。

表2　受访同学认为学生会扮演的角色（N=3798）

学生会扮演的角色	频数	有效百分比
是代表学生利益，维护学生权益的学生组织	601	15.82%
是为学生提供各方面服务、实现学生自我管理的学生自治组织	1094	28.8%
是为丰富学生校园生活、举办各类学校活动的官方学生组织	1516	39.92%
是在学校与学生之间起上传下达作用，以便于学校管理学生的媒介组织	587	15.46%

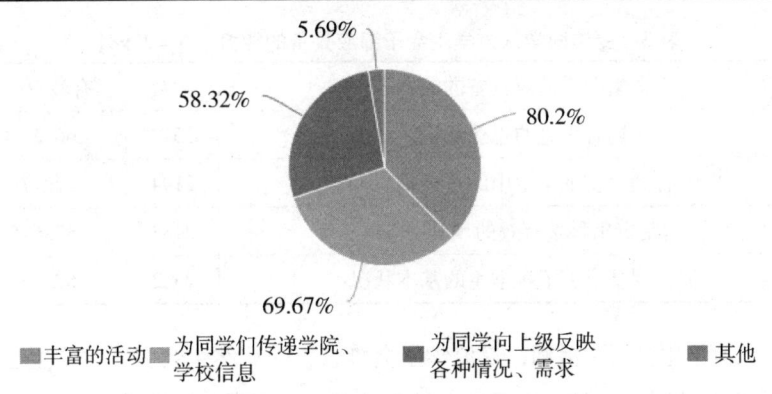

图2　受访同学对学生会应该为同学们提供的内容的意向选择

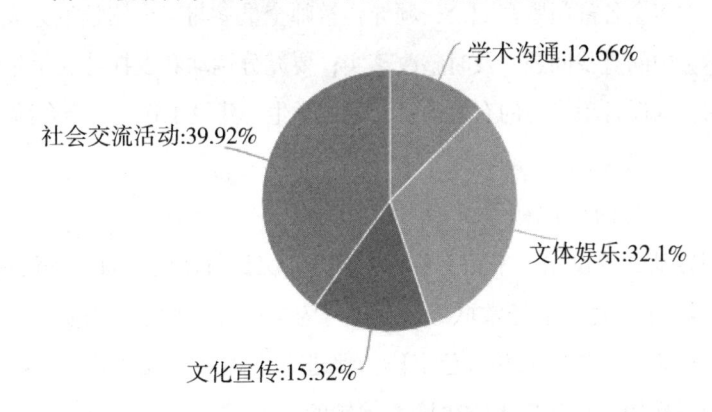

（丰富的活动 80.2%；为同学们传递学院、学校信息 69.67%；为同学向上级反映各种情况、需求 58.32%；其他 5.69%）

图3　受访同学对学生会所组织的活动应以哪方面为主的选择

（学术沟通:12.66%；文体娱乐:32.1%；文化宣传:15.32%；社会交流活动:39.92%）

三、同学们心目中的学生干部——以身作则当榜样，桥梁纽带贴心人

学生会作为学生自我管理、自我教育、自我服务自治组织，其核心竞争力

在于"人",在于身在其中的学生干部的形象、素质与能力。据调查,影响学生会成员在同学们心目中形象的不良主要因素依次是:表率作用不突出(24.49%)、浮躁作风明显(18.25%)、工作态度不认真及工作不扎实(17.8%)、自身能力不突出(14.8%)、个人言谈举止不注意(13.61%)。同学们认为能够正确引领同学们的学生干部应当到基层了解学生的基本情况,用先进的思想认识,发现学生中的不良现象,制定出科学有效的"药方"(表3)。因此,学生干部要定位于服务行列,提高自身综合素质与语言文字表达能力,增强学生会组织建设、加强自律意识,"不做青年官,要做青年友"。

表3 受访同学认为学生会干部应具备的能力(N=3798)

学生会干部应具备的能力	频数	有效百分比
拥有先进的思想认识	2517	66.27%
有能力发现学生中的不良现象	2194	57.77%
制定出科学有效的"药方"	2188	57.61%
需要到基层去了解学生的基本状况	2562	67.46%

"三流学生会组织活动;二流学生会维权;一流学生会引领大学生思潮。"提高学生会的影响力是一个系统、长远的工程,不可能立竿见影、一蹴而就。这就需要学生会各部门紧密配合,领导、教师全员参与,全体学生会成员要定期深入学生中间查找问题,及时整改落实;要充分调动和发挥各级学生骨干的带头作用,确保各项措施的有效落实,促进学生会建设工作更上新台阶。

(二) 主动向学院领导反映学生诉求

我们推动学校设立"书记与你面对面""院长与你面对面"等访谈活动,让学院领导与广大学生经常联系,倾听学生心声,探讨学院的未来发展规划、发展战略、发展方向和特色定位。促进学生组织的发展壮大、发挥学生干部的积极作用,搭建广大学生联系领导的桥梁。

(三) 建立与职能部门面对面沟通的机制

每年学代会期间,学代会代表及时收集、听取涉及广大同学切身利益和普遍诉求的问题,从中归纳热点和重点问题形成提案,邀请相关职能部门负责人参加"学生管理服务座谈会暨学代会提案答询会",同时将书面提案提交给各相关部门,并进行跟进。通过这种面对面的沟通,切实推动问题的解决。如在学生宿舍安装空调、宿舍楼安装一卡通电子门、加强学院东门的治安防范措施、合理安排选修课和慕课课程、增加实训中心器材设备、按需扩展医务处、增加饭堂菜品种类等,大大改善了同学们的学习、生活环境,及时解决了一些突出的矛盾和问题,既有效服务于同学们的成长成才,也很好地促进了学院的发展建设。

目前,学院正加快建设"青年之声"服务平台,努力打造反映学生呼声、回应学生诉求、维护学生权益、服务学生成长的统一品牌和重要窗口,贯彻以学生为本的理念,提升服务青年学生的实效,增强学生对学院的认同感和归属感。

第三节 设立班主任助理 引领新生健康成长

大学生从进入校门到真正适应大学生活需要一段过渡期。做好新生教育,不仅是高校的重要任务,也是其职责所在。我们从2013年开始,在大二学生中选拔优秀学生作为新生班级班主任助理,引导新生适应大学生活,架起师生沟通桥梁,提升学生自我管理能力,也在促进大学生全面发展中发挥朋辈互助教育的积极作用。

一、提升班助的获得感,发挥骨干作用

近年来,学院通过每一届班助们沉淀下来的经验,将班主任助理培养制度化、常态化,使得班主任助理在履职过程中不断收获成长的喜悦,体验自我价值实现,从而更为珍惜这一岗位。

(一)高标准选拔

班主任助理能否发挥好在班级建设、学业指导、生活引导、专业认知等方面的教育引领作用,人选的确定至关重要。经过多年的实践,学院结合实际制定了班主任助理选拔条件:首先,必须拥护党的路线、方针、政策、政治上积极进取，遵纪守法，组织观念强，品德良好，作风正派；其次，必须热爱学校，热心学生工作，有强烈的责任心，能吃苦耐劳，有奉献精神，工作认真、积极、踏实肯干；再次，应是学习的模范，具有坚实的专业基础，学习成绩优良，上学年综合素质测评成绩名列班级前三分之一，所学课程没有重修或补考，无违纪记录；最后，班主任助理应该乐观自信，有较强组织能力、管理能力、语言表达能力和团结协作的精神，有强烈的集体荣誉感、工作责任心和奉献精神，做事认真细致。

  从实际工作出发，申请者中，有一定学生工作经验的优先，因为学生干部责任意识比较强，对新生中存在的现象敏感，对问题有一定的预见性；有勤工助学经验的优先，因为他们在助学岗位或外出兼职的锻炼中，熟悉各项事务的办理程序，对学院周边的环境熟悉，在新生提出问题时，能在第一时间答复；曾获奖学金的优先，因为新生入学遇到的主要问题是在学习方面不适应，学习优秀的学生可以在这方面给予及时的引导。

  班主任助理经过严选拔、精心培养，都能较好地融入新生当中，发挥示范引领作用，在同学中的威信比较高。现在每年的班主任助理的招募，都会吸引许多大二学生报名参与。

  （二）全过程培训

  班主任助理如果只凭一腔热情开展工作，对于工作的理解和认识是不够的，对于工作的方式方法和技巧的掌握是不足的，这些短板必然会影响教育的效果，甚至产生反作用。因此，对于选拔出来的班主任助理，学院加强对他们的培训，使他们明确自身工作职责，掌握基本的工作技能。在实践过程中，发挥各系的主动性和创造性，摸索出一套适应我院学生实际的班主任助理团队培训体系，打造了一支有想法会行动的班主任助理团队。

附录

"全过程匹配"的班主任助理培训体系

  为让班主任助理在岗的全过程中都获得全面到位的指导和各方面资源的支持，我院构建起包括岗前培训、上岗培训、日常培训等各环节的专业化培训体系。

一、岗前培训："准班主任助理"在上岗前要先"热身"

对于大部分即将上岗的班主任助理，他们面对这一工作往往茫然无知。虽然他们在大一时也有自己的班主任助理，也看着自己班主任助理开展工作，但他们对自己如何从一名大一新生转换到班主任助理的角色并没有清晰的认识。如何帮助他们从大一新生到班主任助理的角色转换？

我院经常邀请省内外优秀的新生管理工作者给新生进行现场培训，如在省优秀辅导员、华南师范大学何雪梅老师给我们新生班主任助理开展岗前培训讲座上，何老师提出了一系列问题：你们认为班主任助理是一个什么样的角色？你们觉得班主任助理应具备哪些特质或品质？你们期望班主任助理能给新生班级带来什么？通过这一系列问题，我们的准班主任助理对即将到来的工作有了一个大概的认知以及心理准备。

在讲座上，何老师让在场所有准班主任助理用一个词语讲出他们心中所认为的班助最重要的特质或品质，准班助们轮流发言，且不可重复，否则要接受惩罚。准班主任助理们进行头脑风暴，认真、负责、细心、耐心、态度、积极等词纷纷涌现，通过这一系列的互动环节，准班主任助理也逐渐意识到他们的工作对于新生及新生班级的重要性。一位准班主任助理在讲座后的总结里说道："我现在热切盼望能将所学所知应用于实践的那一天！"

二、上岗培训：如何做好一名班主任助理

刚走上班主任助理岗位的学生，往往存在缺乏工作经验、工作方法欠妥当等问题，不能快速地进入班主任助理的工作状态。如何使班主任助理在最短的时间内掌握工作的要领，适应班主任助理工作的要求？

我院每学年都会给新上任班主任助理开展上岗培训班，通过主题讲座、专题报告、新老班助交流、素质拓展训练等活动形式，教导他们如何成为一名合格的班主任助理。学院邀请优秀辅导员为班主任助理开展专题讲座，让班主任助理明确自身角色、端正工作态度、创新工作手段等；学院还会邀请院学生会、社联等学生组织的干部给同学们开讲座，让班主任助理在班级、互动开展等方面有所了解；心理健康教育中心的老师也会给班主任助理上课，教导班主任助理一些常见的心理危机现象和突发事件的处理方式等。

上岗培训中专门设置了一个环节，请老班主任助理与新班主任助理分享工作体会。如在财经系，数位老班主任助理面对着数十位新班主任助理，结合一年工作中的酸甜苦辣，侃侃而谈。他们与新班主任助理分享，思想引导上要"引导每个学生学会自己去作选择，并为自己的选择负责任"，日常工作上要"让集体的温暖覆盖每一个心灵"，事务性工作上要"以积极的态度收获工作的技巧"等。新上岗的班主任助理们结合自己对工作的设想提问："和同学谈话有什么技巧？""如何处理学习和社团的关系？"通过交流，班主任助理们对这些问题都找到了解决的思路。老班主任助理与新班主任助理以一句话共勉："班主任助理不仅是一项职业，更是一项事业，一项贯穿大学生活全部、需要用心追求的事业。"

三、日常培训：贯穿班主任助理工作的始终

班主任助理在工作的开展中常常表现出理论水平不够、对学院的规章制度不熟悉，解决问题的能力不够，难以解答同学们遇到的各种新问题和新困惑。如何将必备素质和能力的培训贯穿于辅导员工作的始终？

学院要求每个班主任助理学习并熟知学生管理手册，熟悉学院的规章制度以便更好地开展学生活动；定期组织集体学习最新出台的有关高校大学生的法律法规以及规章制度，以便他们能用最新的知识解答所带学生的困惑；定期开展户外素质拓展活动，以户外活动的形式锻炼班主任助理的开拓性思维，增强班主任助理的实际问题解决能力。

日常培训中还设置了自我测验的环节，就班主任助理的应知应会的知识进行测试。"80分以下的请举手！"测试会场中稀稀落落的有几位班主任助理举起了手，脸上浮现出羞涩的表情。"两个拥护、两个服务的内容是什么？""学校新的经济困难学生资助体系中国家助学贷款的最高限额是多少？"班主任助理应知应会测试题，让班主任助理们对工作必须掌握的知识有了更加深刻的印象，"学生管理手册"也被班主任助理员们戏称为"红宝书"，成为班主任助理们案头的必备参考材料。学院还专门汇编《班主任助理工作案例集》，其中包含了近年班主任助理们提供的有代表性的案例，供大家借鉴。通过这些系列的日常培训，新上岗班主任助理们对工作有了深刻的认识。一位新上岗班主任助理在培训感言中写道："要让同学的大学生活因为我们而

更加美好!"这应该也是全体班主任助理的心声。

四、专题培训：班主任助理的交流平台

班主任助理在实际工作中面临着许多具体的问题，譬如如何增强班级凝聚力？如何培养新生班级学生干部？如何评选新生班级家庭经济困难生？如何开展新生班级主题团日活动？等。这些实际问题对于部分新手班主任助理来说可能会有些不知所措，这就需要资质老的班主任助理及时"传帮带"。

学院定期举办班主任助理沙龙，为新老班主任助理搭建交流学习平台，沙龙内容包括工作探讨、能力提升、素质拓展等丰富内容，沙龙的主题也涵盖了学生的各个方面，如班级建设、学业规划、学习方法等。新老班主任助理通过在沙龙里沟通交流和思想碰撞，有利于实现老班主任助理的"传帮带"作用以及达到新班主任助理的"追赶超"效果。

为增加班主任助理沙龙的互动性和参与性，学院适时引入案例模拟的环节。物流工程系组织班主任助理模拟新生入学。模拟的内容包括：新生报到时自己负责的专业在一段时间内没有人员前来报到，但本系其他专业的却排上了队伍，这时你应该如何解决；当新生的报到队伍很长时，如何做到不慌不忙地把报到细节给新生们解释清楚；当报到时间快截止时，本专业却还有少数同学未来报到，这时该如何联系他们；当新生不满意自己宿舍安排，并在你的再三劝说下仍执意调换宿舍时，又应该如何解决，等等。模拟活动不仅能让每一位新班助提前感受与适应新生入学时所需要面临的难题，还能让他们在日后班助生涯中面对各种突发情况时能够游刃有余地处理。

(三) 规范化管理

班主任助理的任期为一年，是一项长期的任务。在早些年的工作中发现通常在第二学期，新生渐渐适应了大学环境，开始变得自主起来，部分班主任助理开始松懈。但新生教育问题并不是随着对大学适应程度的增加而随之减少，反而会出现很多新的问题，有待班主任助理的指导和帮助。因此，学院进一步加强对新生班主任的管理与考核，加强对各阶段工作开展情况的跟进与监督，及时听取朋辈教育者的自我总结与工作心得，随时进行工作跟进与指导，并通过定期检查班主任助理工作手册，督促班主任助理工作通过与新生的交谈、走访寝室等，认真记录下新生在学习生活中的点点滴滴，帮助辅导员和班主任老师及时发现问题。

同时，对于新生班学生来说，不能把班主任助理当成保姆，要培养其独立生活的能力。辅导员和班主任也要加强与新生的接触，不能过度依赖班主任助理，班主任助理更多的是完成事务性的工作及通过自身优势进行朋辈教育，更多的班级建设工作、思想政治教育工作必须由新生辅导员、新生班主任来完成。

（四）多渠道激励

学院采取物质激励和精神激励结合的方法，调动班主任助理工作的主动性和积极性。班主任助理在任期间，按月从学院勤工助学经费中领取班主任助理津贴。津贴按考核结果进行浮动发放。班主任助理学期考核优秀且成绩在全院排前10%的，奖励300元。学院每学年评选"优秀班主任助理"。班主任助理任期结束后，对班主任助理出具工作鉴定。学生班主任助理的经历作为评奖评优、推荐就业的考虑因素。同时，从当届班主任助理中选拔优秀代表担任下一届的班主任助理的督导，做好工作的"传帮带"；积极拓展外部资源，通过社会实践、校外考察交流等方式，促进班主任助理队伍的成长；每年隆重举办班主任助理换届大会暨班主任助理表彰大会，用仪式感增强集体荣誉感。

当新生班主任助理是一种什么样的体验？班主任助理用真切的话语说出他们的心声。

附录

当新生班主任助理是一种什么样的体验

班助从与新生班级相遇、相知到最后的相别，是一个相互学习、共同成长的过程。不少班助在卸任时，都感慨自己收获颇丰。"班主任助理的经历对于我来说是一段宝贵的财富。担任班助以来，我不仅提高了个人能力，还增强了自信。在处理新生问题的过程中，发现了自己的不足，并及时进行了反思与改正，对于好的方法进行了总结，进而提高了自己的办事能力，处事更加稳重。"2014级园林二班的陈蓉蓉这样说道。"通过这段时间与老师和新生的交流与相处，真的使我在交际方面的能力有了很大的提高，让我交到了许多朋友，并从他们身上学到了很多东西。"2015级服装一班的陈秋凤同学也感慨万千。的确，班助在工作中能力得到了提升，思想变得更加成熟，并在贡献中实现了自身价值。

一、能力得到提升

许多班助反映，他们的语言表达能力、沟通能力、管理能力、组织能力、处理问题的能力得到了很好的锻炼。一位班助表示："见面第一天，我就要在全体新生面前介绍自己，解答他们的种种疑问。这对于过去从不敢在大众面前讲话的我来说着实是一种挑战。现在我对在公众面前讲话已经没有多大的畏惧了，感觉是一件很平常的事情。"在管理新生班级时，班助必须准确地向新生传达各项通知；当新生有不满情绪时，班助要善于沟通化解新生的不良情绪；为了使新生班级更加团结，班助要组织大大小小各类班级活动；有的新生临时出现身体不适，班助要立刻赶到妥善处理；为了使班级服从管理，班助要不断提高自己的管理能力……每一个细节、每一项任务，都使班助的能力得到了全面的锻炼与提升。

二、思想更加成熟

当班助重新以一位大哥哥大姐姐的身份看待自己所带的新生班级时，常常会感慨当初的自己也一样单纯、幼稚。"军训期间，我带的班级在列队表演中没有拿到名次。换作是以前，我可能会沉浸在低落伤心中。现在的我已经不会再这样想了。有没有拿到好的成绩并不重要，重要的是他们在这过程中学到和收获的东西。他们的共同学习，他们的相互促进，他们的团结与努力，他们的奋力拼搏等等才是他们真正的、最好的成绩。"2013级园林1班的陈靖威在谈到自己的成长时这样说道。在与新生朝夕相处的过程中，班助们在新生身上看到了自己过去的影子，发现自身的不足和不成熟，在反思中获得了成长。

三、在贡献中实现自身价值

赠人玫瑰，手有余香。班助工作十分辛苦，班助往往要协助班主任解决班级的各类大小琐事。虽然辛苦，看到学弟学妹们在自己的帮助下逐渐适应大学环境，班助们内心就十分充实，成就感满满。艺术系沈晓佳同学向我们分享了她担任班助时的难忘经历："一次，我在外面处理事情。班长突然发短信给我，说有事情解决不了，微信也说不清，要我赶紧回去。怕耽误事，所以我立马赶回去了。没想到班长拿着一大束花在门口等我，里面是班上的全体成员，他们一起对我大喊了一声'班助辛苦了'。那一瞬间，我觉得所有的付出都是值得的。"

二、发挥朋辈优势，形成团队核心

（一）增加亲和力，缩短距离感

学院在面向大一学生的调查中发现，当学生遇到挫折或不顺心时，41%的受访者最愿意向要好的同学或朋友进行倾诉或向其求助。班主任助理在这方面有着独特的优势，作为高年级的前辈，更能体会新生的迷茫、焦虑和困难，同为学生，而且他们与新生的关系是平等的，双方极易沟通、理解，分享自己的切身经验和教训，敞开心怀交谈、讨论，这种方式、方法易于为新生所接受。在实际工作中，班助们通过悉心帮助，让新生们感觉到校园的温馨，感受到师兄师姐们的热情与爱护。班助在为老师分忧解难的同时，锻炼了自己，提高了自身综合能力。

（二）增强凝聚力，建设新团队

大学新生来自五湖四海，每个人都有着鲜明的个性，在这样的班级里，如果缺乏一个有号召力和感染力的人把大家凝聚在一起，很容易互不服气、无法团结。在新生入校伊始，就由辅导员把班主任助理介绍给大家，介入主持班级事务，很容易发挥优秀学长的优势，加强班级凝聚力。在入学初期，新的班委尚未产生，班主任助理负责班级的日常工作，上传下达，完成班委成员应该完成的工作，能为班级日后工作的顺利开展打下良好的基础。而且，班主任助理在日常的工作中，通过班级活动，与新生交心谈心、到寝室看望学生等活动，观察新生的性格特征、生活习惯、心理健康等方面，及时发现在新生中可能出现的问题，及时上报，及时解决，不仅加深了班主任助理和新生们感情，也有利于及时将矛盾化解在萌芽状态。

（三）增强责任感，培养新骨干

根据多年来对新生的调研了解，由于高中阶段的学习生活模式和大学阶段有较大差别，不少新生入校后在学习生活等方面存在一些不适应的问题。比如，面对大学新的学习生活环境，有的新生对学习要求认识不到位，学习动力不足、积极性降低；有的对处理人际关系存在困惑，无法融入集体生活；有的家庭环境优越，远离父母亲独自打理个人生活时感到无从下手等。应对新生日常学习生活中的诸多问题和压力，仅靠学生工作者的教育，显然是不够的。在每个新生班级中增设班主任助理，能够有效地走近学生、了解学生情况和倾听学生意见，可以帮助大一新生解决人际交往、学习障碍、学校生活、感情困惑等多个方面的实际问题，也让大一新生刚入校，就体会到同学之间的互帮互助的关爱之情，有利于学生的成长和提高。

三、辅助新生成长，适应大学生活

班主任助理需要了解新生个体在不同阶段的特点，有前瞻性地做好教育引导工作。如刚入学前两周重点在于思想引导、专业认识、校园文化渗透。国庆节之后的下滑期重点在于自由学习方式中自我制约管理能力的建立。期中考试后的迷茫期重点在于社团实践工作和学业问题处理的引导，以及人际交往中的相关问题引导。第一学期结束第二学期开始时的反思期重点在于好好反思第一学期生活，为第二学期积累积极经验。大一结束时，总结期需要开展系列活动，帮助大学生回头看第一年的生活，展望思考大学第二年的发展方向。帮助解决大一新生的生活适应、环境适应、心理适应等问题，帮助他们融入集体生活，学会为人处世，协调好人际关系，甚至是更长远的生涯规划。

（一）适应大学生活，度过人生转折

大一新生开始大学生活不久，还不能很了解大学生活，只能表述当前的感受。因此选择刚刚结束大一的大二学生进行大学生活的适应性调查，因为他们已经全程体验过大一生活，其所表达的感受更能全方位地展现大一阶段的情况，这样的数据对于如何更好地开展新生引航教育更有启发性和借鉴性。而且，经过一年的工作接触，班主任助理以实际行动赢得了新生的尊重，70%的大一学生认真地对问卷进行了作答，很多学生在访谈中十分投入，讲出了自己的自我发展过程中碰到的问题、困惑，保证了数据的有效性。调查显示，有28.0%的新生一开始就完全适应了学校环境，靠自身调整后基本适应的学生有

68.9%，只有3.1%的同学表示目前为止仍然不适应。不适应的主要原因是大学不同于高中的学习氛围（53.9%）和大学特殊的人际关系（46.8%）。另外，文化、习俗等社会环境差异和饮食差异也分别占比27.8%和21.6%。

从个体来讲，刚入大学两周内的军训期，这个时刻新鲜感包围着各位新生，新生们对于未来的大学生活充满了期待。国庆节放假之后，新生们开始慢慢了解大学学习和生活的基本规则，但是对于自主学习、自我管理的方式还不太适应，进入下滑期。学期过半期中考试后，各种丰富的校园文化活动使得新生变得繁忙，但是同时可能对学习开始放松，这个阶段看似忙碌紧张，其实却很迷茫，部分学生开始慢慢思考现在的专业学习和未来的关系，也许开始徘徊于是否转专业这个问题，这个阶段人际关系也容易引起烦恼，容易令人沮丧、徘徊不安。很快到了期末考试，大家开始进入紧张之中，一个学期的新鲜、忙碌、迷茫之后开始担心考试结果，担心挂科，忙乱中开始复习备考。再者，高职学生本身学习动力相对较弱，缺乏明确的学习目标。加之专业满意度低、学习方式不适应等多方阻碍，使得他们在学习上缺乏积极性，为此，班助可以通过开主题班会、组织读书会、新老生交流会等多样化的方式，为班级营造良好的学习氛围。寒假之后，到了大一下学期，新生开始思考上个学期自己的表现，在此基础上为第二学期进行定位和规划。很快到了第二个学期末，经过大一一整年，新生度过了大学的三分之一，最后该如何更好地收尾，顺利进入大二，需要一个全面的总结。

（二）适应集体生活，融入大学团队

学业问题和人际关系问题作为大一新生最为关心的两个问题，以此为出发点倒推，班主任助理要做好新生教育引导工作，除了要落足于学业帮扶、学业引导和学风建设等以学业为核心的相关内容，同时，要注重人际交往问题，怎样让新生更好地融入宿舍和班级尤为重要。

调查显示，新生遇到的人际问题主要包括缺少知心朋友、沟通存在困难、与个别同学难以交往、恋爱问题、与他人交往热情不高等，呈现出多样化的特征。其中，占比较高的是缺少知心朋友，达到41.3%，其余几项占比也达到两到三成。在大一期间，如果班助能够结合自身实际，将自己在人际交往方面的经验传递给新生，或者成为新生内心困惑时的倾诉对象，都可以帮助新生更加顺利地实现中学到大学的过渡。

新生调查也显示，41.2%的同学只要在宿舍就上网，33.3%的同学每天上网时间为2至5小时，上网的主要目的是打游戏和看视频的分别占54.6%、48.2%，网络时代同学们的业余时间在网络上浪费了不少时间。仅有65.6%的同学从不缺课，有31.3%同学承认偶尔缺课，3.1%表示经常缺课甚至基本不上课。

调查还显示，与北方院校恰恰相反，我校新生中非独生子女占比大，达到82.61%，独生子女仅占17.39%。从这两个群体的调查数据来看，比较符合学者的研究结果，如非独生子女往往具有生活自理能力较强、富有责任心、善于为他人着想等良好品质，独生子女大学生比非独生子女大学生具有更强的安全感、更高的心理健康水平和整体适应性水平。在参与调查的新生当中，52.91%的学生来自东莞，41.64%的学生来自省内其他城市，省外生源仅占5.45%。通过交叉分析看到，学生离家乡越远，感觉进入校园后在文化、生活习惯上面受到的冲击较大。此外，通过调剂进入到所在专业学习的学生对专业的满意度最低。经常缺课的学生更加感觉到"跟不上课程进度""竞争强，学习压力大"。因此，班主任助理在关心每一个新生的同时，应重点关注外省学生、专业调剂学生、缺课旷课学生、不合群学生、情感出现问题的学生、家庭经济困难等各类特殊群体的情况，帮助外省学生适应东莞的文化和生活习惯，协助专业调剂学生重拾学习兴趣，帮助旷课学生重获学习动力，协助不合群学生融入集体，做他们的引路人。

从班集体来看，第一个学期的上半学期可以视为形成期，同学们刚进入大学，在对未来生活充满憧憬的同时，也在很大程度上存在着迷茫，包括对未来紧张学习生活和激烈竞争环境过高或过低的预期，过去奋斗目标的实现和新目标尚未形成的矛盾，专业学习的困惑，对于陌生的环境和同学的认识需求，等等。这个时候，个体对集体有强烈的依赖性，但集体氛围尚未形成。在这一阶段应通过感情建设促进集体内部成员的相互交流，满足同学们的交往需求；在学习方法上给予指导，以尽快适应大学的学习生活。此外，在集体活动中渗透专业教育，促进同学对于专业的认知和了解，规划未来的发展。

到第一个学期的下半学期，班集体进入同化期，同学们以各种第二课堂活动为载体，寻找到属于自己的小集体，班集体被一个个紧密团结的小集体隔开，但是班集体内部可能并未形成一致的价值观和强烈的荣誉感。这一时期的特征集中地体现为大集体的氛围还没有形成，而小集体内部存在着较外部更强的向心力。在这一时期可从促进交流融合着手。通过班级活动打破小集体等方式，促进同学们与自发形成的小集体之外的班级同学的交流，在班级整体范围内有引导性的展开交流。

大一的第二个学期，班集体进入凝聚期，集体荣誉感普遍加强，并出现了一定数量的核心群体，担当建设集体的重任，集体凝聚力基本形成。

（三）适应自主学习，制定生涯规划

各方面适应性问题解决了，也较好地融入了集体生活，个人理想与现实的矛盾却日显突出，班助应该与同学的未来规划相关联，如关注同学们对专业的疑惑，对未来的思考，对职业的规划等。这一时期要从专业职业教育方面着手，引导班干部将专业职业教育与思想建设相结合，开展广泛的社会实践活动、专业职业教育和主题思想教育，使班集体的发展需求、发展方向能够和同学们的个人需求、个人发展紧密结合。

从一定意义上说，学业问题和人际交往问题的解决都在于远离家庭教育或者密集监管的学校教育之后，自我管理能力的提升。对于自我管理能力的提升不能仅停留于口头的教育，更重要的是必须在行为上加以制约和引导，通过体系化的新生教育活动，通过朋辈指导教育，学长们作为榜样，作为指路人，在行动中引导学生培养学习习惯，帮助制定生涯规划，能够提升学生行动力、制约力的活动，帮助学生养成习惯，形成约束力。

新生班级中可能会出现各种棘手的问题，要有效地解决问题，不仅应该具备一定的业务能力，更要有一份细心、耐心、爱心。当新生发自内心地接纳了自己的班助，这位班助才能切实地帮助新生解决问题。当然，这几个关键问题不完全是班主任助理的个人任务，要本着全员育人的理念，学校各个系统分工协作，共同完成。有的活动需要学校层面统筹协调来完成，有的活动需要系里根据本系的实际，有针对性地来完成，有的需要学生主体发挥主观能动性自发地来完成，更多的是需要学校、系的老师和学生干部，包括班主任助理通过有意识的设计，对学生进行潜移默化的影响。

助力成长篇

思想政治工作从根本上来讲是做"人"的工作，必须围绕学生、关照学生、服务学生。近年来，我们高度重视、着力解决事关学生切身利益的各种问题，把学生资助工作、心理健康教育和就业创业指导共同作为一件大事来抓，采取丰富多彩、积极有效的措施，帮助学生安心求学、健康成长、顺利就业。

第一节　推进精准资助　保障学生安心求学

近年来，我们把资助和育人有机结合起来，建立起"扶贫、励志、育人"于一体的立体化资助体系，解决了大部分贫困学生的经济困难，教育他们学会自立、自信、自强，用知识改变命运，用奋斗书写青春，使学院的资助工作真正成为一项暖心助学工程。

一、审视资助工作

建院以来，学院把学生资助工作视为校园民生工程，不断完善学生资助工作体系，实现了对家庭经济困难学生的帮扶全覆盖，保障了学生安心求学，促进了学生励志成才。但用新时期"精准扶贫"思想重新审视学生资助工作，发现还存在以下问题亟须改进。

(一) 资助政策亟须完善

首先,原有的资助制度设计不能精准地满足学生的实际需求。一方面,基于成绩产生资助差异,具体表现为资助制度设计具有明显的"奖优"性质,而不是"按需"原则。各类奖学金、助学金主要面向学习好的家庭经济困难生,很容易出现"重复资助""叠加奖励"等情形,成绩好的学生获得资助高,反之获得资助少。另外,因为新生刚入学,缺少上学年的学业成绩,不能参评资助金额最多的奖学金,而面向新生的助学类型也不足,因此他们获得的资助相对较少。与此相对,成绩不好的家庭经济困难生以及家庭经济困难的新生往往更需要资助,因为他们为满足最基本的生活保障,可能会利用课余时间打好几份兼职,这或多或少影响到学习。另一方面,临时困难补助采取平均发放的形式,对一般困难的学生显得不迫切,对特别困难的学生又不能解决其根本的问题。

其次,学校在资助过程中对受助学生的思想教育、精神支持等仍有所不足。原有的资助工作倾向于重物质层面的帮扶轻精神人格的培育,重资助流程任务的完成轻受助者心里的感受。但随着学生自我意识的进一步觉醒和对自身生存状态的关注,受助学生也不再仅仅满足于物质层次的温饱,其愈发强烈表现出对精神的归属和对家园的渴望。在资助中集中表现为:受助学生希望能够从资助制度、资助实施中得到更多的关怀、尊重、独立和爱。

再次,缺少贴近学生需求的个性化、精细化资助方式。家庭经济困难学生中,家庭致贫的主要原因和背景各不相同,他们对于资助的需求也会有所差别。而同样的困难学生在不同的年级或处于不同的阶段,他们的个体需求也存在差异。然而针对不同类别或不同时期的经济困难学生个体或群体,原有的资助仍局限于以物质解困方面的送温暖为主,忽略了各类困难学生群体的需求差异,帮扶缺乏动态分析,工作形式不够丰富,这样的资助容易造成资助工作"供需"不对应,精准度差,不能"急学生所急,想学生所想"。

(二) 工作机制亟须调整

"精准扶贫"不仅对扶贫工作提出了更新更高的要求,而且也为高校学生资助工作指明了方向,带来了更为广阔的理论视野和实践空间。以"精准扶贫"思想为指导,推动精准资助,可以从以下三个方面去努力:

一是建立家庭经济困难生的动态数据库。建立家庭经济困难生动态档案，完善管理制度，时刻对贫困生进行全方位的立体动态跟踪管理，并与贫困生所在地的相关部门保持联系，依据实际确保贫困生"有进有出"，逐步形成一个科学化、精准化、规范化的数据管理系统，为教育的精准扶贫，提高高校学生资助工作实效性提供更可靠的依据。

二是扶贫先扶"志"，资助先"增智"。当今高校的家庭经济困难生由于他们身背贫困的"包袱"，很容易产生自卑心理，甚至会对自己的学习、前途缺乏自信。为此，高校可通过多种途径，对家庭经济困难生开展针对性的工作，让他们正确认知贫困，敢于正视困难，树立"人穷志不穷"的信念。同时，根据家庭经济困难生专业情况以及个人兴趣爱好，为他们提供免费职业技能培训与实践课程学习的机会，让他们通过主动参与提高各种就业能力的项目训练活动来提升自己的综合能力素质。

三是采取"输血"与"造血"并进的做法。高校要改变过去的资助观念，在现有资助金额不变的情况下，转变资助观念，转变资助模式，采取"输血"与"造血"并进的做法，变"他助"为"自助"，如增加勤工助学岗位、提供工作实践机会、开展感恩教育、提倡志愿服务等，教育引导家庭经济困难生通过自身努力改变命运，积极脱贫。

（三）育人功能亟须强化

资助不是目的，只是一种手段。实施学生资助政策，主要是为了帮助家庭经济困难学生顺利入学、完成学业并使其成长成才。学生资助工作不能仅停留在经济资助层面，还应与育人工作有机结合起来，要把十八大提出的落实"立德树人"根本任务和"人人成才"教育目标融入资助工作的全过程。

要将资助和育人有机融合起来。紧紧围绕"立德树人"这一根本任务，将培养青年学生全面发展作为资助育人工作的目标，让受助学生同样享有人生出彩的机会。抓住"培育和践行社会主义核心价值观"这一核心，把握时代责任和努力方向，指引青年学生健康成长、建功立业。强化创新精神和实践能力"两项能力"，增强受助学生就业创业的核心竞争力；加强励志教育、诚信教育和社会责任感教育"三项教育"，培养青年学生自立自强、诚实守信、知恩感恩、勇于担当的良好品质。

同时，在资助工作中要更好地体现人文关怀，如在评定家庭经济困难学生时，要采用科学合理、更加人性化的方式，引导学生如实反映家庭经济困难情况；公示家庭经济困难学生受助情况等内容时，不应当涉及学生隐私；宣传学生励志典型时，涉及受助学生的相关事项，应当征得学生本人同意。

二、转变资助观念

适应新要求，学院逐步将工作重心从保障型资助转移到发展型资助上来，把粗放式资助转变为精细化资助。

（一）树立发展型资助的理念

更为注重将对受助学生的物质解困与对其教育发展结合起来，不仅关注学生当前的就学困难，还应关注其长远发展；尊重学生身心发展规律，培养学生自立自强的品质，充分调动学生的主观能动性；研究不同群体的需求差异，针对不同情况为学生提供相适应的资助方案。同时，注重活跃基层，调动辅导员积极性，开展各具特色、形式多样的资助育人活动，有针对性地为受助学生的成才成长解决实际问题。譬如，管理科学系将社会工作的理念与方法引入"感恩·成长"教育实践项目，富有创意，成效明显。

附录

"感恩·成长"教育实践项目

从2013年起，管理科学系引入社会工作模式，每年坚持开展"感恩·成长"教育实践项目，通过小组工作、团体活动、大型宣讲等形式帮助困难生，提高学生的诚信感恩意识，实现由他助到自助再到助人的转变。

一、发挥集体智慧，打造高效团队

为了保证项目的质量，在前期的筹备过程中，辅导员、社区管理与服务专业老师及学生会勤工部、萤火虫志愿服务社成员集体讨论，并定期跟进，既发挥学生的主动性，又保证活动的专业性。

二、做好前期培训，保证活动质量

把培训作为活动的必须环节。一是举行组长能力培训，由负责资助工作

的辅导员组织,培养组长的交流沟通能力、管理决策能力以及动手解决能力。二是举行社会工作专业技能培训,由萤火虫志愿服务社的学生干部组织,增进组员间相互了解,学会协调配合。

三、开展活动项目,增强育人实效

经过多年的探索,形成六个较为较受学生欢迎的活动项目。

一是"助学·筑梦·铸人"征文活动。给家庭经济困难学生搭建一个有机会畅所欲言的平台,通过分享青春的梦想和奋斗故事,激励困难生奋发自强、感恩奉献、勇敢追梦。

二是家庭经济困难新生见面会。在新生困难生认定结束后举行,一方面普及奖助政策,另一方面,通过老困难生的经验分享和互动,给予新生更多的正能量。家庭经济困难新生见面会改变了对资助政策宣传的传统说教形式,以轻松活泼又温暖动人的派对活动,让资助政策悄悄植根于困难生的脑海中。

三是感恩DIY明信片传递活动。针对"90后"学生"爱在心里口难开"的特点,以寄送DIY明信片的方式让同学们表达出对亲人、伴侣、友人、师长、前辈等的感恩之心。

四是阳光互助朋辈成长训练营。该训练营由社区管理与服务的学生社工志愿者和自愿报名的大一困难生在专业教师指导下自主完成。此活动一方面为困难生提供了一个得到心灵陪伴的机会,另一方面也为社区专业的学生提供了一个教学做合一的实践机会,一举两得。

五是"真情感恩·回报社会"系列活动。"立足现在,圆梦未来"感恩励志大会和"青春梦·奋斗梦·中国梦"PPT演讲大赛活动通过演讲比赛、视频播放、政策宣讲等活动形式,让困难生了解当前时代的主题,引导困难生常怀感恩之心。

六是"良师益友·与君共享"优秀毕业生成长经验分享交流会。主要邀请已经毕业的曾是家庭经济困难生的学长分享自己的学习、就业、工作经验,帮助在校困难生更好地进行大学生活、学习等。

"感恩·成长"项目取得了良好的效果:

一是促进学业进步。在资助工作中不断引导学生树立自信心和进取心。

开展"朋辈帮扶""导师计划"等帮助学习困难学生顺利完成学业,积极支持学有余力的同学进行科研创新,推荐他们参加各类专业竞赛。他们不忘初心、奋发自强,其中陈晓燕等十多名家庭经济困难生,在各类国家级、省级专业竞赛中获得多项荣誉。林乐仪同学作为励志成长成才优秀学生代表学院获广东省"国家资助 助我飞翔"全省励志成才优秀学生典型。

二是关爱学生成长。重视贫困大学生心理健康教育,通过"心理健康活动月"、飓风营救定向越野等活动积极宣传心理健康知识,将心理帮扶与成长成才结合起来;开展"心理情景剧"等活动,引导家庭经济困难学生亲身组织和参与,形成了关注心理健康,关爱心理问题的良好氛围,促进了家庭经济困难学生的身心健康。其中,胡锦鸿同学通过讲述自己成长经历,代表学院参加区域心理演讲比赛,表现出色,进入决赛并最终获得二等奖。

三是提升综合能力。坚持以经济资助为基础,能力发展为核心。针对家庭经济困难学生环境适应、人际交往、发展规划等方面存在的困难,对学生进行文明礼仪、职业发展规划、日常办公软件应用、暖心互助拓展等培训,开展"救助于行""智助智救"等讲座,增强了他们的实际工作能力和社会适应能力,使家庭经济困难学生的团体凝聚力和综合素质不断提高,也为他们迅速融入集体,更好地与人交流,在团队中发光出彩提供平台。

(二)贯彻精准资助要求

学院以精准扶贫思想为指导,积极探索对家庭经济困难学生的精准资助。

一是精准配置资助资源。学院从事业收入中提取5%用于学生资助工作,并专门从中安排10%用于资助新生,在为资助工作提供足额资金的同时,也加大了对新生资助的力度。出台学生学费减免和困难补助管理办法,贯彻实施上级的学费减免政策,并突出人文关怀,增设春节慰问及回乡路费补助、越冬御寒衣物补助和新生"绿色通道"生活用品补助。同时,为非东莞户籍家庭经济困难生统一购买东莞市城镇居民基本医疗保险,为其就医解除后顾之忧;增加突发困难认定,对学生个体及家庭的突发事件引起的实际生活困难给予及时资助;因学费上调,将勤工助学时薪提高到14元,更大程度减轻学生压力。

二是精准认定资助对象。学院严格执行国家和学校要求的家庭经济状况认定程序，制定困难认定标准，坚持每学年初集中开展家庭经济困难学生认定，及时、准确摸清经济困难学生基本情况，并对家庭经济困难学生实行动态管理。同时，利用好省学生资助管理信息系统中的人口、低保、扶贫等有效信息，做好学生家庭的经济状况的复核工作；利用信息化的学生管理系统对学生的生活消费、学习情况等日常情况进行数据采集；利用大数据等最新的技术手段对各类数据进行分析、预判和设置各类预警，在困难发生之前有效缓解学生的压力，在困难发生的第一时间能为学生提供最需要的、及时的帮扶。通过对家庭经济困难新生的精准识别，打牢精准资助的基础。

三是精准推进个性资助。主动了解学生需求，明确不同群体不同阶段以及个体之间的需求差异，逐步对应需求变化，提供更有针对性的帮扶，构筑以学生需求为着眼点，以共性资助为根本，以个性资助为突破的多维资助体系。在执行过程中做到经济帮扶和精神帮扶双线并行。一方面，通过奖学金、国家助学贷款、助学金、勤工助学、困难补助、减免学费等经济措施来保障家庭经济困难学生解决实际生活困难，应助尽助，解除后顾之忧。同时注意根据受助学生贫困程度分档发放资助资金，特别是要加大对建档立卡家庭学生的资助力度，避免了"平均资助"的现象。另一方面，根据家庭经济困难学生的不同的心理需求和发展需求，开展形式多样的诚信教育、感恩教育、励志教育和心理教育活动，给学生输入更多的正能量，引导学生自强自立、积极向上。

（三）实施精细管理

着力加强业务指导。学院学生资助管理中心细化各项资助政策，为院系助学工作联络秘书制作并发放助学项目操作指南，方便师生了解资助政策及其操作流程。同时加强学生资助工作人员业务培训，增强资助工作人员的责任意识和服务意识，提升其业务能力和工作质量。每一份通知都对下达名额、组织评审、报备材料等工作提出明确要求，并规定必需的程序和时间节点，特别强调做好寒暑假、学生毕业等特殊时段的衔接工作，确保及时足额将资助资金发放到符合条件的学生手中。

着力深化政策宣传。学生资助管理中心老师深入各系宣讲政策，走近学生进行互动，与家庭经济困难学生面对面、零距离沟通。组建助学工作助理团队，9月初针对家庭经济困难新生实际情况就困难学生认定、校园地国家助学贷款等业务进行培训及工作研讨，加大联络走访各系密度，增强院、系两级助学工作信息共享传递和情况沟通，形成公平公正、积极向上的助学态度和助学氛围，有效提升全校家庭经济困难生资助效率。

着力推进信息化建设。以信息化建设为突破口，设计、开发了学生工作管理信息系统。系统涵盖了资助工作的所有内容，集合成学生资助、助学贷款、评奖评优、勤工助学等功能模块。系统实现了资助工作的全部业务线上办公，显著提升了工作效率，同时，做到全方位、动态性地把握学生的受助情况，为精准高效实施个性资助提供了强有力的保障。此外，以学生处公众微信号为主阵地，利用网络、微信、微博、QQ、电话等多种形式，对学生资助项目具体办理流程进行宣传和介绍，对于学生关心及不了解的细节进行了明确阐述，有效地帮助学生了解办理贷款、助学金、临时困难补助等资助项目。

三、推进发展型资助

近年来，学院坚持资助与育人并重，扶贫与扶志结合，注重探索对家庭经济困难学生进行道德浸润、能力拓展和精神激励的有效载体，加快由保障型资助向发展型资助转变，取得了较好的育人效果，让受助学生的学习生活有保障，意志品质受锤炼，素质能力有提升。

（一）加强学生思想引导

在开展资助工作的各个环节，学校注重把解决学生的实际困难同开展思想政治教育相结合，通过精心策划和组织，在"润物无声"中对学生进行生活的帮助、精神的鼓励、思想的引导和行为的规范。院、系领导坚持经常性深入学生中倾听和鼓励，工作人员始终做到热情接待和耐心解答，这让学生感受到来自学校和社会的温暖和正能量。学院还不断完善资助工作的规章制度，最大限度地提高各项资助业务的透明度，维护资助公平，让学生在潜移默化中认同和践行公正、法治、效率等价值理念。通过开展困难认定时的诚信承诺、国家助学贷款进程中的合同签订，征信知识普及，培养了学生的诚信意识和契约意识。

学院还注重调查了解家庭经济困难学生的心理健康状态，根据他们在不同时期的心理变化情况，有效开展心理辅导。通过集体咨询、个人咨询、电话咨询、微博微信咨询等形式，对家庭经济困难学生的心理问题进行干预和引导。此外，还通过开展小组交流、团队游戏、拓展训练、社会实践等活动，鼓励他们学会与人沟通、信任他人、团队互助，掌握自我压力调节的有效方式，提高自身的心理素质。

（二）注重培养励志精神

结合关键节点，有针对性地开展励志教育、诚信教育和社会责任感教育，引导受助学生培养知恩感恩、自强自立、诚实守信、勇于担当、互助共享的人格品质。

每学年4月至5月，开展勤工助学专项活动，以征文、故事分享、团队联欢等多种形式，展现学子自立自强、奋发向上的精神面貌，通过人文关怀使得参加勤工助学的同学获得肯定和认可，找到了集体归属感，变得更加自信开朗。6月份举办家庭经济困难学生"成长经验分享交流会"，鼓励家庭经济困难学生勇敢展现自我，通过实例宣传，起到自我激励和教育引导作用。加强贷款毕业生离校前的诚信教育，让每位贷款毕业生充分认识到贷款违约可能带来的严重后果。10月至11月，举办家庭经济困难新生见面会，帮助家庭经济困难新生了解资助政策及学院的资助措施。

同时，加强感恩教育，教育广大受助学生不忘回报老师和学校的教育之恩，不忘回报政府和社会的帮助之情，不忘承担国家建设之责。倡导助人自助，明确申请学院助学金的学生需参加不少于10小时的公益服务的要求。几年来，在迎新期间、校运会运动场上、宿舍实训室清洁卫生中，总能看到我们经济困难同学忙碌的身影。学生还自发成立"爱立方"社会服务队，利用周末闲暇时间，深入社会开展系列志愿服务活动，与隶属于东莞市救助站的"街角曙光"项目办公室一起帮助街头流浪人员重归家庭，去虎门"启迪星"自闭症康复中心进行探访活动，一起关爱自闭症儿童，用心出演，给他们带来温暖……每每在志愿活动结束返程的路上，总能看到同学们脸上泛着笑意的同时，展现着责任与坚毅。

（三）促进学生能力提升

学生的成才成长关键在于自身的体悟与努力。在资助工作中，更为注重帮助学生克服自卑、胆怯等心理，引导学生正视自身所面临的困难，合理制定个人发展规划，并积极主动地去争取资源，在受助实践中不断提升和完善自我，通过个人的实际行动来改变命运。譬如学院所开展的勤工助学调查的另一个重要作用就是促使学生理清自己到底为什么参加勤工助学、对什么岗位最感兴趣、怎样才能增强收获感，了解这些，学生将会更加珍惜机会，并且充满信心地去选择勤工助学岗位。

为使广大学生接受更全面的锻炼，学校在积极拓展岗位数量的同时，不断丰富勤工助学的岗位层次，逐渐将岗位工作内容从体力劳动型向技术服务型扩展。还通过成立大学生超市，开发具有学院特色的创业型勤工助学项目，既使学生的学术实践能力得到了锻炼，也使学生的管理经验得到了丰富。同时，制定岗位的工作要求和流程，并设置岗位考核标准，对其工作过程进行监督，并考核工作结果，提高了学生的岗位责任心和注重工作结果的意识。此外，考虑到社会兼职一定程度上不仅可以缓解家庭经济困难学生的经济压力，也可以提高实际的工作能力。但很多家庭经济困难学生通过他人介绍或自己直接寻找，由于社会经验不足，面临很多意外风险。学院根据贫困生的需求开展兼职工作的集体和个体指导，包括兼职渠道的辨别与选择、面试技巧、劳动报酬的支付、工作时间和工作强度的辨认、意外风险的预防与规避，以及自我保护。

从"感恩勤工 别样骄傲"主题征文的作品也可以看到，家庭经济困难学生通过劳动获得了生活补贴，还锻炼和提高了社会实践能力，自信心得以增强，而且在勤工助学、社会兼职中也了解到工作的艰辛，更加体谅父母的辛苦。

附录

勤工俭学铸我成长

徐特立曾经说过："勤工俭学的意义在于它能够培养和发挥青年的创造

性和才能。"可见，勤工俭学对我们大学生来说是多么重要，它能够锻炼我们各方面的才能和素质，让我们变得更加强大。

时光荏苒，身为艺术设计系辅导员助理的我，不知不觉已在辅导员办公室工作两年，由秘书处的一名小干事到老师助理，再兼任着秘书处部长的职务。在小小的办公室里，印下了我大学的足迹，也见证了我两年来的成长。

心更细，事更稳

作为助理，最重要的工作就是懂得整理和处理文件。虽文书工作较为枯燥，但自古有云"一分耕耘一分收获"。再简单的事，也总会有令你收获的地方。这两年里，我提高了运用办公软件能力，同时在这个极需要耐心和细心的工作中培养了一项重要能力——心细谨慎。

在学习之余兼顾助理部门烦琐的工作，这令我更注重合理安排时间。我会在桌面上贴满便利贴，提醒自己的工作安排。虽然要干的事情很多，但每当我撕下一张张便利贴时，心中满是难以言说的喜悦。

善交流，结益友

大学是培养一个人逐步走向社会的过程，也是学会与别人沟通、结交朋友的重要平台。很多时候大家都会觉得，老师与学生之间会存在一定的距离，我也不例外。在最初的时候，即使工作出现问题，我也独自处理。后来老师发现后，主动与我交谈并且细心教导我。渐渐地，我的工作得心应手，得到同学的理解和支持，认识许多知心好友，我与老师之间的相处更如同朋友一般轻松愉悦。

小挑战，铸坚强

大学就是要磨砺一个人的意志，我认为，凡事要敢于担当和挑战。在这里，我为老师插上第一束亲手剪裁的花，写上人生第一份策划书，搞好一个属于自己创建的活动。虽这些看起来微不足道，但它们一点一滴印证了我的成长。

在这不长不短的两年里，有眼泪、欢笑和汗水，有时也有嚷嚷说放弃的时候，但我时常怀着"坚持与努力"的信念咬着牙关挺过一个又一个难关。感谢老师教会我成长，虽然老师每次都说我下次再做错事，就会惩罚我，但却每次都会包容我原谅我。感谢同学让我感受到集体的爱和温暖，身为艺术系干部我感到无比幸运和骄傲。

(2015级工业设计1班　叶子晴)

路上的我

刚进大学校园的时候，我对大学生活充满期待及好奇。为什么大学里有辅导员？他们是教书的，还是社工？为什么同学上完课后，大多数休息时间都在宿舍里？我带着疑惑边学习边思考。

转眼间，漫长炎热的夏天已经来临，上完课我跑回宿舍吹冷气，凉爽舒服，然后再跑到外面刺眼的大太阳底下，可谓"一个天一个地"。看着跑道上跑跑停停、汗水湿透背心的校友，或脚步匆匆、忙忙碌碌、拿着书本进出图书馆的书友，相比之下，我感到很无助。我要一直这么碌碌无为吗？我想起前段时间很火热的一句话：先定个小目标，赚他一个亿。我决定要改变点什么。

大一暑假有两个月时间，我要去打工，一来可以体验社会生活，二来可以让自己的日子变得更有意义。松山湖是个好地方，山清水秀，景色怡人，我来这里当观光旅游车的检票员。

第一天上班我颇为兴奋。小火车一共有三节车厢，蓝色和棕色两辆小火车。还会"叮叮叮"地响铃，清脆响亮。坐在火车上，特别在火车上只有我一个人的时候，经常会引来路人羡慕的眼光，我甚至听到他们说："好拉风！""太好玩了！"

顶着烈日，曝晒了一个星期之后，我的皮肤逐渐变为巧克力色，对于女生来说，皮肤是自己的第二张脸，但是想着"出来混"总是要吃点苦的，晚上躺下敷张面膜就睡着了。

第二天打起精神来继续工作。我们称开小火车的司机"师傅"，我们要跟师傅相互配合才能顺利完成检票，如果配合不好就会造成游客秩序混乱。我们很努力，争取做一名优秀的景区工作人员。直到那一次，才发现需要配合的不仅仅是我和师傅，还有我们的小火车。小火车像往常一样"嘟嘟嘟"行驶在宽阔大道上，突然毫无预兆地缓慢地停下，这种情况有点古怪，师傅下车打电话，我马上奔下车去询问情况，原来是车没油了。车上的游客开始骚动起来。师傅耐心解释："大家稍安勿躁，车出现了不可控的因素，我已经安排另外一辆车过来接你们了,请大家耐心等待。"天气炎热,车上小朋友很多。一分钟、两分钟过去了,一位男士蹦下来,找师傅说理,显然是不耐烦了。

"我是付了钱的,现在坐不了火车,你说怎么办?"

师傅再三解释,并承诺另外一辆车子马上赶过来。男士依然满脸怒色,眉头紧锁,还指着师傅的鼻子骂。我坐在车上,我没有表情,仿佛他们是主演,我是观众。

男士大声叫嚣:"退钱!"

车上的游客也附和道:"退钱,退钱!"

一车子人都骚动起来了,场面壮观。树是静止的,没有风,天上的云也定也在那里了。

最后师傅妥协了,说道:"你们要退钱可以,也等车子来接你们回售票处才能退钱。现在天气这么热,大家静下来等另外一辆车子来接你们,好吗?"游客们马上安静下来了。太阳烘烤着小火车和大地,不久,一辆车子过来把游客接走,另一位后勤部的工作人员赶来为小火车加满了油,小火车又"呼呼呼"地跑了起来,向目的地出发,风又开始飘到我脸颊上。

大学的第一个夏天,这份难忘的工作,给我留下巧克力色的皮肤,也给我留下深刻的印象。

(2015级工商6班 刘淑娴)

第二节 培育积极心理 激励学生成长

我们把大学生心理健康教育作为日常工作和人才培养的重要环节,近年来积极探究构建基于积极心理学观点的学生心理健康教育模式,培育和开发大学生的积极心理,为学生的健康成长保驾护航。

一、心理健康教育的新视角

积极心理学是近年兴起的一个新的研究领域,它关注人的优秀品质、美好心灵、潜能等特质，提倡用积极的信念、开放性的视角解读人的心理现象或心理问题，从而激发人自身内在的积极体验和积极特质，获得积极的力量等。积极心理学改变了传统心理学的关注对象和思维方式，提出了强化积极体验、培育积极人格以及构建积极组织系统的有效方法和途径，为大学生的心理健康教育提出了新的视角和启示。

（一）积极心理学的内容及特点

积极心理学这一概念是心理学家马丁·塞利格曼和米哈伊·森特米哈伊在1997年首次提出。而后，心理学家希顿和劳拉·金对积极心理学的定义揭示了其本质特点，"积极心理学是致力于研究人的发展潜力和美德等积极品质的一门科学"，其"积极"主要包括以下三层含义：一是对前期集中于心理问题研究的消极心理学的反动，二是倡导心理学要研究人心理的积极方面，三是强调用积极的方式对心理问题做出适当的解释。

（二）大学生积极心理学的前期研究的启示

将积极心理学的概念引入大学生心理健康教育的观念引起了学界的高度关注，众多学者开始了广泛的研究。相关研究表明，积极心理学展示了一种新的理念，即积极心理教育理念。这种理念将心理学研究的重点放在人的积极品质和挖掘人的潜能上，这种观念将对大学生心理健康教育的发展产生一定的影响，同时也使我们的心理教育转向积极方面，进行积极心理教育。

目前我们的心理健康教育工作进入了一个瓶颈期，似乎越解决问题，学生的心理问题越多。而积极心理学所倡导的是发展人的积极力量与美德，以实现幸福和快乐为终极目标。培育和开发大学生的积极心理，无论是对学生的个人发展，还是对社会发展而言，都具有重要意义。拥有积极心理的大学生，进入社会后更容易适应社会，在面对困难和挑战时也更容易走出逆境，迎难而上，战胜自我。

（三）积极心理学可以引领发展方向

培育和发展学生的积极心理学，就是要帮助学生开发潜能、树立信念、创造积极的自我。

2004年美国心理学家路桑斯从积极心理学的角度，提出了心理资本的概念，心理资本主要包括4个方面的内容：自信或自我效能感、希望、乐观、坚韧性，这四种心理结构具有可以测量、可以无限开发和能够管理等特性。2007年，路桑斯完善了心理资本的定义，认为心理资本是指个体的积极心理发展状态，其特点包括：一是在面对充满挑战的任务时，有自信并能够付出努力来获得成功（自我效能感）；二是对当前和将来的成功有积极的归因（乐观）；三是坚持目标，为了取得成功，在必要时能够调整实现目标的方法（希望）；四是当身处逆境时，能够持之以恒，很快恢复并超越（韧性），最终取得成功。

积极心理学的提出是从治病方法到防病理念真正意义上的转变，是从被动处理问题到积极提升自我的转变，更加适合大学生心理健康教育之本义。在复杂多变的知识经济时代，高校不仅应该重视大学生积极心理的培育与开发，还应该持续关注积极心理学的研究和发展，培养大学生的自信心和承受挫折的能力，为大学生健康快乐、成长成才奠定坚实的精神基础。

二、心理健康教育的现实反思

2014年起，学院将《心理健康教育》设置为32个课时的必修课，每年还邀请校内外专家针对不同群体学生开展心理健康相关讲座、培训，常年举办形式多样的心理健康宣传活动，实现了心理教育全覆盖，提升全体学生整体心理素质。同时，建立以宣传教育为基础、工作制度为保障的"学院—系—班级—寝室"四级心理危机预防体系，切实将心理危机发现在基层，化解在苗头。但在实践探索中，学院的心理健康教育也暴露出一些深层次上的不足，需要由应急管理状态向实现面向全体学生发展转型转变。

（一）重视心理健康的普及性

由于心理健康教育工作的重心多集中在心理咨询和心理危机预警，关注已有或潜在心理问题的学生。而且深受心理学长期侧重问题的消极取向的影响，在课堂实际讲授过程中存在更多从心理"病例"出发来阐述如何应对心理问题的情况。这种方式虽然有利于帮助个别有心理问题或困惑的学生，但偏离了心理健康教育要面向全体学生的主方向。在这样的教学模式下，学生很少有愉快、积极的情绪体验，更别说心理资本的培养了，并且这也容易引起部分学生的自我暗示，为自己贴上了许多心理问题的标签，其结果是不但没有促进学生的身心健康，反而使学生承受了更多的身心负担。

因此，近年学院把握全面性的要求，积极探索心理健康的普及性教育模式。即面向全体学生，引导和帮助学生解决成长和发展过程中遇到的各种心理困扰和问题，从全面发展的角度，关注学生知、情、意、行协调发展，关注学生身体、品德、学习、社交、体能、事业、审美各方面的综合发展，推动学生整体素质的优化，促进学生健全人格的形成。

（二）调动学生参与的主动性

我们在工作中发现，学生学习心理的理论知识兴趣不高。一方面，高职学生普遍更注重技能的学习，对心理健康知识的学习从心理上不够重视，不少学生抱着"能过就行"的心态上课，缺乏求知的主动性、积极性，放松了上课时的自我要求。另一方面，心理健康课采用传统学科式教学模式，重在讲授理论知识，在课程目标、课程内容、课程形式、教学方法等方面很难做到贴近学生、贴近实际、贴近生活。学生感觉课堂中的所学过于理想化，一旦到了生活中就失去了实际效用，自然就导致淡化对心理健康知识的了解和学习。

但同时我们也注意到，学生对心理漫画、心理情景剧、心理演讲等活动表现出浓厚的兴趣，因为他们在参与中获得成就感和满足感，从而激发出更大的积极性来学习和掌握心理知识。受此启发，学院在心理健康课程教学中，尊重学生的主体地位和基本需要，有针对性地选择教学内容，注重适需对口，对大一学生主要开展学习心理辅导、环境适应辅导、自我意识教育和人际关系辅导；对大二学生主要开展恋爱心理辅导、人际关系辅导；对大三学生主要开展就业心理辅导、意志品质辅导、情绪调控等，使学习内容与学生生活结合，更好地为其发展所用。另外，采取生动活泼、形式多样、易于被学生所接受的教学方法，培养了学生主动参与、探究发现、交流合作的能力，增加了他们积极的情感体验，切实提高了课程的教学效果。

（三）培育学生积极向上的健康心态

随着"95后"成为学生的主要群体，他们具有鲜明的心理特点，如个性张扬，强调自我，有较强的表现欲，喜欢特立独行，对自己热衷的事物非常执着，但因为从小在生活上和经济上对父母比较依赖，成长环境相对单一，承受挫折的能力比较差，意志力薄弱，会轻易放弃目标乃至自暴自弃，习惯以自我为中心，很少考虑别人的感受，容易导致人际沟通困难、寝室关系紧张等。

结合学生的这些特点，近年学院采取积极心理健康教育模式，鼓励学生坚持正确的自我信念，着重引导学生对挫折的正确认识，通过深化成功的体验增强自我效能感，在克服消极事件的过程中培养韧性，同时，普及人际交往知识，介绍推广人际沟通技巧，引导学生从寝室开始学会适应集体生活，学会分享，提升情商，认识自己，养成好习惯。通过这样的一系列积极引导，最大限度地促进了学生的健康发展。

6栋110宿舍的同学在投稿到《学在东职》的《最美的时光里，遇见你》一文里，就为同学们分享了她们在营建和睦的寝室关系过程中的收获和"秘诀"。

附录

最美的时光里，遇见你
——和平共处 五项原则

6栋110不仅是宿舍门牌号，而且是4位"特别"的女生——欧芷研、叶胡喜、王琴、杨慧菁温馨甜蜜的家。仰望、驻足、回首、顾盼，这一年，太多的回忆，点点滴滴的痕迹，烙印在我们的心窝里。

2015年9月14日，好幸运，我们相遇了。

一年多的时光里，"和平共处，五项原则"成为了我们6栋110的口号。五项原则：一是生活习惯求同存异。我们都来自不同的城市，我们有不一样的生活习惯，我们知道需要求同存异；二是尊重个人私隐。我们"一家四口"4个床位、4张桌子，我们有各自的私人物品，有各自的隐私；三是宿舍门窗安全第一。我们生活在一楼，走道上总是能听到脚步声，当我们外出时、一个人在宿舍时，我们都知道安全第一；四是拥有个人区域。我们有属于自己的小地方，而6栋110宿舍却只有一个，在我们自己的小地方上，整洁是贯穿我们这个家的秘密武器；五是和平共处。相处难免会产生矛盾，当问题出现了，希望能站在彼此的角度想想。

2015年12月21日，我们认识100天了。那是一个浪漫的夜晚，我们准备了百日蛋糕，我给她们每人写了一封信放在她们书桌上。我亲爱的胡喜、王琴、慧菁，你们的过去我未能参与，从现在开始让我来参与你们的未来吧。

总在书桌前翻阅书本的学习达人慧菁、外表斯文漂亮事实上却是傻呼呼女生胡喜、总爱说"把她的快乐建立在我身上"的王琴……411是我们温暖的家，我们会珍惜剩下一起生活的时光。

很感谢，在最美的时光遇见了最美的你。

三、积极心理学视野下的心理健康教育探索

我们本着继承与创新相结合的原则，积极运用积极心理学理论，改进心理健康教育课堂教学，精心策划小班心理体验课，引入团体心理辅导，倡导"每个人是自己心理健康第一责任人"的理念，引导学生在日常生活中有意识地营造积极心态，预防不良心态，学会调适情绪困扰与心理压力，发展自身潜能，有效提升了学生的心理健康素养。

（一）团队心理辅导，提高学生自我效能

学院通过讲座培训、学生心理社团活动、学生心理热线、团队训练营等多种方式，进一步完善了"全员、全方位"的心理健康教育的工作格局。同时，将心理健康教育工作重心下移，在系级着力，建立管理科学系的"心启点"团体辅导工作坊与艺术设计系的"心艺"音乐辅导工作坊。这两个工作坊通过一系列轻松的对话方式、多元化的音乐行为和游戏形式，为参与个体提供一个多人参与多人互动的过程，使参与其中的每个人释放自身的真实心理状态，帮助学生自我了解，剖析个体的特点和优缺点，全面完整的认识自己，培养学生自尊自信的意识，强化自我效能。

譬如，"相遇之旅"团体成长工作坊活动在活动内容的设计上，由浅到深设置了"电波的速度""同舟共济""别人眼中的你""心路历程""我的生命线"等团体活动环节，同时，在每个环节尾声加入团体成员分享或心理学知识普及，让团体成员在心灵放松的同时，更好地自我觉察，收获个人成长。

热身

在老师的带领下，14位同学用昵称进行自我介绍。别小看这样简单的热身小环节，它让陌生的我们冲破"心里的围墙"，更快融入集体，进入活动状态。

第一环节"电波的速度"

在"电波的速度"游戏中，吴尔诺老师带领大家体会了这个游戏的乐趣。所有队员先手拉手站成一圈，这个圆圈代表我们是一个"团队""集体"。老师让小天（化名）同学捏一下同伴的右手，感受一下"电波"的力量。我们用顺时针、逆时针、闭上眼睛和背向圆心站立的方法传播"电波"，罗美琪老师则记录电波传递一圈的时间。开始时，电波传递的速度越来越快，当使用背向圆心站立的方法时，用时变长，速度变慢，大家的方向感变弱了。当最后电波由"第一人"呈双向传递的时候，有趣的事情发生了，电波差点呈循环式传递，大家忍不住转过身来看个究竟，哄然大笑，不再显得拘谨。

第二环节"同舟共济"

"同舟共济"游戏中，将报纸看作小组落水时唯一的"救生艇"，大家想办法让更多的人站到"救生艇"上获救，每个人都必须踩到报纸，看哪一组获救的人最多，考验团队的团结合作。如果我们七个人面临落水的危险，我们怎样在最短时间内用最佳的方法营救自己以及队友？当队员都踩到报纸上时，我们举手让裁判计时，我们的船却"倒塌落水"。第二轮比赛中，报纸对折，面积减少一半，难度增大，队员们斗智斗勇，有人背起队友。在这艘狭小的"小船"上，我们脸都被挤歪了，最后大家顺利"登船"，在一片欢声笑语中游戏结束。

第三环节"别人眼中的你"

最后一个游戏是"别人眼中的你"。每人一张白纸，在纸上面写下自己的名字和觉得自己是个怎样的人。同学们都在悄悄议论："呀，我到底怎样描述自己啊？""安静？""神经质？"突然觉得对自己既陌生又熟悉。我们相互帮助，用大头针把纸固定到各自的后背，接着让同学们在背上留言。起初，同学们自然分成两派，"管理派"与"艺术派"，当有一位同学主动为另一派写评价时，大家再也不"拉帮结派"了。随后的分享环节中，大家拆下纸牌，认真聆听。一位女生主动描述自己时，引起大家开怀大笑。最后，尔诺老师为大家介绍了"约哈里窗"理论，引导我们更好地认识自己。确实，游戏后，我们认识到了更深层的自己。

再如，"乐动青春"音乐辅导项目运用音乐心理辅导技术，强调音乐对情绪的心理影响，倡导利用音乐调节情绪的生理、心理机制，从而促进个体的心理发展。音乐是从心灵通向心灵的语言，用心灵唱歌，才可以谱写出优美的旋律。结合当代大学生喜欢听音乐，并且把听音乐作为业余生活不可或缺的一部分这一特点，我们的音乐辅导工作坊特别精选适合团体活动的乐曲，融入了表达性艺术，设计了多个操作简单，互动与趣味并全的游戏环节，如"自选乐器伴奏""与君共舞""音乐心里画"等，即使学生没有任何音乐基础，也可轻松参与其中。

通过这些团体心理辅导活动，让学生通过互相交流、互动分享，更快更好地融入群体生活，通过帮助他人，感受被人需要的幸福感和满足感，让学生频繁体验这些小小的成功带来的"成就感"，使他们相信只要注意方法和技巧，就能很快适应环境，甚至帮助他人，就能够将"不可能"变为"可能"，从而提升学生的"自我效能感"。

参与活动的学生在培训后留下了真挚的感言：

"'遇'真的是很美，生命也真的是一场最美丽的'遇见'。起初进心理工作坊，也许是因为责任，也许是因为不想自己闲下来而去寻找一份归属感。但此刻，不再因为别的，只是因为心理工作坊。在这里，我遇到了许多小精灵，他们真挚、热情，我们在指导老师的带领下，一起体验活动中各种精彩的瞬间。大家也彼此敞开了自己的心扉，积极地参与到了集体的活动中。每个活动结束后的分享环节，大家进行了心与心的交流，也各自分享了自己的体会，我也很感谢大家能倾听我的感受。在一些涉及身体接触的游戏中，大家开始多少有些顾虑，到之后慢慢地一点点融入这个大家庭中才发现，其实这些问题并不大，关键是看你能否敞开心扉接受他人。总之，在心理工作坊活动中，我学会了认识自己，了解他人。在生活中，我希望自己也能像在活动中一样敞开心扉对待每一件事。'遇'确实很美，感谢生命中遇见你们。"

（二）体验式教学，引导学生积极归因

心理健康教育课作为必修课后大大增加心理教师的教学工作量，因为具资质的心理教师不足，学院协调所在区域三所高校的心理教师采用大班授课才能完成教学任务。而学生数量多又会为角色扮演、团体辅导等已采用且效果较好的教学方式增添实施难度。根据学校实际，每学期8个学时的心理健康教育课程做出两个改革：一是除4个学时的大班理论教学外，另4个学时为小班心理体验课，从心理学的角度拓宽视野，帮助大学生掌握积累心理资本的方法，从而引导学生以积极情绪投入学习、工作和生活中，学会承受挫折，学会承担责任。二是在教学内容上采用模块化教学，实行集体备课，在教学方式上加以创新，重视过程和内在体验，采用启发式教学、案例式教学、体验式教学等多种教学方式，让全体学生在主动参与、深入思考中培养积极的心理资本。

启发式教学：教学过程重在引起学生的主动思考，通过思辨、讨论、对比、演讲等广泛互动参与的形式，活跃所有学生的思维，充分凸显学生在课堂中的主体地位，使课堂学习成为自主建构心理的实践过程。

案例式教学：选取的案例不再是某类心理问题的代表，而是怀抱积极信念乐观生活的典型，且具有代表性、现实性和拓展性。通过案例的示范作用，启发学生的自我探索，挖掘自身潜能。

体验式教学：真实、生动、直观、形象的学习过程有利于激发学生心理的内化机制，在情感交流和思维碰撞中产生深刻的情绪和情感体验，引起学生内心深处的共鸣，促进心理品质和心理能力的发展。

每学期的心理体验课重在主题策划和过程指导。譬如，在开展"为了父母的微笑"心理体验课活动中，目标定位就是学会感恩，主要培养学生的乐观精神。深一层次就是要通过活动，使学生"看到"生活中美好却易忽视的事物，如生命、父母、友情等。改变学生过去视之为理所当然的心态，形成乐观的归因习惯。

体验教学分两个阶段进行：

第一阶段各系自行从"感恩父母"的角度出发，首先，要求每一位同学或给父母打个温馨的电话，或给父母发一条感恩的短信，或寄送给父母一份贴心的小礼物并附上感恩的信件，或把自己想说的话录制成视频发送给父母等等，以此来表达自己对父母养育之恩的感激之情。与此同时，各班级需安排此次活动的视频采集任务，然后，由心理委员组织在班内开展团体分享活动，就以上的活动谈谈自己的感受和启发，通过同学们之间的互动交流、彼此的心灵碰撞，引导激发同学们的爱心和责任心、沟通师生和亲子和谐关系。

第二阶段各系以"学生成长，我们齐努力"为主题，邀请学生家长走进校园，引领家长参观学院的校园、餐厅、宿舍、教室、图书馆、实训中心等地方，观看学生学习和实操表演，并组织召开家长座谈会，共同探讨如何更好地帮助同学们健康成长，力求帮助同学们在大学阶段保持理性和健康的心态，引导家长积极主动地关爱子女的身心健康，并鼓励家长能在细微处多多观察孩子的内心变化，尽可能地和老师多沟通，多了解，保持和谐的亲子关系。在这个基础上，我们进一步引导学生和家长共同感恩我们国家、社会和人民对高等教育所做出的贡献，认识到自己决不能辜负国家和社会对我们的期望。

为组织好心理体验课，各系安排辅导员老师对本系心理体验课程进行全程指导，先培训各班级心理委员，再选择一个优秀班级让心理委员集体现场观摩，然后由各班班长、心理委员具体组织开展。课程结束后，要求各班级及时做好总结工作（包括文字、图片、流程、心得体会等），并将其作为评比表彰的重要依据。

实践表明，心理体验课合理运用积极心理学理论，给学生及时有效的指导，是提升学生自我幸福感，增强班级凝聚力的好办法。

心理体验课的开展，也能够挖掘学生的聪明才智，提升应对能力。在"元芳，你怎么看？"心理体验课中，通过微视频访谈、班会、板报等各种形式，针对目前大学校园存在的如校园贷、盗窃、出走、自杀、抑郁以及恶性伤害等造成一定影响的不良事件，引导同学发表自己的看法并提出应自己的合理建议，很多同学能够主动做出正向积极的思考。

如对抑郁心理的看法：

对于抑郁的同学我们要有耐心，包容他们，不可小事放大地指责他们，不要给他们施加压力，要多鼓励他们，帮助他们走出抑郁。

大学生抑郁症的诱发因素主要是环境变化。一是整个社会环境的网络化、虚拟化对其造成影响；二是学校环境的改变带来各方面的不适应。另外，压力也是大学生焦虑或抑郁的主要来源。在校大学生面临考试、就业、恋爱等种种压力，加之他们比较敏感，受挫力又相对弱，抑郁情绪易堆积形成抑郁症。

保持良好的生活习惯，大学生抑郁症治疗的第一步就是将自己的生活作息合理化，改掉翘课出去玩儿或睡懒觉的习惯。尽量避免酗酒、暴饮暴食，每天至少做一件有意义的事让自己充实起来。否则，整天无所事事，或打了一天网游，心理不会产生满足感，只会产生失落感，进而加重抑郁情绪。

向心理医生咨询，相信能够回答这个问题的，只有掌握专业理论和技术的心理咨询师和心理医生。因此，如果大学生抑郁症患者想要获得正规、专业、细致、有保证的抑郁症治疗效果，最好尽快向心理医生咨询。

沐浴阳光多做运动，据有关的研究证实，阳光是极好的天然抗抑郁药物，而早晨的阳光效果最佳。因此有冷淡消沉、无精打采、学习效率下降等抑郁症状的大学生在阳光照耀下会渐渐找回放松的心情。同时，大学生抑郁症治疗还可以采用运动疗法，比如打球、跑步、散步等等。

再如，对入室盗窃的防范：

在宿舍，人离开的时候要检查好宿舍门窗是否锁好，贵重物品随身携带或在宿舍锁好。睡觉时把门锁好，可以做一些措施，例如在保证安全的情况下，阳台的边上可以放一些玻璃瓶之类的，当小偷爬进来时，一片漆黑的环境中，从阳台跳进时，撞倒玻璃瓶，玻璃瓶摔在地上发出声音，我们就会被吵醒，就要马上采取相应措施，这样小偷要么逃走要么会被抓。

平时，身边只需留有少量零用钱，把较大数额的现金及时存入银行，并设置好密码，需用时即用即取。一些在平时生活、学习中不经常用到的贵重物品最好不要放在寝室里，如电脑、手机等物品。最后离开宿舍的同学，要切记关好窗、锁好门，装有保险的，要上好保险，养成良好习惯。

发现形迹可疑的人员应加强警惕、多加注意。作案人到教室和宿舍行窃时，往往要找各种借口，如找人或推销商品等，伺机行窃。遇到这种情况要及时向保卫处汇报。

从这些发言中可以看出，学生不仅能够分析出发生这些问题的原因，还能将心理知识和现实问题相结合，通过思考给出合理化的建议。这从另一个侧面给我们以启示，积极的正强化能挖掘学生更多的积极潜能。

（三）开展韧性教育，增强学生抗挫能力

具有较强韧性的人不仅可以在挫折中茁壮成长，而且在经历挫折洗礼后，他们可以很快恢复原来的水平甚至能力得到更大的提升，在复原提升的同时感悟到生命的价值和意义。大学生的抗挫折能力需要经过长时间的考验和磨炼，近年学院积极引导大学生正确看待挫折，用发展的眼光来正视现实问题，挑战困难，克服挫折。

如针对部分女生抗挫能力较差的弱点，专门召开"争做优秀女生，开启美丽人生"女生心理健康座谈会，通报女生因为失恋、成绩差等问题发生的事件，并由心理健康教育与咨询中心的老师与各班女生代表面对面交流，解答女生们的困惑。座谈会上女生代表提问积极踊跃，就学习、人际、情感、心态、等方面的问题提问。"宿舍三人性格外向，一个性格内向，我们该如何带动她融入集体？""自己在对外交往上表现得很积极活泼，实际内心觉得孤独，怎么办？""大一新生觉得很迷惘，不知道未来的路该怎么走？""身边的朋友遇到困难向她求助，该如何帮助她"……心理咨询中心的老师从专业的角度一一耐心解答，并建议同学们在出现阶段性心理困惑的时候前往心理咨询中心寻求专业咨询师的帮助，这让学生了解心理咨询的作用和重要性，有效引导学生在生活中保持坦诚豁达、坚韧不拔的心理品格。

学院还注重实践环节作用，通过实践情景，启发学生在角色扮演中构建良好的思维方式，形成良好的行为反应习惯，为大学生承受和挑战困难奠定思想基础。如为引导学生树立正确的价值观和消费观，自觉远离网络借贷行为，规避盲目消费风险，提高防范风险的能力，学院组织开展《校园网贷现形记》情景剧比赛，结合学生心理健康教育，以校园剧的形式进行公演、宣传，历时两个月，生动形象，寓教于乐，收到良好的教育效果。

（四）点燃希望之光，指导学生制定合理目标

"希望"不仅指个体对某个任务可能完成的决心，而且还包括对任务能够完成的信念。充满"希望"的学生能通过制定符合自身情况的近期目标和长远目标，近期目标完成后给予自己奖励，激发自己接着完成下一个目标。每一个目标的完成都是对自己激励的过程，这些成功经验的积累使其获得强大的自信心。久而久之，这种希望的体验则会成为高职学生稳定的心理资本。

我们积极引导学生将其目标分解为比较容易达成和实现的阶段性目标，从而启发学生认识自己设定的心理限制，认清自己的优势，引导大学生将关注点放在完成任务的方法策略上，而不是在过多关注任务可能失败的焦虑上。譬如，新生一入学，首先进行适应性教育，邀请专业学科带头人向学生介绍本专业的知识结构、课程内容、学科发展前景，强调学好基础课和专业课的重要性，同时请高年级的优秀学生介绍专业学习经验、学习心得及体会，让新生对专业有更直观的了解，明确未来努力的方向。其次要打破习得性无助思维，协助新生拟订适合自己的学习计划和发展计划，确定具体的、可衡量的个体目标和组织目标。

我们同时做好心理问题学生的干预工作，对重点关注的对象有针对性地开展心理辅导和训练，在他们成功时给予鼓舞，在他们痛苦时给予抚慰，在辅导员的热情关心及心理健康咨询中心的长期咨询陪伴下，不少学生慢慢重拾对学习、人际交往和未来发展的信心。从以下案例也可以看到一名女生在与辅导员的在一次次沟通过程中不断地认识和发现自我，获得成长。

附录

心病还须心药医，成长必须经挫折
——一例因成长发展问题导致的突发事件的处理

一、案例简介

"我很喜欢你们，你们对我也很友好，我与你们在一起时感觉很温暖，可惜我始终觉得自己与所有人都格格不入……你们追韩星，我却喜欢张国

荣；你们看综艺节目，我却喜欢看书，我已经努力尝试融入大家，但却无能为力……我决定永远离开学校，不再回来，请你们不要担心，永别了……"这是女生小刘在"诀别信"中写下的内心独白。在留下"诀别信"后，她开启了一趟"不归的旅途"。

2015年4月8日清晨7点，东莞某高职院校工商企业管理专业14级学生小刘在没有告知任何人的情况下，在宿舍留下了一封"诀别信"后，趁着室友们熟睡，独自一人带着简单的随身物品，离开了学校，第二天傍晚彻底与他人失去了联络。谁都没有想到，平日里懂事安分、与同学相处融洽的小刘，竟会突然以诀别的方式离开学校。事件发生后，经过及时妥当的突发事件处理以及学校、家庭、警方三方的联动配合，终于于4月14日凌晨在云南省大理市找到了小刘的踪影，由她的父亲接回家中休养一周，4月20日正式返校复学。

基于小刘的情况，在她返校的这一年半以来，我定期对她进行帮扶和引导，现在小刘不但适应了校园生活、摆正了心态，在学校找到了与自己志趣相投的朋友，还找到了发挥兴趣爱好的平台。如今，踏入大三的小刘开朗活泼，朝气蓬勃，并在一家报社找到了实习编辑的工作，即将于明年六月顺利毕业。

二、案例原因分析

从案例整体来看，小刘离校失联属于突发事件，而致使其离校失联的主要原因是小刘入学以后在成长发展方面出现了问题，最终导致了这场惊心动魄、万里寻人的突发事件。因而，针对这一案例的分析应当从两个层面着手。

首先，是解决当务之急。显然，这是一起涉及学生人身安全及校园和谐稳定的突发事件。作为辅导员，我必须在第一时间启动应急预案，联合学校、家庭以及其他一切可发动的社会力量进行及时、妥善处理，找到小刘并确保她的人身安全。在处理过程中要本着认真负责、实事求是的态度，做到三个"第一时间"：辅导员、班主任要第一时间赶抵达现场、控制局面、核实情况；第一时间将情况反馈给院系及学校职能部门领导，必要时向警方、医院等社会力量寻求合力；第一时间与家长取得联系，保持密切配合。

其次，是筹划长久之计。从事件成因及长效处理来看，这属于学生成长发展问题。解决学生成长中的问题，既是处理本案例真正的出发点和落脚点，也是打开学生心结的最终"解药"。心病还须心药医，只有深入分析造成问题的原因，才能对症下药，使"小刘们"避免再次发生同类或更加严重的事情，根除酿成悲剧的可能性。

经过和小刘的多次深入交流，我发现造成小刘"心病"的主要原因有三：第一，小刘在人际交往方面存在问题。她性格内敛，不爱与人交往，不热衷参与集体活动，课余时间喜欢看书、写文章，且不是东莞本地人，在生活习惯和文化上与其他东莞本地的同学存在一定差异，因此自入学以来并未完全融入集体。第二，小刘缺乏精神寄托，有着强烈的孤独感。对所学的工商企业管理不感兴趣，而在她感兴趣的文学方面却始终没有机会一展拳脚，甚至连一起阅读、交流的朋友都没有，这进一步加剧了小刘因为人际交往问题导致的孤独感。第三，小刘的容挫抗压能力较弱。其父母及妹妹都性格强势，对小刘进行了全方位的保护，使她成为了真正的"温室里的花朵"，一旦离开家门遇到挫折时便束手无策、不敢面对、丢盔弃甲，最终不得不逃避问题，选择一走了之。

三、案例实际处理

基于上述分析判断，我有针对性地将这个事件分成两个阶段来处理：突发事件处理和长效成长帮扶。

在突发事件处理阶段，小刘的室友在其离校第二天下午18：30分许发现"诀别信"后立即向我和小刘的家长反映了情况，我和家长分别于18：40分前后各与小刘通电话一次。18：45分，我与班主任抵达小刘宿舍，核实情况后，立即向系部和学生处领导汇报此事，向派出所报案，并建议家长立刻前往学校协助处理。20：00分，小刘的家长抵达学校，并收到派出所报案回执，民警到学校调取了监控录像、了解具体情况并做详细记录后当即开始寻人工作。与此同时，我也对小刘的室友们开展工作，一方面进行情绪上的疏导和安抚，一方面控制局面防止消息扩散，以免将来对小刘造成更大的再伤害。

在成长帮扶阶段，我首先向学校心理咨询中心老师寻求协助，对小刘的心理状况进行及时干预、评估、疏导,评估小刘是否存在一般或严重心理问题、是否需要转介。较为幸运的是,评估结果表明小刘存在的是一般心理问题,经过心理老师的定期辅导能得到有效缓解,可以维持在校的正常学习、生活。经过心理辅导,小刘开始逐步建立起积极乐观的心态及思维模式。

其后,在小刘的心理状况开始好转之时,我着手帮助小刘改善适应性问题及人际交往问题。为此,我一边做小刘的思想工作、鼓励她突破自我封闭的堡垒、尝试与同学敞开心扉交往,一边私下建议室友们对她"多多关照",多组织聚餐、郊游、"卧谈会"等集体活动,上课、运动、泡图书馆时多邀请小刘一同参与。同时,在小刘返校一周后我组织了一次班级拓展活动,有意识地选择了两人三足、同心圆等能够增强集体凝聚力、有利于小刘融入班集体的活动;在小刘返校一个月后我又组织了第二场班级拓展活动,全班同学一起到松山湖风景区郊游,小刘与同学们一起骑自行车游湖、烧烤,在轻松愉悦的氛围中不知不觉便拉近了与同学间的距离。

此外,我想办法帮助小刘增强容挫抗压的能力。经过与小刘家长的多次沟通,家长愿意适当放松对她的保护与管束,鼓励小刘到校外兼职,增加社会阅历、体验生活百态;经过与任课老师的沟通,老师们也在课堂上给予小刘更多的机会展示自我,帮助她更好地开展专业学习、提升专业认同感、发现兴趣点。

同时,考虑到小刘爱好文学,我结合自身专业特长经常主动与她进行探讨,共同交流读书心得,并指导她寻找发展兴趣爱好的平台。最终,小刘凭借自身努力,在我院《学在东职》报刊担任了编辑职务,在课余时间从事她钟爱的文字工作,并因此结实了一批志同道合的朋友。此外,小刘还创立了自己的个人微信公众号,自2015年底创立以来,发表了原创文章近80篇。

如今,小刘的大学生活乃至人生开始走上一条更加阳光、宽广的道路。玉不琢不成器,人的成长面对的是一条曲折坎坷的道路,不经历挫折磨难的打磨、不对症下药解开内心的症结,如何有机会迎来雨后的彩虹?我想,小刘今后定会慢慢地成长为一个"心中有阳光、脚下有力量"的人。

四、遵纪守法是大学生的行为底线

遵纪守法是每个公民应尽的社会责任和道德义务,是大学生必须遵守的行为底线。学院突出学生主体，采用问题导向，加强学生法制教育，促进学生认真学法、自觉守法、善于用法、勇于护法的思想观念和行为习惯的养成。

(一) 远离黄赌毒

大学生一旦和"黄赌毒"沾上边，轻则违反校纪校规，重则触犯法律，对自己、他人、家庭和社会都将造成严重的危害。学院发挥课堂教学的主渠道作用，充分利用"两课"教育对学生进行系统的法律知识的渗透，加大普法的力度和广度，提高广大学生的法律意识、法制观念和法律素质。组织学生定期观看法制案例宣传片，请法官、检察官、律师到学校讲课，利用发生在身边的典型案例对大学生进行生动的、直观的法制教育，提高他们守法的自觉性。

同时，设法把教育活动延伸到课堂以外，使课堂内外的教育活动有机结合起来。组织学生到强制隔离戒毒所现场听戒毒人员现身说法，邀请缉毒民警、戒毒医生进行现场互动访谈，指导学生就大学生沉迷网络赌博、吸食软性毒品等社会事件，运用课堂讨论、主题辩论、模拟法庭等多种方式，引导学生在社会实践中对社会治安、大学生违纪、消费者权益保护等情况进行调查、分析、讨论，引导学生认清危害，分析原因，自觉树立"自爱、自重、自强"的健康心态，远离"黄赌毒"。

(二) 警惕陷入非法传销

非法传销组织具有很强的欺诈性、隐蔽性和危害性。大学生具有社会经验不足、警惕性不强等群体特征，加上渴望成功、求职心切等心理特质，易受传销组织的诱骗，进而身陷传销，严重危害大学生的成长和社会的稳定。

为预防大学生误入传销，学院将防范传销的基本知识纳入新生入学、就业指导教育范围，通过专题讲座、案例分析、现身说法等方式，提高学生识别、防范传销的能力。在入学教育中重点揭露传销的骗人伎俩，打牢新生预防传销的思想基础，在寒暑假来临时，开展抵制传销的法律宣传活动，引导学生自觉抵制传销。此外，面向曾身陷传销组织的学生，要有针对性地做好教育、安抚工作，消除不良影响和隐患，并及时研究传销犯罪的形式变化，创新教学方式方法，提升反传销教育的针对性和有效性，增强学生的分辨能力与防范意识。

同时，加强对学生的人生观、价值观教育，让学生清醒地认识到"天下没有免费的午餐"这一基本常识，克服投机心理，树立大学生正确的人生态度。加强毕业生就业观教育，客观准确评价自己的能力，树立毕业生艰苦奋斗的精神，增强学生自觉抵制非法传销诱惑的意识和能力。

在毕业生就业指导工作中，教育学生在求职或兼职打工过程中，提高自身的认知能力，克服功利心理，提高就业防范意识。在参加兼职或招聘活动时，要清楚了解招聘单位的性质、业务范围、公司地址、法人代表、注册时间等，必要时可查询招聘单位在工商局的登记信息，以免上当。如果应聘单位在外地，最好结伴同行，特别注意不要把自己的毕业证书、身份证等留给招聘单位，提交复印件即可。遇到疑似传销的情况，在注意人身和财产安全的前提下，择机向工商部门求证或向公安部门反映情况。如果遇到24小时的"软禁"或"跟踪"，大学生可利用外出时机，在人员较为密集的地方寻找机会挣脱求救，也可以通过装病或者利用与家人通话报平安的机会寻求帮助。如果不幸遭遇暴力，要沉着冷静，利用对方放松警惕之机伺机逃离报警。

（三）自觉遵守网络法规

大学生作为网络犯罪中的"易感人群"，已成为我国在网络犯罪斗争中需要关注的主要群体之一。大学生网络犯罪形式多样，利用计算机制作、传播色情、淫秽内容；进行网上诈骗、敲诈、造谣、传谣；参与网络赌博；盗窃网游账号；制作、传播病毒；组织网络非法传销等均已成为常见的大学生网络犯罪类型。网络的虚拟性使部分大学生误以为在虚拟空间实施的犯罪行为有别于真实的社会行为，罪恶感降低；网络的开放性以及网络犯罪行为的隐蔽性导致部分大学生带着侥幸心理，肆无忌惮地实施网络犯罪；部分专业技能较强的大学生，为了满足好奇心与表现欲，制作、传播病毒，攻击网站，盗取数据，凸显个人能力，这些成为大学生网络犯罪的主要心理因素。无论是经济损失，还是社会影响，大学生网络犯罪危害性都远远大于传统犯罪。

大学生网络犯罪的高发率在很大程度上是因为他们法律意识淡薄，法律精神欠缺、法制观念不强。因此，学院立足于学生，切实建立一套科学的引导管理机制。一方面，通过开办一些与网络犯罪与计算机条例方面的讲座，在宣传栏张贴与网络犯罪有关的宣传漫画等，引导学生学习计算机网络方面的法律法规，自觉地树立网络尊重意识、责任意识、自律意识和安全意识，培养自己的健全人格和网络道德，把网络当成学习的工具而不是获取不良信息的途径和实施违法犯罪行为的对象和工具。另一方面，加强辅导员职业培训，增强辅导员老师对网络犯罪的了解以及重视程度，通过辅导员老师来与同学们的密切联系和沟通，引导学生的思想导向，增强学生的辨别能力，自觉抵制诱惑，自觉遵守网络法规。

第三节 加强指导服务 帮助学生顺利就业

在经济新常态下，经济结构和就业结构都发生转变，大学生仍然面临就业紧张的严峻问题。近年来，学院主动适应新常态，推动就业指导工作从关注就业率向提高就业质量转变，从推荐一份工作到关注学生成长转变，从简单反馈教育教学向协同育人转变，全面推进创新创业教育，有效引导广大学生树立正确就业观念，切实提高了学生的就业创业能力，帮助广大毕业生顺利就业，2016年毕业生就业率为99%。

一、加强就业指导的针对性

每个毕业生的职业取向、个人兴趣与专长都不同，如何从泛泛的针对群体的就业服务转为聚焦于毕业生个体的个性化就业指导，成为学院就业指导工作探索的重要方向。

（一）培养专业化指导队伍

就业指导是辅导员工作专业化之一，辅导员在就业指导中具有独特的优势。他们的角色定位使其与学生关系最密切，最能获得学生信任，辅导员将就业工作融入到日常教育管理中，能使就业指导更及时有效，而且辅导员工作在学生管理和思想教育的第一线，对学生状况了解得全面而具体，也能针对不同学生的特点，进行个性化的就业指导。

因此，我们把就业指导明确列入辅导员工作职责之中，并将辅导员开展就业指导的工作情况、学生就业状况以及学生满意度调查等纳入辅导员考核指标体系，并评选就业先进个人、优秀就业指导教师，对考核业绩优秀的辅导员进行奖励，对表现不积极的进行诫勉谈话，通过这种奖惩制度加强对辅导员就业指导工作的激励和约束。

同时，加强辅导员在就业指导方面的培训与学习，使之掌握就业指导的基本理论与实践技能，不断提升就业指导的理论水平。我们除了做好辅导员思想教育和日常管理方面的培训外，还通过聘请就业指导专家做讲座、选送辅导员参加就业指导培训班，选派辅导员到就业先进单位去学习以及到国内高校交流，鼓励辅导员考取就业指导师资格证书、组织就业指导课程的教学观摩与经验交流等，增强辅导员的综合素质和业务水平，使得辅导员的就业指导工作具有较强的科学性和针对性，并向职业化、专业化、专家化方面发展。辅导员掌握了当前的就业形势、社会需求、专业分层、资源信息，学习国家就业方面的政策法规，掌握了职业生涯规划和人力资源管理的知识，有助于辅导员因人而异、有针对性地对学生进行就业指导，提供个性化的就业方案，促进学生更好就业。

（二）实施全程化就业指导

我们以课程教育为主线，将大学生职业发展教育和就业指导课作为必修课纳入培养计划，改原来的"阶段强化"为"全程指导"，按照"理论加实践、三年不断线"原则，形成了理论教学、实践教学、社会实践"三位一体"的全程化、全方位职业发展教育和就业指导体系，推进就业指导。

按照分步实施的原则，对不同年级实施不同内容的就业指导教育。在大学一年级完成对学生职业生涯和学业生涯规划教育，大学二年级开始对学生进行职业基本素质养成教育，大学三年级进行职场适应能力和实习训练，锻炼学生职业能力。

突出实践性，整合校企合作企业的力量，开展各项社会实践活动。如：在每学期就业指导课程结束前，组织学生参观企业的生产管理环节，深入企业了解东莞的人才需求信息动向；经常性邀请企事业单位专家为学生介绍社会对人才的要求；举行模拟招聘会，让学生进行实操锻炼等。

成立"职业生涯规划咨询室"和"创业咨询室"，补充课堂共性引导外个性辅导的缺失。指导老师通过与学生深入交流，进行综合测评和全面分析，针对个体需求、个性特征情况，指导学生制定切实可行的"个体"职业发展目标、职业生涯规划、创业方案等，帮助学生增强信心，提高心理素质。

（三）精准推送就业服务

学院发挥辅导员就业指导的优势，在系部层面建立起专业化就业工作队伍，初步实现就业工作从学院层面深入到系层面、从关注毕业生整体深入到关心毕业生个体的转变。辅导员与每一位学生相伴、相知、相长，为每一位学生的职业发展规划提供量身打造的"私人订制"服务，使他们能够满意开心地毕业。正是辅导员在学生人生选择的转角处提供温暖的心灵陪伴、贴心的交流沟通、适时的专业指引，有效帮助学生成长成才。经粗略调查，在学生就业过程中，经过辅导员就业指导的毕业生在求职中明显更充满自信，能够理性分析自身条件，更容易找到适合自己的岗位。

建立就业市场开拓机制，广泛走访重点就业单位，借助项目合作等渠道主动推介毕业生，开拓就业市场，加大人才输送力度。建立实习就业无缝链接机制，同连续多年招聘毕业生较多的单位合作建立实习就业基地，促进实习就业有效联动，用实习带动就业。建立就业信息共享机制，学院就业网与各重点人才市场、兄弟院校就业网紧密连接、信息共享，并有针对性地组织毕业生参加现场应聘。建立网络招聘信息搜集发布机制，设置媒体信息网络专栏，收集、整理和发布各类就业信息，为学生提供更多就业选择。

定期组织院系两级就业答疑会、就业咨询会和未就业毕业生就业促进恳谈会等活动，深入班级、走进宿舍，全方位了解学生就业情况，解决学生就业中遇到的实际困难。建立毕业生就业状况动态管理数据库，关注经济困难、就业困难、心理承受能力弱等就业特殊群体毕业生的就业和发展问题，主动为其提供就业帮扶和指导，实现了就业困难学生的重点关注、重点培训、重点指导，使大部分就业困难学生都能在离校前顺利就业。关心离校未就业毕业生的就业问题，理解他们巨大的精神压力和焦虑情绪，继续为这些学生提供就业帮扶和心理疏导，做到关心到底、离校不离心。

二、加强就业指导的协同性

当前，经济进入新常态、社会发展处于新阶段、大众创业万众创新激发新动力，迫切需要就业指导工作适应经济结构调整带来的行业企业人才需求变化。

（一）建立就业对教育教学的反馈机制

毕业生就业质量在一定程度上反映了一所学校人才培养的质量，毕业生就业状况也对学校专业设置、招生、人才培养模式等具有反馈和借鉴的意义。学院定期走访用人单位，开展用人单位人才需求、满意度、毕业生就业状况等调查，并委托第三方数据调查机构——麦可思开展毕业生毕业半年后和毕业三年后调查，定期分析市场需求，根据用人单位对毕业生工作态度、专业技能、综合能力等评价形成调研报告。

人才需求调研与毕业生就业状况调研所获得的第一手资料有效推动了学院招生、就业、学生管理、专业教育等联动机制良性互动。

根据近三年就业反馈的相关数据，不断提高专业设置与地方经济和人才需求的适应性。首先，通过教学资源的优化配置，加强特色和品牌专业建设，对培养模式有特色、培养方案切实可行、有较强现实适应性的专业积极扶持。其次，对有一定传统优势的老专业，为适应经济社会发展需要，在保持其专业特色和优良传统的前提下，通过更新其人才培养计划和课程设置实现专业升级，寻找与新兴产业的结合点，从而使其重新焕发活力。最后，建立专业退出机制，对一些招生困难、就业率低下的专业逐年淘汰出局。

学院始终坚持以社会需求为导向，建立招生就业联动机制。适当扩大就业率较高的专业规模、适当控制就业率较低的专业规模。结合毕业生对就业状况不满意和离职率高的情况，在招生过程中，加强专业宣传深度，让考生真正明确所学专业的就业方向、工作实际环境及个人发展前景。根据麦可思数据公司调查的主要行业类需求变化趋势和主要职业类需求变化趋势。学院结合"东莞制造"向"东莞智造"加速转变，扩大物联网应用技术和工业机器人技术等新专业招生规模，对目前市内人才需求量较大的学前教育专业，进行详细调研、论证，采取多种招生方式吸引优质生源，力争在这一领域占有先机。

学院还根据毕业生就业状况和满意度调研反馈，在学生管理、校园文化建设、专业教学等各方面进行改革和完善，使学院各项工作朝向更有利于学生综合素质发展的方向不断提升。

（二）引导学生积极转变就业观念

经济新常态下，各行各业用人单位对劳动者素质的要求越来越高，不仅需要毕业生有丰富的专业知识和娴熟的专业技能，更需要毕业生具备正确的就业观念以及平和的就业心态。但仍有不少学生将就业目标锁定在公务员、事业单位或者一线城市等，追求所谓的"金饭碗""铁饭碗"，追求外表光鲜。

因此，学院将职业指导渗透在学生在校期间的三年学习生活当中。根据不同专业类别、不同学年时段，确定相关教学内容，有针对性地开展职业指导和就业推荐工作，并编制《职场星空》《毕业生就业指导手册》，积极引导广大学生转变观念。一是克服依赖心理，不要把希望寄托在拉关系、走后门上，要勇敢地参与到就业市场的竞争，积极创造、把握就业机会；二是理性看待工作待遇，不能光看地域，不能光看工资，不能光看热门行业，冷门但收入很高的专业、很有前景的专业也需要关注；三是珍惜第一份工作，坚持先就业后择业，不要期望一次就业终身就业，而应该渐进式、阶梯式前进。同时，引导学生发扬不怕辛苦、甘于奉献的精神，主动向基层和小微企业发展，学会从最基层去干，在基层干的过程积累宝贵的经验财富，鼓励他们把握经济新常态下赋予的新机遇，勇于创新，敢于创业，在积极的创新政策与良好的社会创新氛围中实现自我价值和理想。

（三）引入企业协同育人

提升毕业生就业竞争力，关键在于提高毕业生的技能水平。基于这种认识，学院近年建立健全校企协同育人机制，努力提高人才培养质量。

举办"企业精英进课堂"系列讲座，让企业精英与学生面对面分享创业就业经历、畅谈工作感悟，研判行业趋势和发展机遇，邀请优秀校友为学弟学妹讲述如何在学习和实践能力方面做储备、如何制作简历、如何与公司洽谈，帮助学生把握就业形势，提升求职技能。

加强校企合作，推进订单培养，采取校企联合、定向委培的模式，使学生在最短的时间内掌握相应岗位的操作技能，为企业提供针对性的人才。不断挖掘有合作潜力和意向的企业开展"订单培养"，与顺丰速运、三正半山酒店、东莞国旅等公司达成订单培养计划，进一步发挥"订单培养"形式在推动毕业生优质就业方面的重要作用。建立大学生速递中心、都市丽人东职研发中心、东职朗讯汽车维修有限公司等一批教、学、做一体化的实训基地，为学生创造校内动手实践的机会。实施现代学徒制试点项目，开办华为技师学徒班、恩智浦学徒制班等，让学生更早更全面地接触企业文化、管理和技术，并通过专业教师的协助和指导，使学生掌握基本的研究，学会用多种方法思考问题、解决问题。

此外，学院还吸引学生进入校企合作企业课题（项目）组。一方面，让学生了解生产发展情况，掌握最新的市场信息和技术信息，学习最先进的专业技能；另一方面，利用合作单位的人才、技术优势，启发学生动脑学习、研究，动手掌握专业技能。这种研究性学习教学方法符合学生专业技能和职业素养培养规律，对于学生职业精神的培养起到了至关重要的作用。

三、全面推进创新创业教育

在信息时代，以互联网为载体的科学技术发展迅猛，新的时代对高职院校的创新创业教育提出了新的要求。近年来，我们将创新创业教育作为推进高等职业教育综合改革的重要任务，作为促进毕业生更高质量创业就业的重要举措。

（一）重视课堂教育，强化理论指导

我们将创新创业教育贯穿人才培养全过程，开设创新创业教育专门课程体系，纳入学分管理，实现创新创业教育全覆盖。

创新创业教育课程体系由三个层次构成：第一层次，面向全体学生，旨在培养学生创新创业意识、激发学生创新创业动力的普及课程；第二层次，面向有较强创新、创业意愿和潜质的学生，旨在提高其基本知识、技巧、技能的专门的系列专业课程；第三层次，旨在培养学生创新创业实际运用能力的各类实践活动课程，如以项目、活动为引导，教学与实践相结合，有针对性地加强对学生创业过程的指导。

将创新创业教育与专业教育有机融合。根据各系专业特点，开设针对性、实效性强的创业教育选修课；鼓励学生打好专业基础，并在改善知识结构的基础上，积极参加与专业相关的实践活动，扎扎实实做好知识准备、技能训练和经验积累，为成功创业奠定良好的基础。

增强创新创业教育课程的实效性。课程教学内容上，突出对"莞商"精神等的传承与发扬，将"东莞制造"向"东莞智造"转型的相关研究成果有机融入教学内容中。课程教学方法上，结合课程内容，采取理论教学、案例教学、实践教学、沙盘演练、企业调研、创业计划书实战比赛、商业计划大赛等多种教学形式。重视因材施教，提倡启发式、参与式、互动式教学，激发学生的学习动力，培养学生的创新创业能力，促进学生个性发展。邀请创业成功的校友和优秀企业家走进课堂，走上讲台，向学生介绍创业过程、做法、经验、传值和教训，让学生真切感受到创业历程的艰辛和创业成功的喜悦。

（二）重视实践训练，强化能力培养

创业相关技能只能在创业实践中不断积累获得。因此，我们重视创新创业实践教育体系建设。

一是积极组织参加各类创业竞赛。组织大学生创业团队参加各类创业竞赛，着力打造以校级、省级、国家级大学生科技创新项目为依托的大学生创业竞赛格局，通过以赛促练提高学生的创业能力和创新意识以及项目的可行性。近年来，学生通过参加广东大学生创业大赛、挑战杯大赛、广东职业学校创新创效创业大赛等都取得良好的成绩。

二是注重创新创业平台建设。启动广东大学生科技创新培育专项资金（"攀登计划"），对获得立项的项目按照1∶1的比例配套经费，较好地激发了师生投身科技创新活动的积极性，也取得了显著成效。2013—2015年共有18个项目入选广东省创新创业训练项目，学院投入扶持资金18万元。学院还着力建设大学生创新创业基地、创业街和创新创业大楼，公开遴选有自主创业项目或者原创作品的学生团队进驻，为其提供项目引导、技能培训、专家指导、财务咨询、法律援助等公益性服务，让学生在接受创新创业教育的同时，能够拥有良好的创业实践平台和环境,在创业实践中积累经验、提升素质,从而提高学生自主创业的能力和创业成功率。鼓励学生成立营销精英协会,创业与职业规划发展协会等内容丰富、形式多样的创业社团,积极支持其开展职业生涯访谈大赛、创业项目路演等活动,让学生亲身体验创业过程。

三是大力加强实践教学环节。在创新创业课程考核办法上,探索采取撰写创业策划书、创业调查报告、参与创业实践或创办注册公司等多种方式,由创业导师、学科专家、专业教师及企业家和校友导师参与考评,把创业实践考核与专业技能、职业技能培养有机结合起来,增强社会适应力和竞争力,为学生创新创业打下坚实的基础。充分发挥学校、校友、企业、行业的多方资源优势,深化专业实习、技能实训、职业体验等活动,推进学生创业团队进驻企业,让学生有更多参与实践、进行实战、直面竞争的机会,以进一步提升学生的创新创业能力素质。

(三)重视顶层设计,强化工作保障

学院从健全双创教育组织机构、完善双创教育制度、加强师资队伍建设等三个方面入手,加强创新创业教育的工作保障。

一是健全创新创业教育组织体系。组建创业学院,不仅实现了校内协同,落实大学生创新创业教育方案的制订、创新创业教育课程的实施与督查、创新创业教育理论与实践的研究等各项具体工作,而且作为学院面向全体学生深入开展创业教育、创业训练、创业实践的统筹平台,推进了高校与政府、社会、地区、行业企业合作,进一步完善了创新创业的教育链条。

二是建立健全创新创业制度。设立大学生创新创业奖学金,鼓励和支持学生开展各类创新创业实践,参加各类创新创业竞赛。设置创新创业学分、第二课堂学分、创业休学制度等鼓励和支持符合条件的大学生进行创新创业实践,允许学生边学习边创业,或者保留学籍休学创业。

三是加强师资队伍建设。加强全校创新创业教育师资队伍培训,选派教师参与一线创新创业实践、企业咨询、企业挂职,不断提高教师在专业教育中进行创新创业教育的意识和能力。同时,多渠道从政府有关部门、知名企业、成功创业人士和校友中聘请专家组建"大学生就业与创业导师团",担任创新创业教育有关课程的指导和教学任务,指导各项创新创业实践活动。

实践育人篇

加强实践育人是遵循教育客观规律、提高教育质量的必然要求，符合人的社会化规律，符合学生的自我教育规律，是全面落实党的教育方针、深入实施素质教育的题中之意。东莞职业技术学院在8年的办学历程中，高度重视实践育人工作，积极探索以教师为主导、学生为主体、师生相结合的社会实践、专业实践和生活实践育人机制，让学生在亲身参与中认识国情、了解社会，感知职业精神、养成文明习惯。

第一节　深化社会实践　培养学生的社会责任感

大学生是年轻一代中的中坚力量，是推动社会发展的生力军。大学生社会责任感的强弱，关系着国家的发展和民族的前途。社会实践是提高大学生社会责任感的重要载体，能够有效促进大学生认识世界、了解国情，并在实践过程中奉献社会、增长才干、塑造品质。正如习近平总书记所说，"青年是国家的未来，民族的希望""世界的未来属于年轻一代"。近年来，我们积极开展暑期"三下乡"、志愿服务、社会调研等社会实践活动，鼓励学生走出校园、走下课堂，积极投身基层实践，将理论与实践相结合，学以致用，在活动中增加对人民的感情、对社会的责任、对国家的忠诚。

一、社会实践是学生成长的必由之路

在社会实践中学习成长，是大学生全面发展的题中之意，也是坚持和贯

彻教育与生产劳动相结合方针的必然要求。

(一) 深入社会生活，全面认知社会现状

当前，我们正处于转型社会，在经济与社会大踏步前进的同时，各种社会矛盾也集中凸显，互联网上的内容良莠不齐，而大学生受到阅历及能力的限制，对多元化的信息缺乏甄别能力。同时，大学生的生活环境相对简单，社会交往对象、层面比较单一，这些因素都直接导致了大学生缺乏对社会正确、全面、深刻的认识，再加上理想信念不够坚定，难免会有抱怨现实、不满社会的态度产生。

因此，切身接触社会、投入实践是大学生认识社会、了解国情的最好课堂。通过社会实践，让大学生走出校园，走入生动丰富的社会生活，在实践体验中开拓视野，逐步掌握独立思考、分析研判问题的能力，从而正确看待当前的社会现状。

坚定的理想信念来自对科学理论的深刻把握，来自对国情的深切了解，来自对自身肩负责任的深入认识。通过社会实践，引导大学生关注社会热点，服务改革发展、体察社情民意，加深对国情、党情、社情、民情的了解和把握，进而加深对中国特色社会主义的认同，加深对党的政策的理解和领会，树立正确的人生理想，选择正确的人生价值取向，培养科学的人生信仰，增强社会责任感和历史使命感。

(二) 参加社会实践，增强主人翁意识

当前，学院学生普遍为"95后"群体，且广东生源占较大比重，其中珠三角生源更是占了绝大部分，这意味着我院学生普遍来自于经济状况较好的地区。这群大学生自小成长于物质条件相对富足、家庭氛围较为宠溺的环境下，他们较多地依赖父母和老师，缺乏亲力亲为、自强自立的能力，真可谓是"温室里的花朵"，较少有机会能够亲身接触社会现实，对社会现实了解甚少。因而，当少不更事的他们初次接触到某些尖锐敏感的社会问题时，必然会满腹牢骚，缺乏主人翁精神，难以将自己的角色从"小皇帝""小公主"转换为为社会发展做出应有贡献的"建设者""接班人"。

大学生社会实践的项目丰富多彩，有社会调研、志愿服务、支教义教、社区探访等。在上述社会实践项目中，学生能够有机会深入基层，亲身接触社会现状，尝试动手解决问题，从中积累生活经验、开阔视野，锻炼独立生活、独立思考的能力，并且运用自己所学的知识与技能帮助他人，为社会发展做出应有的贡献。此外，社会实践项目需要同学们进行大量的团队合作，从中"95后"大学生们能够获得与他人沟通、交流、协商、合作的机会，进而提升人际交往能力，培养团结合作精神。正所谓三人行必有我师，"95后"大学生们在社会实践的过程还能认识到自己的优势与缺点，取长补短，有所裨益。同时，将所学的理论知识运用到实践当中，是检验大学生学习成果的有效途径，通过实践的检验，同学们能够察觉自身短板，找准未来的努力方向，增强学习的主动性。

（三）参加社会劳动，增进与人民群众的情感

实践是认识的源泉，群众是最好的老师。学院"95后"大学生由于受到成长环境的影响，大部分没有经历过劳动锻炼，其劳动习惯有待养成、劳动技能较为匮乏，对人民群众的情感也较为淡漠，有些同学瞧不起体力劳动者和工人农民。社会实践让大学生有机会在不同的环境下体验劳动所带来的成就感，享受一分耕耘一分收获的喜悦，从而树立起用诚实劳动创造美好生活的劳动观念。

到基层参加社会实践是大学生了解普通群众的生存状态，融入人民群众的生产生活，感受普通百姓的生活常态的一种方式。学生走近群众，虚心向群众请教，才能在实践中认识自身与社会需要之间的差距，看到知识和能力上的不足，增强解决现实问题的能力。在社会实践中与基层民众交朋友、结对子，感知民情、体验生活，也能培养起大学生对人民群众的情感，为他们履行社会责任提供情感基础。

二、社会实践是学生全面发展的大平台

我们注重发挥本地的教育资源优势，积极调动社会各方面资源，主动对接地方服务需求，积极引导青年学生参与社会治理、提供公共服务，在融入地方发展、融入地方民生、融入地方文化的过程中，促进了学生综合素质的显著提升。

（一）建立长期实践基地，促进学生素质发展

为了能够为同学们的社会实践提供长期对接的稳定平台，减少开展社会

实践的前期筹备工作,我们主动与东莞的各镇(街道)联络,商讨联合建立社会实践、志愿服务及公益活动的基地,建立健全学生到活动基地开展服务的考核、奖励、学分计算制度和指导教师工作量制度,引导专业教师和大学生定期深入活动基地,服务社会发展。目前学院在全市各镇(街道)均建立相对稳定的活动基地,既能保证活动的深入持久发展,又能在发现需求、规范服务、拓展项目等方面形成良好的发展积累。

经过几年的实践与推广,在实践中受教育、长才干的意识已经深入学院学子的内心,每年仅学院集体组织到东莞各基地参加暑期实践的学生就达3000多人。学生集体回到自己所在镇(街道),与来自各高校的东莞籍学生一起参与政策宣传、公益劳动、社区服务等活动,一方面能够发挥自己的主观能动性为社会创造价值,另一方面也学会了虚心学习、主动参与,如竞选加入实践核心团队、主动策划组织活动项目等等,真正在实践中有所付出、有所收获。

(二)共建实践基地,提升育人效果

作为一所立足地方发展需要、服务地方经济社会发展的高职院校,我们高度重视学生专业技能的培育与打磨,并倡导学生根据自身所学专业定向参与社会实践项目,把所学的专业知识应用到实践中去,在帮助服务对象的同时,促进自我专业水平的提升。为此,我们采取了三方面的措施,开展合作实践培养。

一是与市志愿者联合会建立定向招募大型活动志愿者的机制。近年培养起一大批优秀大学生志愿者,为"苏迪曼杯""漫博会""科技莞马"等重大活动提供了优质服务,既提升了志愿者的服务水平和质量,又总结出大型赛会志愿者管理和培训的有效模式。

二是推动二级院系与村、社区对接开展服务。在校镇对接的基础上,将重心下移,推进高校二级院系与地方的村、社区一对一对接,从组织对话、交流到项目的策划、设计,进而形成长期合作服务机制,逐步推进。这种按需组团、按村设项的方式,既利用了教学科研人员的智力优势,帮助村、社区提高公共服务的水平,又发挥大学生的创新创意特点,活跃村、社区公共服务的氛围。如艺术设计系在大岭山镇元岭村定期开展的"大手拉小手,小爱传大爱"环保创意小手工制作活动、"绘画未来，绘出新天地"墙绘活动，很受群众欢迎。电子工程系的电子科技下乡暑期社会实践活动富有新意，获得广东省2015年暑期大学生党员社会活动实践项目立项。

三是鼓励师生立项进行社会观察与社会服务。学院将学生社会实践与教师科研课题相结合，在假期前在本校范围公开征集活动项目，鼓励学生跨专业、跨学院、跨年级组队，配备指导老师，按项目要求到基层一线进行社会考察、咨询与服务、支教扶贫等。近年来，受到学院政策宣传的影响及同学间的相互影响，参加社会实践立项的学生人数逐年上升。针对此类项目，学院形成了成熟的工作机制，在活动开展前，会对各团队的立项选题情况、预期效果进行评价及指导；在活动进行过程中，会安排专业教师全程督导，打造师生交流实践活动的平台。这一机制取得了优异的成果，不少实践项目进一步打磨成了科技学术作品，在各项科技学术竞赛中屡获佳绩。在2017年第十四届"挑战杯"广东大学生课外学术科技作品竞赛中，学院学生的《广东高职院校大学生校园网络借贷现状调研报告》《东莞市"机器换人"项目实施情况调查报告》分别获得"哲学社会科学类社会调查报告和学术论文"特等奖和一等奖。这充分表明，师生立项进行社会观察与服务这一机制能够引导学生综合运用所学的专业知识对社会问题进行分析与思考，教师在活动组织中的主导作用和学生在实践体验中的主体地位得到充分发挥。

（三）投身社会服务，培养奉献精神

实践育人的社会性决定了它是一项开放性工作。我们近年着力发掘包括党团组织、在校生家属、校友等人脉资源优势，主动与科研机构对接、与公益社会组织合作，组织学生实践队伍承接社情民意调查任务、参与公益创投项目，有力提升了实践育人活动与经济社会发展形势和需求的契合度。

学生实践队伍参与的社会调查涉及社区服务、城市管理、社会治安等方方面面，很多是老百姓关心的热点问题。因为学生具有本土人脉优势，每次均能较好地完成问卷的发放、回收及初步的分析工作，他们收集的第一手资料为政府及时了解公众的意愿和需求提供了坚实的基础。

学生参加志愿服务众多，90%以上学生为注册志愿者，服务热情较高，但缺乏可经常性参与的服务项目，而东莞的社会组织因为与基层联系密切，掌握较多群众需求,而且凝聚了一批社会工作专业人才,越来越多地承接政府公共服务项目,但因其专职工作人员有限,恰恰很需要调动社会力量参与。因此,学院近年主动邀请吸引承接市公益创投项目的社工机构进校招募项目志愿者,推动校内公益社团与东莞的公益社会组织结对共建,促进了资源共享、优势互补,初步形成学生协助社会工作者参与社会管理创新的良好格局。

三、社会实践需要学校的主动作为

当前,各高校在推进实践育人过程中均遇到不少问题,正是这些问题削弱了社会实践所能发挥的真正作用,需要引起重视。这些问题普遍存在于各高校,具有普遍性。一是参与的主体不够广泛,团学干部、志愿者骨干和社团成员及其好友参加的多,普通同学参加的少。二是活动的策划不够创新,实践活动较多依赖于组织的安排,由学生团队为主体进行设计的新颖活泼、实用有效的服务项目较少,不利于学生主动性的发挥。三是工作的组织不够科学,让学生长期参加的持久项目开发得较少,部分好的项目和活动因为骨干流失得不到传承,而且对学生实践队伍的培训不足、指导欠缺,一定程度上影响了大学生长期参与的积极性。

破解这些发展中的问题、强化社会实践育人功能,需要学院主动思考、主动谋划、主动作为。

(一)注重有效引导,增加社会实践吸引力

富有理想、朝气蓬勃是高职学生的主流特征,但在成长过程当中难免会有理想信念缺失、价值观念迷茫的阶段。因此,我们要主动作为,加强教育引导,组织设计好日常的学生社团活动、就业创业指导、勤工助学帮扶、志愿公益活动、社会见习、暑期社会实践活动等工作,通过明确要求、高频宣传、严格考核、表彰激励等有效措施,将广大学生吸引到实践育人队伍中来,努力将实践育人工作做到全覆盖、培养无死角。同时,积极贯彻落实以人为本的教育思想,根据个体的特点和差异,设计适合不同学生群体的实践内容、采取不同的指导措施,促进每一个青年学生的健康成长。

为了增强社会实践的吸引力及有效性,学院除了要主动作为,还要运用好创造性思维,将原本平淡无奇的活动打造成具有创新性的项目。如在宣传动员环节，通过视频推介服务项目、师兄师姐分享参与收获和社会服务点体验等生动方式，吸引更多大学生参与。在项目开展初期，借助网站、QQ群、微信等新媒体平台提前预告信息，公开接受报名。在项目开展中期，通过在线互动交流，实时成果展示，发挥新媒体高效、共享的优势，充分展现实践项目的丰富性和吸引力。在项目总结反馈环节，通过实物展示、现场体验、视频播放、张贴海报及口头讲解等多种方式对实践成果进行展示，组织主题相同或相近的支队深入总结实践成果，相互分享，在交流中收获更多思考，让活动具有持久的吸引力。

（二）加强指导力量，增进社会实践有效性

围绕立德树人根本任务，实践育人要积极融入第一课堂，加强有针对性的指导力量，制定学生实践能力培育标准，制订教学计划，编写培训教材，将社会实践和志愿服务纳入人才培养方案和课程体系。同时，把社会建设知识列入学院党团员和学生干部教育培训计划，把东莞在社会管理创新实践中创造的有益做法和鲜活经验融入社会实践过程中，努力提升学生服务社会所需要的专业本领、组织管理能力和科研创新能力。

要加强培训体系建设，为重点团队提供个性化辅导。学院组织专业力量，通过集中辅导、座谈交流、案例分析等方式，对学生进行日常基础培训与项目服务岗前培训，深入社会实践一线现场跟踪指导重点项目，让学生及时得到帮助，改进服务。

要引入社会力量，为鼓励社工与学生结成对子，搭建友好平台，促进二者在交流中增进了解、在服务中相互合作。社会力量能够为学生实践过程提供专业化的指导意见，适时邀请专家进行研究评估，能够帮助学生实践队伍在总结经验中开拓思路，提高工作的科学性、针对性和实效性。

（三）开发重点项目，促进社会实践常态化

为了能有效提高社会实践的普及性，促进社会实践常态化，我们主动开发社会实践重点项目，发掘一批适合不同专业学生群体、便于学生参与、能够发挥学生特长的社会实践项目库，与需要服务的社会机构共建志愿服务基地，为学生参与志愿服务创造有利条件。这些重点项目遍及校园内外，项目涉及政策宣讲、社会调查、志愿服务、社区服务、美化校园、学业辅导、电器维修等等。

同时，为促进社会实践常态化，保持实践项目的吸引力及实践队伍的人员稳定性，学院采取嘉奖、激励、优惠、回馈等多样化的鼓励措施，鼓励来自不同生源地的学生"化整为零"，节假日回到自己生活的村、社区，参加社会实践项目，切切实实帮助有需要的人群，促进学院社会实践活动的常态化。

四、学生社会实践成果展示

成果展示1：2013年艺术设计系暑期社会实践
——寮步镇爱心义教策划书

一、活动背景

当前，寮步镇部分社区出现了小学生素质教育需求日益加大与师资力量不足之间的矛盾。为了填补这些缺陷，东莞职业技术学院艺术设计系大学生实践分队组成一支教队，举办义教活动，为寮步镇有需要的孩子们提供义务支教，让孩子们在健康有趣的学习环境中成长。

二、活动目的

"蓓蕾"爱心义教是东莞职业技术学院艺术设计系的品牌志愿活动。通过这一活动，不仅能够丰富小学生的暑假生活，使得孩子们在活动中陶冶情操、愉悦身心，还能够充分发挥大学生的主动性和积极性，在志愿活动中培养学生的综合能力，用实际行动去践行中国梦。

三、活动主题

艺术成就梦想"蓓蕾"志愿服务

四、活动时间

2013年7月21日—8月3日（共14天）

（每天上午9：00—11：20；下午2：30—5：50）

五、活动地点

东莞市寮步镇牛杨社区、石龙坑小学、岭厦社区等

六、活动对象

寮步镇小学生（共60人，根据具体情况而定）

七、活动组织

主办单位：寮步镇团委

承办单位：东莞职业技术学院艺术系志愿者社会实践部

策划单位：东莞职业技术学院艺术系志愿者社会实践部

八、活动特色

艺术是人类梦想的源泉，"蓓蕾"本是花蕾之意，二者相结合，意在表明本次活动以陶冶寮步镇部分小学生们的艺术情操为主旨，为其提供接触艺术、拓宽视野的机会与平台。在这次义教活动中，实践队将会把艺术带到生活当中，以课堂的形式把艺术这个无形的概念深入到每个学生心中，做到润物细无声。

九、活动安排

（一）活动流程

时间	内容	人员	方式	负责人
7月6日	宣传：在相关村委展开义教的事宜；	电视台工作者、实践站网站、微博、QQ群管理员、秘书处人员、各村委会村长	新闻、电视通告、网站、微博、QQ群、飞信、会议、电话等	宣传部部长
7月6日—11日	设计并制作海报、横幅宣传单	宣传部若干部员		宣传部部长
7月11日	张贴海报、拉开横幅	志愿者部门工作者	贴、拉、宣	志愿部
7月17日 星期四	寮步大学生动员会议	实践者工作者	播放宣传片、PPT、互动环节等	宣传部部长
7月18日	统计大学生志愿者以及学生的名单	宣传工作人员、秘书处	整合报名表	宣传部部长
7月21	志愿者培训	参加义教的大学生	使用PPT讲解注意事项等	宣传部
7月22日到8月3日	义教过程	义教大学生	按照课程表能动的教学	各队队长

（二）宣传、报名工作

在寮步大学生暑期社会实践动员大会上号召大学生报名参加爱心义教活动，并在 QQ 群、飞信和微博上进行宣传。通过电视台广告及各村委会发布通知，动员广大中小学生参加此义教活动。并且设立报名地点（商业城、嘉荣商场前等），方便大家前来报名，负责报名的工作人员注意清楚了解情况并热情解答疑问。

（三）准备工作

1. 由团镇委与各小学联系，初谈计划。

2. 根据大学生自愿报名参加义教活动的人数具体分组，并根据商议后能开展义教活动的小学情况，落实好队员的工作分配。

3. 由部分队员在义教活动开展前先跟该小学校方联系沟通好，并让校方了解我们的义教流程及意义，争取得到校方的配合。

4. 预期得到校方在宣传本次活动、联系学生报名、提高教室设备等支持，以及了解学生要求提供哪方面帮助等情况，同时保持与校方的联系。

5. 协助学校的报名工作，详细讲解本活动的计划以及义教的意义，同时要留意家长对义教的看法。

6. 义教对象小学生必须以自愿为原则，且在其家长同意的情况下报名参加。

7. 工作人员统计人数及学生资料，学校安排义教地点。

8. 开展大学生义教培训及意识教育课程。方便队员得到资料后，针对情况开始进行相关教学准备。

十、义教现场工作

（一）义教活动动员大会

时间：2013 年 7 月 20 日

地点：牛杨社区、石龙坑小学、岭厦社区等

（二）义教活动开展

1. 美术课程：为学生开设美术课程，介绍素描、水彩、油画等知识，教授基本的绘画技能。通过学生自己动手作画，能够激发他们对美术的兴趣，并挖掘出他们的创造能力。

2. DIY 手工课程：让学生们自己动手，制作贺卡、台历、笔筒等日常用品，在实践中体验动手的乐趣。

3. 音乐鉴赏课程：通过多媒体平台，让学生们欣赏到中国民乐、古典音乐、戏曲、民歌、流行音乐、爵士、摇滚等不同的音乐类型，进行音乐启蒙。

4. 户外拓展：为使学生们各方面素质能全面健康发展，特开展系列文体活动，包括毽球大赛、跳绳比赛、两人三足等趣味运动项目，帮助同学们从中锻炼身体、学会团结互助。

5. 知识科普：结合环保、礼仪、自然科学、历史文化、交通安全等内容，以视频的形式来传播知识，从而提升学生们的科学文化素质。

（三）结业典礼

在结业典礼上表彰本次义教活动中表现出色的小学生及参与义教的大学生，激发小学生们学习的主动性，同时激励参与义教的大学生们再接再厉，逐步提高参与实践的积极性。

（四）义教总结工作

1. 各义教小老师及队员总结交流分享义教活动的收获及所遇到的难题、乐事等。

2. 义教活动资料整理、撰写新闻稿、发布微博动态等。

十一、人事管理

本次义教每个义教点 10－15 人，领队两名。另有指导教师一名。为确保本次活动队员的人身安全，加强团队的内部团结，提高工作效率，保证本次活动的顺利实施，现制定人事管理方面的有关规定，其中主要包括以下几面：

（一）团队的人力配置及其任务

下乡服务队实行领队负责制，对学院和全队队员负责，其主要职责：

1. 制定本队的工作方案和实施细则；

2. 统筹本队的日常工作，协调队员的关系；

3. 每天负责召开例会，总结一天的工作；

4. 考虑安排好饮食、财务管理、医疗、住宿等。

（二）日常工作管理制度

两名领队主要负责整个活动的具体安排和其他队员分块负责各项工作，有管账两名（一名管钱、一名记账）、负责物品收集发放三名、拍摄一名、后勤两名、安全卫生两名。具体活动人员分配将根据活动不同需要进行不同的分配。

（三）团队作息安排

日常安排时间表

时间	事件
9：00—10：20	按课程表进行教学
11：10—14：30	午餐午休时间
14：30—16：50	按课程表进行教学
17：00—19：30	晚饭休息时间
19：30—22：20	例会、进行总结与备课

（四）经费管理制度

1. 本着"崇尚节约，杜绝浪费"的宗旨做活动。
2. 在活动中将实行账务完全透明公开和定期汇报制度。

十二、经费预算表

类型	名称	小计（元）
学习物品	课外读物	600
	绘画材料	570
	体育用品	160
	剪刀	60
	便利贴	12
后勤保障物品	药品	220
	用餐	1483

续表

类型	名称	小计（元）
其他	冲洗相片	65
	海报	15
	横幅	70
	宣传单	50
	彩带气球等	30
	其他	300
	总计	3635

十三、招募要求、分组事宜以及课堂要求

（一）招募并选拔志愿者要求

1. 富有爱心、能吃苦、有恒心、有责任心、有团队精神。

2. 和其他志愿者组成小队（自愿为原则）无条件认真地完成教学任务。

3. 若是因为不可避免的事情不能实践暑期支教，必须能找到符合志愿者的相关要求的人完成教学任务。

（二）队员守则

1. 团结协作，友爱互助。

2. 富有爱心，有细心，有责任心。

3. 有严格的组织性、纪律性和忍耐性。

4. 服从组织安排，积极主动完成本职工作。

5. 一切从当地人民利益出发，一切为了孩子。

6. 对学生要循循善诱，积极给学生以正面指导。

7. 遵守组织规定，不擅自行动。

8. 不得利用支教工作为个人谋私利。

（三）分组情况

考虑到学生的年龄和受教育程度的差异，决定把孩子们分成五个组，每组分配两个队员对其进行作业辅导、活动指导等。带队队长应监督及管理各组的各项工作，并协助各组课程的顺利进行。

（四）上课要求

1. 上课队员要提前准备上课教案，以防在上课期间发生冷场现象。

2. 上课队员要充分发挥同学的积极性，让他们都踊跃参加该次下乡支教活动。

3. 上课队员要随时注意各位同学的心理变化，仔细观察上课期间微小异常。

4. 上课队员要仔细做好上课期间各位同学的上课表现，为活动结束时的表彰大会上表彰的同学有充分依据。

5. 上课队员要灵活运用上课时间，努力培养同学们的大胆表现精神以及积极乐观向上的态度。

成果展示2：广东高职院校大学生校园网络借贷现状调研报告

一、调查对象

1. 为确保调查样本的全面性、科学性、代表性，分别从珠三角和粤西粤北粤东地区抽取八所代表性高职院校（广东女子职业技术学院、东莞职业技术学院、广东外语艺术职业学院、广东建设职业技术学院、深圳信息职业技术学院、茂名职业技术学院、河源职业技术学院、揭阳职业技术学院）进行调查，问卷调查有效对象样本总数达到3366份。

2. 重点走访珠三角高职院校。通过调查问卷、深度访谈、座谈等方式，得到第一手数据资料，统计并提炼了本次调查所需要的结果。

二、研究方法

1. 描述性统计分析法：通过对调研所得数据及调查问卷进行统计分析与论证，得出高职院校大学生校园贷的行为特征，为其形成正确、积极的消费观念提出建议。对一些校园贷平台的不规范操作进行研究，为政府部门进一步有效监管提供意见和建议。

2. 调查方法：(1) 文献调查法：通过期刊、书籍、互联网等途径收集大量与本次调研报告内容相关的信息，通过阅读分析、归纳总结出有用的相关信息。(2) 问卷调查法：通过纸质调查问卷对广东在校高职院校大学生校园贷行为进行调查，问卷内容包括学生的基本情况、学生对校园贷、私人放贷的认知程度和使用情况。（3）深度访谈法：项目组设计了访谈提纲，重点调查了珠三角高职院校的大学生，进行深度访谈。访谈的内容涉及校园贷的方方面面，包括使用校园贷的原因及后果，对大学生使用校园贷行为和校园贷负面新闻的看法，以及对完善校园网络借贷平台的建议等。

三、调查实施过程

1. 培训调研员

在完成问卷设计以后，以小组为单位，重点培训组内成员发放问卷时的注意事项，并对每一道题目进行解释。保证问卷发放顺利，及被调查者能顺利填写完成。

2. 实地调研

本次调查共发出 3600 份问卷，回收及筛选后有效问卷 3366 份，有效率 93.5%；样本涉及广东珠三角、粤西粤北粤东地区等八所高职院校，调查范围较广，且调查小组深入高校对高职院校大学生进入深度访谈，获得第一手数据资料。

3. 数据整理

调查小组首先对问卷进行了全面的审核，对失真数据、缺失值、无效值进行处理，以保持数据的真实性、准确性和完整性。然后，对问卷进行汇总和加工，并运用 EnableQ 问卷调查分析系统对问卷进行编码和录入，使之更加系统化和条理化。

4. 数据分析

项目组利用 SPSS 17.0 和 EnableQ 问卷调查分析系统进行频数分析、因子分析及相关性分析。

四、数据分析主要结果

调查数据表明，广东大学生校园网络借贷的现状和问题主要有：

（一）广东高职院校大学生对于校园网络借贷的认知及影响

1. 校园网络借贷已经深入广东高职院校大学生的校园生活，接受程度总体较高。仅有 26.10% 的调查者表示自身以及身边的同学都没有使用过校园贷，67.9% 的大学生表示可以接受校园网络借贷，网络是大学生接触校园网络借贷的主要渠道，比例达42.69%。

2. 绝大部分高职院校大学生不具备校园网络借贷产品的利率费用和金融法律风险知识。只有13.75%的高职院校大学生表示对所使用校园贷平台的借款利率和滞纳金非常了解，86.25%使用过校园网络借贷的高职院校大学生对所使用的校园网络借贷平台的利率费用和滞纳金不完全了解。

3. 大学生办理校园网络借贷不愿意被家人知道。83%的大学生表示其借贷行为父母不知情，而58%的受调查者表示朋友知情。

4. 大学生主要进行的是小额短期贷款。48.49%的大学生表示借款额度为不超过1500元的小额、66.70%的借贷还款期限在半年以内的短期。

5. 大学生校园网络借贷的主要用途排前五位的是生活必须用品、娱乐交际、饮食、高端电子产品、名牌化妆品，但仍有部分大学生借贷是为了进行赌博。

6. 校园网络借贷对大学生生活造成不同方面的压力。52.96%的大学生表示使用校园网络借贷后造成很大的生活压力，52.59%的表示对校园网络借贷产生依赖心理，32.21%的表示容易产生消极情绪，25.45%的表示会影响学习效率。

(二) 广东校园网络借贷平台存在的主要问题

1. 存在校园网络借贷产品乱收费严重现象。84.2%的大学生在办理校园网络借贷时，除了收取利息外，还要交纳各种管理费、手续费、咨询费等额外费用。

2. 校园网络借贷存在高利率、高滞纳金、虚假宣传等严重违法行为。50.30%的大学生认为校园网络借贷当前存在高利率、高滞纳金的问题，40.17%的大学生认为校园网络借贷存在虚假宣传。

3. 校园网络借贷平台不保障借贷大学生的个人信息。36.07%的大学生认为校园网络借贷存在个人信息泄露的问题。

4. 校园网络借贷存在诱惑消费的问题。15.44%的大学生认为校园网络借贷平台在进行借贷行为时不考虑借款人的还款能力，且有20.87%的大学生认为校园网络借贷平台存在诱惑消费。

5. 有关部门对校园网络借贷监管不力。31.37%的大学生认为当前校园贷平台存在的问题是有关部门监管不到位。

6. "裸贷"现象确实存在。6.77%的大学生表示自己或者身边同学经历过"裸贷",其中47.37%的表示是通过论坛、微信、QQ等社交媒体接触裸贷,更有18.42%表示是通过身边人介绍而接触的。

7. "裸贷"经历者消费观不够正确及理财观念不强。35.53%的人表示,"裸贷"是为了购物;更有55.26%表示进行"裸贷"的主要原因是个人急需。

8. "裸贷"存在威胁大学生安全的可能性。在6.77%的大学生经历者当中,有47.37%的表示在偿还贷款后仍然受到裸照、裸贷视频以及个人信息等泄露威胁。

第二节　深化专业实践　培养学生的职业素养

为深入实施创新驱动发展战略,培养更多高级技能型人才,推动经济社会发展和促进就业,国务院做出了加快发展现代职业教育的决定,并出台了《现代职业教育体系建设规划(2014—2020年)》,强调"要培养数以亿计的工程师、高级技工和高素质职业人才,为建设人力资源强国和创新型国家提供人才支撑"。近年来,我们组织与学生专业发展相关的学科竞赛和实践教学活动,不断规范与学生职业发展相关的实训、实习工作,在提升学生职业技能的同时,潜移默化地培育学生的职业精神。

一、高职学生职业精神培养缺失现象

近年来,随着国家对职业教育的重视和投入,高职学校的专业建设、课程改革、实训基地建设等硬件方面得到了快速提升,但在学生的职业精神、人文素质等"软技能"方面,培养效果仍不够理想,主要表现在:

（一）职业技能教育与职业精神培养失衡

部分专业侧重培养学生的理论知识和专业技能,在教学计划上"顾此失彼",制定了健全的职业技能教育课程体系,但关于职业精神培养的相关内容却缺乏针对性和连贯性。有些专业教师将职业精神教育归属于思想政治教

育领域的内容,认为应当由思想政治理论教师承担,习惯性地轻视职业精神的培养。此外,职业精神培养与职业技能教育不同,无法通过各类证书、等级考试来鉴定和证明,在"实际效果"上学习成效不易凸显,这也是部分学生对职业精神缺乏足够重视的重要原因。

经调查发现,因轻视职业精神培养,相当一部分学生没有确立职业理想,进入职场时,或树立不切实际、过于远大的理想,或抱着"得过且过"的想法混混日子,给用人单位留下负面的印象。同时,部分学生虽具有较强的工作能力和专业技能,但缺乏团队合作精神,工作态度也不够端正、责任心和敬业精神有所缺失,畏难多怨。职业精神培养中存在的这些问题,将对学生长远的个人成长与发展产生不良的影响,并造成社会大众对高职教育认可度的进一步降低。

(二)实习实训中忽视职业精神的内化

在实训实习过程中,让学生在职业实践的基础上了解、理解和践行职业精神的创新性做法不多。部分专业对学生的岗前教育有所不足,部分学生没有认识到在岗位锻炼中除了学习必要的技能,更重要的是深入了解企业文化和企业精神。

正是思想上的不重视,加上平时养成的不好习惯,有些学生在实训实习中,稍遇阻力便止步不前,事情多一点就开始抱怨,下班后不关水电、不关电脑,打印资料浪费用纸等。然而,学校的指导教师和企业安排的师傅,往往偏重实习纪律、岗位技能方面的指导与管理,也普遍忽略了对消极被动情绪、铺张浪费行为的教育和管理,没有及时制止和督促纠正,致使少数学生的不良行为影响到其他同学。

此外,大学生习惯了大学校园单纯的学习、生活和管理规律,参与社会实际工作时,如顶岗实习等,往往需要一个心理和思想观念转变的过渡期。有些学校没有很好地建立学生与辅导员、实习指导教师、企业师傅等多方沟通的渠道,对学生从学校到企业的环境变化、身份变化和多重价值观引发的思想和心理冲突,缺乏有针对性的疏导教育,对思想稳定和实训实习的预期效果产生不良影响,没能很好地将职业素质和职业精神内化为学生的自主意识和行动。

(三)缺乏职业精神的社会—家庭协同教育

我国正处于改革发展的关键时期,同时也面临着严峻的国际形势,一些学生受西方不良思想，如拜金主义、实用主义等的消极影响，变得急功近利，缺乏理想、信念、敬业、奉献、责任等职业精神，给学生良好职业精神的养成造成极大的负面影响。

家庭教育是高职学生职业精神培养的重要方面。现今社会，市场经济的快速发展使得追逐金钱和利益成为社会上普遍存在的现象，加之"书中自有黄金屋"的思想仍然根深蒂固，致使家长过于偏重对孩子进行知识的传授和智力的培养，并偏好让孩子接受高中与大学本科的教育，而非中职与高职教育。因此，家庭教育往往忽视了职业精神的培养，导致高职教育阶段的职业精神培育缺乏基础。

二、加强职业技能和职业精神的融合

当前，我国经济社会发展进入新常态，企业对毕业生的需求有了新变化，加快发展现代职业教育也对人才培养也有了新要求。

（一）现代职业教育所要求的职业素养

职业素养是指人们从事某种职业所具有的职业理想与信念、职业态度与兴趣、职业责任与纪律、职业技能与情感等。简而言之，就是指在职业过程中表现出来的综合品质，包含职业道德、职业技能、职业行为、人文素养等方面。

提升全民职业素养是转变方式、调整结构、改善民生的实际行动，是革故鼎新的根本路径和行动指南，是实现全民族人生出彩，中华民族伟大复兴的一项基础性、战略性工程。近年来，我国出现大范围的"技工荒"现象，从根源上看，还在于劳动者的职业综合素养不足。职业教育担负着社会劳动者观念创新和职业素养提升的重任，当务之急是调整人才培养目标，应以培养学生职业素养为宗旨，在转变全民就业观念、提升整个社会劳动者的素质方面有所作为。

教育部制定印发的《关于深化职业教育教学改革全面提高人才培养质量的若干意见》，提出要改革培养模式，增强学生可持续发展能力，把强化学生职业素养培养放在重要位置。如何使学生通过在高职院校几年的学习，具备良好的职业素养是高职教育改革的重任之一。近年来的就业形势与高职教育培养领域显现出的问题也表明，加强对学生职业素养的培养是一项迫切而艰巨的任务。

（二）高职生的培养标准要与社会用人标准对接

高职院校要想在竞争中求得生存和发展，就必须培养出适应社会和企业需求的高素质人才。企业人才需求调研和毕业生跟踪调查显示，在当前国内经济转型发展和产业结构调整的大背景下，很多企业发现，高职院校培养出来的学生职业精神和综合素养的水平直接关系到企业未来的生产发展。因此，企业越来越看重高职毕业生除技能之外的职业精神，尤其是职业态度，普遍希望职业院校输送的学生具有良好的爱岗敬业、遵守纪律、注重安全、讲求合作、求真务实等职业精神，理解和认同企业文化。

因此，无论从社会和企业的需求考虑还是从学院的良性健康发展的角度来思考，都要将学生的培养标准与社会用人标准对接。只有不断加强学生职业素养的培养，促进高职学生全面发展，才能提升学生的就业竞争力，使其立足岗位、融入社会，才能不断增强学院的竞争优势，实现可持续发展。

（三）学生职业素养需要在专业实践中考核

专业的实习、实训和实践教学，以企业真实的工作环境，帮助学生了解企业要求，熟悉企业岗位需求、行为准则、操作规程，有利于提升学生的专业职业素养。建立一个科学的专业实践考核体系，能够强化学生对职业素养的自我选择、自我养成，让素养内化于心、外化于行。

构建职业素养专业实践考核体系，首先要以岗位职业能力分析为基础，归纳出岗位职业活动要求的作风、行为习惯等职业素养要素，建立起考评标准。同时，以实践为载体的职业素养教育，不能脱离企业学校自己搞一套，而要让企业参与到人才培养的前端，在校内实训、顶岗实习等实践环节共同制定职业素养教育的内容，共同组织实施和评价。更深层次上，可以尝试探索职业素养的量化评价体系，将职业素养的评价目标分解成以课程、实践项目、活动等为载体的若干子目标，逐步形成一个层次化的评价模型。

三、职业技能与职业精神相融合的专业实践路径

高职学生职业技能与职业精神的培养是循序渐进的，从零散、基础的专业知识到娴熟综合的职业技能，从职业意识的萌生到职业精神的养成，是一

个学以致用、由量及质的过程。专业实践教学、职业技能比赛、校内综合实训和校外顶岗实习是促成职业技能和职业精神的培养由量变到质变的至关重要的环节。近年，学院正是从这些环节着手，初步探索出职业技能与职业精神相融合的专业实践有效路径。

（一）明确教师和管理人员专业实践的指导内容

专业教师要把人文素养培养贯穿于专业教学和职业技能教育始终，引导学生把"学做事"与"学做人"结合起来。鼓励专业负责人、专业骨干教师担任专业性学生社团的指导教师，开展专业建设及实践教学等专业社团活动，帮助学生在做中学、学中做，巩固专业知识，提升专业技能。引导专业课教师主动承担起人文素养教育的职责，尝试开设从专业课、专业基础课中分化、延伸出来的专业文化课，激发学生提升职业素养的主动性。

企业的实习指导师傅对学生进行专业技能指导的同时，也进行职业道德和职业精神的示范和教育，引导学生尽快适应环境，以企业员工的标准要求自己。实习指导教师要充分利用所在企业的文化资源，让学生了解企业文化、企业精神，要以服务学生为中心，关心他们的日常的工作与生活，倾听学生的诉求，疏排他们的思想困惑，维护他们的切身利益；同时要经常性强调安全注意事项和纪律要求，并在实习实训中做好检查工作，做到警钟长鸣。

辅导员与班主任要积极配合专业教师做好学生顶岗实习的辅导与管理工作。建立学生实习档案，定期或不定期地向学生了解在企业情况，根据需要及时提供辅助，有效地掌握和化解学生在企顶岗期间出现的各类思想问题，减少学生意外伤害事故发生，帮助学生克服实习过程的各种困难，保证学生顶岗期间的学习效果，确保学生身心健康与实习安全。

（二）对学生开展爱岗敬业教育

聘请在生产、管理、服务第一线中涌现出的先进典型和学校的优秀毕业生为学生开设专题讲座，结合他们自身成功、成才的实践体会，对学生进行爱岗敬业、无私奉献、艰苦奋斗、开拓进取的敬业和勤业精神教育，启发学生形成高尚的职业道德。同时，组织学生开展职业岗位规范要求的社会调查，走访师傅、员工或劳模，进行座谈或交流，体验、搜集、整理、讨论和学习所学专业的行业职业道德规范的具体内容和要求，强化自身的职业素养。

学院在校内实训中，既注重企业技术的有机融入，又注重职业精神的全程渗透，建立严格的实训管理办法，结合不同的专业和企业、不同岗位的要求制订出适合各专业学生实训的具体规范，让学生在进行严格的技能训练的同时，养成敬业、爱岗、守时的职业行为规范。例如，学院在生产性实训的实习过程中，实行 8 小时工作制，统一穿着工装进入实训室，对迟到、早退、旷工、消极怠慢的学生进行严肃批评。实训结束后，要求学生打扫实训车间，整理仪器设备，填写实训记录表等。考勤结果、工作态度等都将作为考核学生的重要指标。在严格规范的约束下，学生逐渐养成爱岗敬业、踏实勤奋的职业精神，细心认真的工作态度，并对自己将来的社会角色产生使命感与责任感。

（三）组织学生参加职业技能大赛

职业技能大赛不仅是引领职业教育改革创新，促进校企合作交流，展示职业教育成果的重要平台，也是全面提高学生职业素养和岗位竞争能力的平台。学院通过搭建校、市、省、国家四级技能比赛体系，努力让每位学生都能在适合自己的比赛项目中得到锻炼和培养。目前学校已打造起一个包括数学建模竞赛、"挑战杯"竞赛、机器人大赛、服装设计与工艺竞赛等 10 余项赛事在内的，覆盖大部分学科和专业的技能比赛大平台，以赛促教、以赛促学，让学生在展示技能的过程中，提升积极性、自信心与综合素养，培养职业认同感与自豪感。

制定集"保障、激励、联动"为一体的激励机制，鼓励教师带学生、高年级学生带低年级学生，通过规范化的"传帮带"方式，引导学生走进实训室和竞赛场，提升实践创新能力。近年，学校承办国家级、省市级技能竞赛近十场，学生获省级以上奖项 223 项，其中省级 212 项，国家级 11 项。学生在参与竞赛的过程中，不仅专业知识和专业技能得到体现，而且团队合作精神、沟通交流能力、计划组织能力都得以彰显。学习成绩优秀、动手能力强的毕业生备受用人单位青睐，用人单位对学院毕业生的专业技能满意率达 88.5%。

（四）加强学生顶岗学习的过程管理

实训车间是模拟工作场景，要提升学生的职业精神，还需要真实工作环境的熏陶。为此学院长年与信誉度高、文化氛围浓、效益好的企业建立长久的合作关系，学生在校期间的最后一学期，进行顶岗实习的教育。

针对早期学生在顶岗实习存在的问题，进一步加强过程管理。强化前期目标认知，在学生参加顶岗实习之前，集中对学生进行实习目标的认知教育，做好预防性心理辅导，调适学生心理，激发内在动机，化解消极情绪。学生到企业中锻炼过程中，构建多方共管机制，跟进思想政治教育，指导教师和辅导员定期深入企业与学生沟通，摸排学生的各种思想心理问题，及时关注关心学生思想心理动向，有针对性地进行约谈疏导教育。重视后续思想梳理，在实习结束之后及时引导学生对实习过程中遇到的问题、自己的想法以及收获进行梳理和总结，不断寻找自身差距，拓展知识面，培养实际工作能力。

同时，严格按照顶岗实习企业的相关规范进行管理，严格实行考勤和员工管理制度，使学生在实习过程中养成遵守劳动纪律的习惯，并对学生的顶岗实习采取阶段性评价与终结性评价相结合的方式，全面把握学生遵守纪律的情况、团队精神和创新举措等，把职业规范内化为职业精神的养成。

通过顶岗实习，学生不仅提高了自身专业技能，而且对恪尽职守、敬业乐群、守时守法、吃苦耐劳、团结一心、携手共进等职业精神，有了更深刻的感悟与体会。

四、学生专业实践成果展示

学做华为小工匠——华为实训有感

经过为期三周的华为质量班实训，我深深地体会到了同学们常说的一句话：自从走进了大学，就距离工作不远了。学校为了拓展学生的知识面、扩大与社会的接触面、增加个人在社会竞争中的核心竞争力、锻炼和提高我们的实操能力，以便毕业后能够顺利融入工作，长期在学习机电专业理论知识的过程中组织我们进行实操实训。实训是教学与生产实际相结合的重要实践性教学环节，它不仅让我们学到了很多在课堂上根本就学不到的经验知识，还使我们开阔了视野，增长了见识，为我们以后能更好地把所学的知识运用到实际工作中打下坚实的基础。我们华为质量班的这次实训也达到了它应有的作用。

　　一眨眼为期三周的实训便结束了。接踵而至的期末考试从某种层面上来说也算是"拯救"了我,终于可以不用每天上班了,终于可以在教室里安心地学习了,这时候才真正体会到校园生活的可贵之处。在华为为期三周的学习中,我不仅充实了自己的生活,也获得了许多课堂里学不到的东西。特别是通过这次华为实训,不但丰富了我的学习生涯,让我的专业实操能力得到了极大的提升,同时也让我亲眼看到了在华为工作应有的态度及素养。

　　在调测质检岗位实训的三个星期,说工作很忙很累是自欺欺人的,对于我们这些毫无工作经验、对质检知识基础掌握还不够全面的新人而言,让我们马上接手干活是不现实的。于是乎,前一个多月,生活基本在理论学习里度过。开始比较长的一段时间里,我们一直在埋头学习质检调测作业指导书、PPT、做8S等,以及参加每天的早会及每星期两次工段会议,直到最后的一个星期才开始帮忙检单板。可学习并不意味着轻松、偷懒,上班族有上班族的节奏,早出晚归、没有空闲的时间娱乐消遣,同时学校的课程又不敢落下,于是日夜悬心,只能争分夺秒埋头苦学,结果就是每天学习完回到员工宿舍总会有筋疲力尽的感觉。与此同时,虽然华为理论上说也是"朝九晚五",不过为了防止因为赶不上车而迟到,我们都选择提前到岗、自愿参加早会,每天早上不到七点便起床准备上班。

　　经过实训,我们对8S、安全知识、华为公司组织结构都有了一定的了解,当然,华为作为一家研发型企业,员工私人的移动设备都不能带进工作岗位去,因此我们学习唯一可以依靠的就是自己的笔记本。工作岗位的地方除了电脑就是单板,飞转的散热风扇那不停的噪声实在比F1还要给力,最后一周也居然习惯了在车间的环境,虽然学到的东西比学校多,但其疲倦程度也线性增长了吧。

　　最后还想要谢谢华为教会了我很多工作相关的技能尤其是工作方法,没有这次实习,我实在不可能有现在的成长。如果在大三能到华为实习,确实也是一种幸运,不管这次收获如何,都是我大学三年里最有价值的经历之一。总的来说,岂能尽如人意,但求无愧于心。

2015级机电1班　叶紫岳

第三节　深化生活实践　培养学生的文明行为习惯

2010年7月中共中央出台了《国家中长期教育改革和发展规划纲要（2010—2020年）》，进一步明确了把育人为本作为教育工作的根本要求，强调"要重视对学生进行中国传统文化教育，还要对学生进行文明行为的养成教育"。在新的形势下，做好养成教育工作是社会发展与高等教育自身发展提出的新要求，凸显了深化素质教育的重要理论意义，也彰显了高职教育人才培养的现实价值。建校以来，我们重视以培养学生良好文明行为习惯为核心的养成教育工作，将其作为深化实施素质教育的重要载体，并结合学院的办学特色和学生的群体特征，积极实践，探索出以培育良好宿舍文明、倡导合理消费观念、养成健康生活方式和树立牢固法制观念为主要内容的养成教育模式，培养学生形成良好的思想素质、心理素质、道德品质和文明行为习惯。

一、宿舍文明是养成教育的重要环节

大学宿舍不仅是大学生生活学习的场所，也是获取信息的窗口、思想交流的渠道、游戏娱乐的天地。宿舍文化对大学生的人格形成、价值观培养具有潜移默化的作用，是学生养成教育的重要组成部分，是培养学生良好行为习惯的不可或缺的重要环节。

（一）良好生活习惯是人才成长的基础

良好的生活习惯不仅能够增进个体身心健康，也对个人的成长发展起到重要作用。大学生精力旺盛，并处于身心发展和思想状态趋向成熟的重要时期，良好的生活习惯有助于促进大学生更加完满地度过大学生涯。

当前，大学生成长的外部环境更加复杂，社会上存在不少不利于推进大学生养成教育工作的因素。总体上看，大学生的生活习惯现状不容乐观，阻碍了大学生身心的健康发展。主要表现为：一是作息时间不规律，不少学生经常熬夜，在宿舍打游戏、看视频、网上聊天至深夜，有时更是熬到凌晨，正常的睡眠时间无法保证；二是日常饮食不科学，相当一部分学生起床较晚，早餐经常赶不及吃，或不注意食品的营养搭配，造成营养不均衡；三是体育锻炼不充足，有些学生不重视体育锻炼，缺乏体育意识，身体素质不佳；四是宿舍环境不整洁，存在诸如个人物品摆放凌乱，换洗衣物洗晒不及时，生活垃圾清理不干净等脏、乱、差现象。一些男生不注意自身卫生习惯，并经常在宿舍抽烟，造成宿舍二手烟污染，影响自己与室友的身心健康；五是娱乐休闲无节制，有些学生沉溺于网络，通宵游戏或"网聊"，致使白天上课精神状态不佳或在课堂上睡觉。

从长远来看，为在未来激烈的社会竞争中保持独立生存与发展的能力，大学生不仅需要在大学阶段收获知识技能与思想成长，更需要养成良好的生活习惯，这是大学生今后学会生活与自我成长的关键环节。针对当前大学生中出现的各类不良生活习惯，学校须保持持续关注并及时采取有效措施，进一步完善养成教育体系，引导学生从点滴做起，逐步养成良好的生活习惯。

（二）团结友善是集体生活的纽带

良好的宿舍风气有助于增进学生之间形成互助友爱的亲密关系，培养出较强的集体荣誉感和团队合作的意识与能力。然而，"90后"大学生在成长过程中极易受到家人的过度关注和爱护，具有较强的个体意识，缺乏群体生活的意识和经验，同时，宿舍成员通常来自不同地区，家庭背景、生活习惯、兴趣爱好、处事方式都存在一些差异，因而很容易出现矛盾纠纷。因此，宿舍作为大学生学习生活的重要场所，理应得到更多的重视，要有意识地进行宿舍文化建设，积极构建温馨舒适的居住生活环境，将宿舍的功能进行有益的扩展和延伸，努力打造大学生学习生活和沟通交流的"温暖社区"和"心灵驿站"。

为此，学院开展了丰富多彩的宿舍文化活动，推动形成积极向上、拼搏进取的良好宿舍风貌。在新生入学之初，学生自律会深入宿舍广泛听取和搜集同学们关于宿舍文化建设的需求、意见和建议，并及时反馈和解决新生住宿的实际问题，尽力改善住宿环境，使新生们体会到宿舍大家庭的温暖。举办"东职好室友"活动，通过挖掘点滴小事，运用大学生喜闻乐见的草根式语言等新方式讲好师生听得懂、记得住的宿舍好故事。开展"Hi·八分钟交友"和"温馨你我他"的友爱传递活动,鼓励同学们走下网络、走出宿舍,结交新伙伴,结识新朋友。组织"奔跑吧!东职青年!"第五届宿舍夺宝奇兵竞赛,吸引上千名同学踊跃参与。

学院还在宿舍区建立心理工作坊,设置心理咨询区,定期开展团队辅导活动,及时有效地化解宿舍同学间的小矛盾、小摩擦,增进舍友间的团结友爱。每月还定期开展楼层长服务日活动,收集和反馈学生对宿舍管理服务工作的建议和意见。这些充满亲情和爱意的活动,使宿舍洋溢着浓郁的"家"的氛围,潜移默化地影响到每一位宿舍成员,培育了学生的公共精神,建设了良好的宿舍文明秩序。

(三) 健康的生活情趣是大学生的人文品位

在宿舍生活中培养学生健康的生活情趣,一方面有助于学生放松紧张情绪,享受美好生活,另一方面使学生获得潜移默化的影响,砥砺德行,强健体魄,提升文化知识,增强思维能力和道德修养。

学院通过举办"五星宿舍"雅室设计大赛和"美丽东职,我型我室"宿舍风采大赛、十佳宿舍评选等丰富多彩的活动,以微视频、微电影等形式,形象、直观地展示各宿舍的特色和风采,将"热爱生活"的理念融入学生的日常生活,引导学生学会生活、珍惜生活、创造生活。同时,结合专业特点,充分发挥师生的集体智慧,运用自创书法、绘画、手工作品、心理漫画等方式,对宿舍公共区域的空间、墙面、橱窗、宣传栏进行设计和布置,将文化气息带入生活区,为学生涵养情志、碰撞思想、激发智慧提供了一个较好的环境。

除此之外,学院创新理念,系统推进"我们的宿舍家园"社会主义核心价值观实践养成教育项目,将社会主义核心价值观融入宿舍的物质环境、文化环境、人际环境及宿舍成员的思想观念,深耕厚植宿舍文化,不断深化学生对社会主义核心价值观的理解和认同,在小宿舍上做出大文章,获评为2016年广东高校校园文化建设优秀成果高职组一等奖。

同时,将宿舍文化建设的重心逐步下移到各系,积极构建起"学生干部策划、宿舍管理部门搭台、各系唱戏"的格局。如管理科学系结合学生专业特点,引入朋辈教育理念,举行了一批具有鲜明特色的宿舍文化活动。

二、理性的消费观是大学生基本的生活理念

大学生消费行为既影响其生活质量和身心健康，同时也对其人生观、价值观及世界观的发展产生一定的作用。在网购日益普及的消费热浪驱动下，理性消费观成为大学生思想教育的重要内容。我们十分重视大学生科学消费观念的教育，视其为构建和谐校园的必要措施，并常态化开展相关教育活动，引导大学生树立正确的消费观念，养成健康文明的消费方式。

（一）坚持量入为出的消费原则

调查发现，学生消费状态具有从众性与个性化并存、时尚化与非理性化共生、物质性与享受性消费比重增大等特点。尽管一部分同学存在追时髦、爱面子、重时尚等问题，但大多数同学还是将金钱消费在必要的支出项目上，如学业、自我提升、求职等方面。同时，因支出费用增多，经济压力促使一部分大学生在学有余力的情况下，通过兼职工作等行为，积极参与社会实践，一定程度上有助于学生树立科学的财富观，增强社会实践能力。然而，值得警惕的是，还有一部分大学生在不健康的消费观念驱使下，选择新兴的网络贷款，这种"申请便利、手续简单、放款快速"的互联网新型金融产品存在极大的安全风险，为大学生带来消费便利的同时也埋下了极大的隐患。

针对这些问题，学院广泛开展科学健康的消费观教育，将其纳入日常思想政治教育工作之中，健全课程体系，丰富教学内容。一方面拓宽道德教育的渠道，除了在"思修""毛概"等课程内容体现消费观念教育，更有目的地在其他课程中提及消费道德的内容，以此帮助学生认识消费的特点，加强判断意识，提高判断能力，增强理性消费能力；另一方面，利用多媒体教学优势，灵活采用网络课堂、名师讲座等多样化的教育形式，倡导"勤俭节约"等传统美德，结合实际培育"适度合理"的消费理念。同时，注重在相关的课程中加入关于消费、理财的内容，帮助大学生形成合理消费、科学理财的消费行为习惯，提供实训平台，通过实际操作训练、情景教育帮助大学生掌握理财基本技能。

（二）避免攀比消费和超前消费

"90后"大学生家庭条件相对优渥，对金钱缺乏足够的珍惜感，同时理财的观念和技能较为浅薄，加之网上购物和移动支付在感受上进一步削弱了大学生消费的真实感，消费具有较大随意性。此外，大学生身心发展不够成熟，极易受消费主义、享乐拜金主义、个人主义等不良社会风气的影响，忽视自身实际情况，形成盲目攀比、追风消费等不良习惯。

我们对大学生消费行为中出现的不良倾向进行及时的引导和正面的宣传教育，培养勤俭意识。调查发现，许多学生存在盲目消费、超前消费、从众消费等问题，这些都或多或少与不健康的消费心理有直接关系。对此，学院加强消费心理知识普及，及时对具有不健康消费行为的大学生进行心理干预，培养健康的消费心理。同时开展生动有趣的校园消费文化主题活动，选出勤俭节约、自立自强方面的先进典型例子，鼓励学生利用业余时间开展勤工俭学，大力营造崇尚节约的校园文化环境，帮助学生不断提高自己的科学消费能力、识别挑选能力和审美鉴赏能力，制订明确的消费计划和消费标准，养成合理消费和勤俭节约的良好习惯。

(三) 增强安全防范意识

随着信息技术不断发展，校园安全面临新的考验，电信网络诈骗和违法网络借贷等新型安全问题凸显，不法分子利用学生身处校园、思想单纯、社会经验少的特点实施诈骗，侵害学生财产安全。同时，部分不良网络借贷平台诱导学生过度消费、超前消费，以致陷入高利贷的旋涡不能自拔。

我们将防范电信网络诈骗、校园不良网贷作为学生日常教育的重要内容，利用校园网站、校园广播、"三微一端"等多种形式多种渠道全方位向学生发布预警提示信息，加强警示教育。提升防范能力，教育引导学生谨慎使用个人信息，不随意填写和透露自己和家人的个人信息，不轻信来历不明的电话和手机短信，不盲目信任推销的网贷产品，不向陌生银行卡号转账，防止上当受骗。聘请专家、银行专业人员等开展金融常识、网络金融防骗等主题教育报告会，从专业视角普及金融常识，提升学生安全防范意识；组织电信网络诈骗和网贷风险防范知识竞赛、情景剧、演讲比赛等主题实践活动，突出导向引领，强化教育效果。

我们还组织辅导员、班主任开展集中排查工作，深入学生宿舍，摸底调研学生的消费心理、消费状态、消费习惯，分类教育引导，对存在潜在消费风险的学生实行跟踪帮扶措施，做到有问题早发现、早解决，防患于未然。同时，加强与家长的沟通与联系，合理支持、适当控制学生的消费支出，积极探索校、警、家三方共同防范电信诈骗的协同联动机制。结合家庭经济困难学生动态管理库，针对突发性、临时性、保障性需求的学生，做到及时发现、精准资助，避免学生误入网贷歧途。

三、健康生活方式是大学生的基本修养

大学生活对学生的自理能力提出了更高的要求。养成健康的生活方式成为大学生适应大学生活、加强自我修养的基本任务。"没有规矩，不成方圆。"针对当前学生中存在的种种不良生活习惯，学院坚持制度育人，通过建立健全和严格执行科学可行的制度体系，约束和引导学生逐渐向着正确、健康的生活方式转变。

（一）坚持科学的作息制度和卫生习惯

学院从宿舍安全文明卫生督查、晚归就寝考勤和宿舍长会议等最基础的环节抓起，深入、准确地掌握学生的思想动态以及学生在学习、生活方面存在的问题。严格执行学生公寓管理办法和学生就寝考勤制度与晚归、晚出违纪处分管理办法，要求学生按时作息。

坚持每星期通报晚归情况，对晚归的学生进行批评教育，对晚上2点以后回宿舍的学生，及时用短信通知其家长。每月公布宿舍安全文明卫生督查结果，并将学生在宿舍的表现纳入学生综合素质评价体系，在各类评奖评优活动中考虑宿舍卫生等情况，有力地督促学生遵守各种规范。

设立楼长和层长勤工助学岗位，实施宿舍长制，协助自律会同学开展每晚一次的宿舍考勤检查、每月一次的安全文明卫生督查，增强了学生的自我管理意识。通过坚持不懈的宿舍日常管理工作，基本杜绝了宿舍"脏、乱、差"的现象，使用违禁电器、抽烟、喝酒等现象明显减少。

（二）坚持体育锻炼

体育活动是开阔心胸、锤炼意志品质的有效手段。学院将建立课内外一体化的、突出参与性的体育体系，作为全体学生参与和实践"阳光体育运动"的主要形式。以体育必修课为主要渠道，传授必须掌握的体育知识、科

学的体育锻炼方法和技能、体育欣赏知识、体育保健知识，体育选修课尊重学生的兴趣爱好，发展学生的体育专长。每学年定期举行运动会、足球赛、篮球赛、网球赛等群体竞赛活动，全面展示师生的风采，发挥团委、学生会、校工会以及各系的作用，开展丰富多彩的体育活动，共同推进体育活动的开展。学校还在学生中选拔优秀体育骨干，组建专业运动队，坚持日常训练和课余训练相结合，周末训练和参加重大赛事相结合，多次在国内赛事上获奖。

为引导学生走下网络、走出宿舍、走向操场，学院在大一新生中全面推行阳光健康跑活动，要求每位学生必须达到基本合格标准的阳光健康跑次数，未按规定达到次数的，扣减学年综合测评总分5分。阳光健康跑活动取得良好成效，学生积极参加体育锻炼，提高自身身体素质，培养团结诚信意识，营造温暖、和谐的环境氛围。同时，以《学在东职》为平台载体，挖掘阳光健康跑中的趣事、讲好"健身达人"故事、刊登体育赛事的精彩照片，以生动的图文鼓励学生积极参与体育健身运动，强健体魄、砥砺意志，凝聚和焕发了青春的力量。

（三）养成健康适度的上网习惯

调查显示，网络对我院学生的影响大，学生上网时间多，手机上网娱乐已经成为大学生业余休闲的主要方式，呈现随时化、随地化特点。学生娱乐生活多，主动学习少。同时，因过分依赖网上资源，使得学生缺乏深度思考的意识和动力，独立思考能力下降。部分学生因沉迷网络社交，对正常的人际交往和身心健康产生了不良影响。

正确网络观的建立，前提是学会合理使用网络。学院通过主题班会、辩论赛等形式，让学生在自主探究、辩论交流中提高对网络的认知水平，全面客观地认识网络的利弊，清醒地意识到过度使用网络带来的危害，自觉避免沉迷网络。

同时，加强对学生网络应用的监管，引导学生在网络生活中培养自律精神，合理安排上网时间。对整天上网聊天、看电影、玩网游的学习成绩差的学生发出学业预警，实施心理干预，提高其行为的自控能力及自我管理、自我约束能力，学会自觉抵制网络诱惑。

此外，学院不断深化教育教学改革，充分调动高职学生的专业学习热情，积极开展大学生科技、艺术、人文活动，鼓励高职学生适当参加一些积极有益的学生团体，培养广泛的个人爱好和较强的个人能力，学会合理宣泄，学会劳逸结合，用自己的爱好和休闲娱乐方式转移对网络的注意力。

四、学生生活实践成果展示

成果展示1：管理科学系以朋辈教育引领宿舍文化的探索

在宿舍文化建设领域推行朋辈教育，是指在为同学们改善生活服务水平的同时，更倾向于利用朋辈产生共情的关系来对同学们进行另一种"管理"以及对宿舍精神文化的分享和传播。它更强调学生参与其中，形成积极向上的生活观念和行为养成意识以及强烈的集体意识，并将学生宿舍的功能延伸到思想教育、行为指导、生活服务、文化活动等各个方面。我们将朋辈教育主要应用于以下活动中：

一是开展"自律周"系列活动。每个学期设定"自律周"，在这一周里更强调学生自律、自尊、自省，引导学生更主动、更有意识地去关注自己和他人的言行，同时，举办"拼出安全"违规电器拼图活动、"纸拔河""你比划我来猜"等摊位游戏活动，由自律会同学向活动参加者讲解宿舍管理相关规定和办法，强化自律意识。

二是举办"火星情报局"活动。每一个对宿舍文化建设有可行性建议的同学都可以在活动上提出自己的想法，然后在现场参加活动者以鼓掌的形式进行表决，掌声越大，该建议越容易被采纳，一旦被采纳，将会予以奖励并积极推进，以此增强同学们的"主人翁"意识。

三是在微信公众号开设《说出你的心声》栏目。这个栏目涉及的话题很多，比如你最近有什么有趣或烦恼的事吗？你有喜欢的人吗？这个双十一你过得怎么样？你遇过最深的套路是什么？你是怎样拒绝朋友向你借钱的？一年快过去了，你还有什么没完成的心愿？等等特别生活化、特别走进内心的话题，通过这个栏目，我们更希望学生能更多地认识自己，以及在留言区了解到其实不只是自己才这样，还有更多"志同道合"的人，可以相互讨论和点赞。

四是开展社会工作小组工作。通过成立"宿舍学习兴趣小组""宿舍人际交往小组""贫困生成长小组""宿舍自主管理小组"等各式各样的小组，长期持续开展心理剧、故事会、宿舍联谊、励志感恩、校内志愿服务等丰富多彩的小组活动，以小组交流、团队游戏、拓展训练、社会实践等形式，促进同学之间的沟通交流，提升人际交往能力，促进人格发展。

五是展演学生的原创心理剧。鼓励男女宿舍同学结对子共同搭配出演心理剧，从构思剧情到排练到演出，在这个过程中会有讨论、争吵、鼓励，会逐渐从对方身上认识到性别角色差异、优点，取其精华、去其糟粕，并且在负责管理科学系宿舍管理的学生组织——自律会学生干部中也积极鼓励以这种形式表演节目，起到一个熟悉彼此、团结互助的作用，同时达到一个以点带面的感染作用。学生的优秀作品曾在广东省高校大学生原创心理剧大赛中获"二等奖"。

六是开展宿舍文化创意PPT大赛。以广东省教育厅举办的"我的中国梦"——"立志·修身·博学·报国"主题系列活动之宿舍文化新媒体创意大赛为契机，举办宿舍文化创意PPT大赛，由上一年获奖者作为本年参赛选手的指导者，以这种方式进行朋辈教育，在这个过程中，上一年获奖者既能给本年参赛选手提供经验和参考，本年参赛选手也会给上一年获奖者带来更大的创新和惊喜，以达到"薪火相传、百家争鸣"的景象，同时，这也为师兄师姐和师弟师妹相互联系起到桥梁和纽带作用。学生的两个优秀作品还获得广东省教育厅举办的"我的中国梦"系列活动之宿舍文化新媒体创意大赛三等奖。

七是培育学生宿舍社会工作服务团队。构建一支学生宿舍社会工作服务团队，其构成从高至低分别为：助理（社工专业高年级优秀生）——干事（社工专业低年级优秀生）——成员（非社工专业优秀学生），其中助理、干事以及成员都是以志愿者的身份出现，通过助人的方式自助，鼓励和引导更多的学生参与其中。当同学们遇到困难和需要开导时，可以通过面对面、通信、互联网等方式向学生宿舍社会工作服务中心求助，或者当辅导员、班主任以及专任教师发现个别或少数学生出现某种不好的苗头时，可以配合学生宿舍社会工作服务团队共同进行危机干预。

通过以上活动，同学们在相互学习、相互合作、共同创建宿舍文化过程当中增强了主人翁意识，增强了心理认同，提高了自主意识，初步形成自我管理、自我服务的良好局面。这一项目的有效实施，让宿舍管理更顺畅，让宿舍服务更到位，也让宿舍文化更为深入学生内心。

成果展示2：东莞职业技术学院大学生消费观念调查报告

裸贷、无力偿还贷款而跳楼、冒用同学身份网贷等，这一年有关大学生财务方面的新闻层出不穷，大学生的消费问题似乎不容乐观。事实真的是这样吗？大学生都把钱花在哪里了？大学生可以掌控好自己的消费行为吗？我院对1000名学生进行了相关调查，通过对回收数据的统计分析，得出此调查报告。

一、生活费够花吗

（一）大学期间，你的一个月开销是多少

表1 我院学生月开销情况

选项	人数	比例
500元及以下	142	14.2%
501元到1000元	400	40%
1001元到1500元	269	26.9%
1501元到2000元	91	9.1%
2000元以上	98	9.8%

总体看来，我院大部分学生每个月的开销在501到1000元之间，其次1001到1500元的占比也相对较高。高消费和低消费相对较少，不过有上升趋势。

(二)经济独立提高：近七成大学生选择多种方式来赚取学费

表2　我院学生学费负担方式

选项	人数	比例
靠家里和助学贷款	130	13%
完全由家里负担	379	37.9%
勤工俭学和助学贷款	60	6%
勤工俭学和家里共同负担	278	27.8%
完全靠勤工俭学	65	6.5%
勤工俭学、助学贷款和家里共同负担	88	8.8%

当代大学生中，大多数人的学费完全由家里人负担。少部分学生通过国家助学政策，如勤工俭学、助学贷款等，获取学费抵偿和生活费用，为家庭减轻负担。

(三)钱包见底，兼职走起

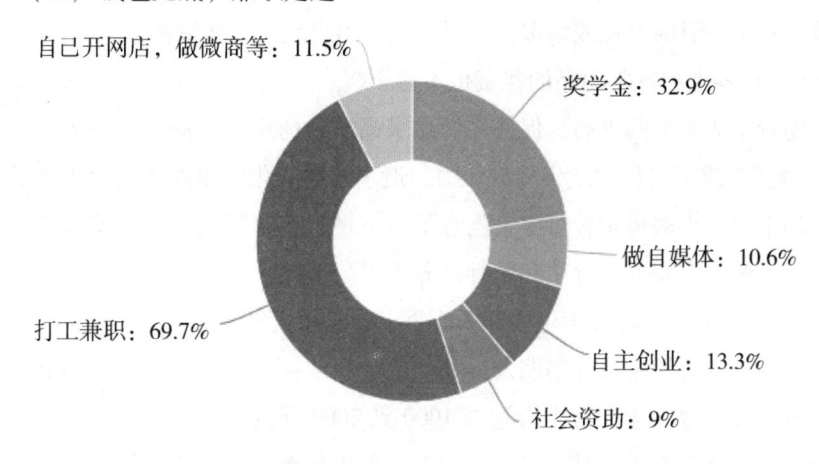

图1　除了家里的生活费，我院学生的其他收入来源

自己开网店，做微商等：11.5%
奖学金：32.9%
做自媒体：10.6%
自主创业：13.3%
社会资助：9%
打工兼职：69.7%

调查结果反映，32.9%的学生选择通过努力学习争取奖学金，69.7%的学生则选择了通过打工兼职赚取生活费用。自主创业、网络创业等逐渐成为大学生增加收入来源的新兴方式，从性别差异上看，男生在自主创业等方面表现出较高的比例。

二、大学生的钱花在哪了

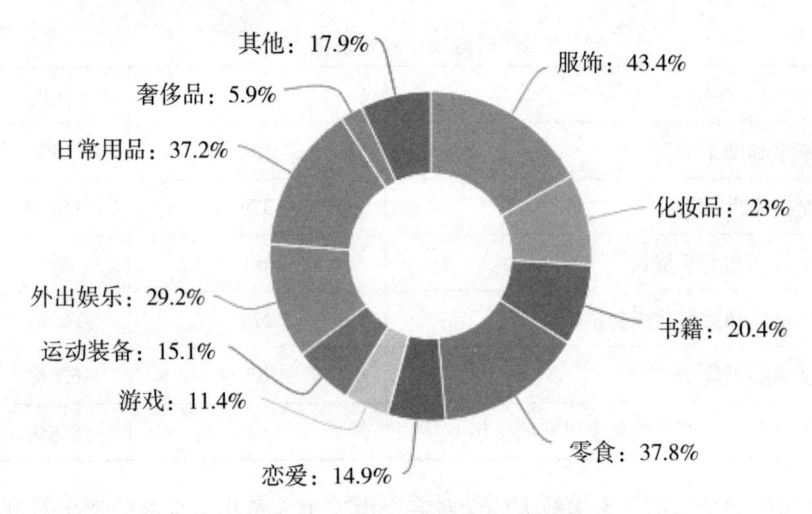

其他：17.9%
奢侈品：5.9%
日常用品：37.2%
外出娱乐：29.2%
运动装备：15.1%
游戏：11.4%
恋爱：14.9%
服饰：43.4%
化妆品：23%
书籍：20.4%
零食：37.8%

图 2　除伙食费外，我院学生的日常开销占比

（一）女生最爱花钱买服饰，男生则更爱外出娱乐

在消费领域上，除伙食费用之外，大学生在服饰方面花钱最多。从性别上看，女生在服饰上花钱最多，而男生则在出去玩上花钱最多。

（二）零食和日常用品的花费也不容小觑

随着生活水平的提高，促使人们追求高质量的生活，民以食为天，各种"吃吃吃"，成了当代大学生释放压力，追求饮食文化的主要方式。不愧是舌尖上的中国，小编也想转行零食生意了。不过玩笑归玩笑，学生要以养成健康饮食习惯，提高身体素质和精神修养为主。

（三）"苹果"在大学生中并不吃香，千元手机更流行

作为当今大学生最好的朋友，我们的手机要买多少钱的？因人而异。根据调查，大多数在读大学生会选择 1000 到 2000 元的手机。总体看来，大学生普遍最在意关心手机是不是买得划算。值得注意的是，大学男生比女生更在乎用户体验，果粉的比例男女均衡。

（四）手机的性价比越来越受大学生重视，国产品牌受青睐

1. 什么样的手机最受人青睐？数据显示，44.1% 的学生在乎手机是否耐用，而 48.9% 的学生则最在乎手机的性价比占。值得欣慰的是，国产品牌完

胜洋品牌，20.5%的学生表示购买手机首先选择国产品牌，而11.1%的学生则只认苹果手机，映射出国内科技和大学生理性消费观的提高。

2. 综合比较，男生在电脑上花的钱更多一些。相比于女生，有更多的男生买电脑是为了玩游戏。而无论男女，大家买电脑为的最多的还是学习办公，占78.7%。而为了面子买电脑的人的比例只占7.8%。

（五）大学生外出，公共交通是首选，网约车占有一席之地

大学期间，学生们外出时的主要交通工具是公共汽车。网约车已经在大学生市场中占有一席之地，自驾仍然是少部分大学生的"高端行为"。也有相当大部分学生选择骑车或步行的环保出行方式。数据还显示，男生平时从不出门的人比例要高一些，宅男比宅女要多。

（六）恋爱经费不够了怎么办？一成大学男生借钱谈恋爱

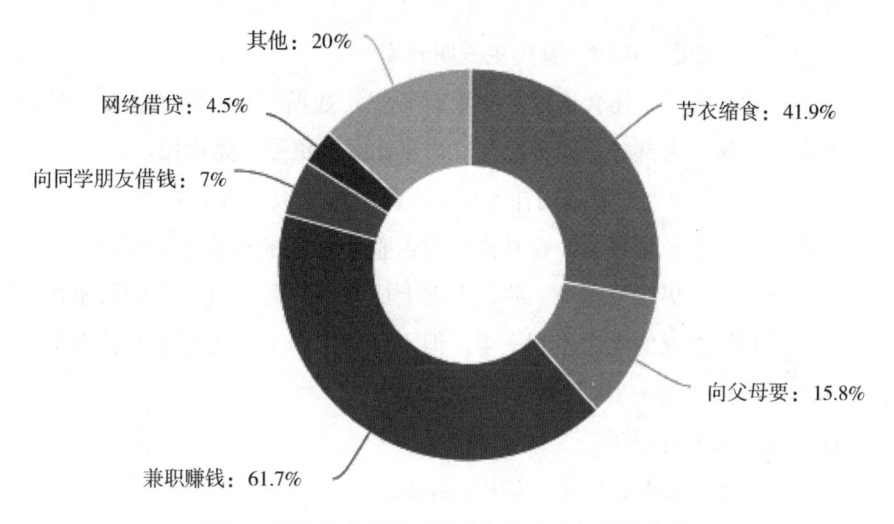

其他：20%
网络借贷：4.5%
向同学朋友借钱：7%
节衣缩食：41.9%
向父母要：15.8%
兼职赚钱：61.7%

图3　我院学生恋爱时解决经济吃力问题的办法

当恋爱经费不够时，节衣缩食和兼职成为两个很主流的选择。而女生中选择为恋爱开销而兼职的人更多一些。而相较于女生，更多的男生会选择在恋爱经费不够时向父母要钱。借钱谈恋爱虽然听上去"奇葩"，但是仍有一成男生选择了这种方法。

三、吃货的自我修养

（一）大学男生比女生更不爱吃食堂，近一成男生从来不在食堂吃饭

表3　我院学生在食堂用餐的频率

选项	人数	比例
从不吃食堂	107	10.7%
每周偶尔1-2餐	129	12.9%
每天至少一餐	391	39.1%
每周偶尔1-2天	84	8.4%
偶尔1-2天外出用餐	289	28.9%

东职的食堂是出了名的便宜又好吃，有超过六成的大学生在绝大多数时间都在食堂吃饭，偶尔一两顿选择不在食堂吃。而男生中不喜欢吃食堂的人比女生更多。据数据显示，男生中从不去吃食堂的比例比女生高了一半多，近一成。

（二）男生更爱去饭馆，女生更爱叫外卖

除了食堂，大学生还会选择去哪里就餐呢？数据显示，除了食堂，外卖最受大学生青睐，大部分每周都会叫。男生比女生更爱去路边摊。

（三）生活费的大部分都用在了吃上，且男生吃饭花得更多

恩格尔系数指数据显示，在月伙食费占整体开销的比重这个问题上，男生女生情况相似，男生要稍高一些。有近七成男生每月超过一半的钱都用在吃上了，而同样情况的女生不到一半。但不论男女，五成大学生在饮食上的花费占到了生活费的一半以上。

四、投资未来有用吗

（一）不上培训班是主流，男生更是如此

表4　我院学生上培训班的费用情况

选项	比例
从不上培训班	70.3%
3000元以内	16.7%
3001元到5000元	7%
5000元以上	6%

1. 数据显示,大部分大学生从不上培训班,其中男生尤甚,近八成男生在大学期间从不上培训班。

2. 其实,大学时期上培训班花钱越多的人,毕业后的收入就越高。大学时期花了5000元以上在培训班进行学习的人,在毕业后有两成月薪在两万以上。虽然培训班花费和毕业后收入这两者未必构成因果关系,不过至少很多人可以感到慰藉——钱没白花啊。但是注意,不管上不上培训班、花多少钱上培训班,还是有一成人毕业后月薪不到两千。

(二)虽然羡慕公务员职业,但感觉离自己很遥远

在读大学生中,有近一半人完全不想考公务员。男生对于公务员的态度相对女生来讲更具有两极化趋势,很想考公务员的和完全不想考公务员的都比女生多。而女生态度则稍显缓和。

(三)希望有机会出去看世界

表5 我院学生出国意愿的强度

选项(数字越大意愿越强)	人数	比例
1	349	34.9%
2	153	15.3%
3	169	16.9%
4	84	8.4%
5	145	14.5%

数据显示,在出国意愿方面,男女情况差不多,选择"1"(完全不想出国)的大学生不到五成。也就是说,过半在读大学生想出国。女生的出国意愿要比男生稍稍大一些。

经过相关调查,对回收数据的汇总和统计分析,得出此调查报告。从报告可以看出,虽有极端个例,但大多数大学生在消费方面还是相对理性的。

后　记

  我们根据光明日报出版社组织出版《高校校园文化建设成果文库》的要求，在院党委和行政领导的指导下，组织了一批长期从事校园文化工作的专家和一线工作者，开展了将近一年的调查研究，掌握了大量的第一手材料，总结了我院校园文化建设的基本经验。在学生处的统筹安排和有关部门的积极支持下，大家分工合作，群策群力，几易其稿，使本书得以跟读者见面。因时间仓促，本书难免有不足之处，敬请各位读者批评指正。

本书编写组

2017 年 9 月于东莞